KB184049

# 자유주의 지성사

Histoire intellectuelle du libéralisme

by Pierre Manent

# 자유주의 지성사

*Histoire intellectuelle du libéralisme*

## 근대의 자유를 만든 결정적 순간들

피에르 마낭 지음

송지민 옮김

한울
아카데미

# 일러두기

1. 이 책은 1987년 프랑스 칼만레비 출판사에서 출간된 프랑스어 원서를 번역한 것이다.
2. 본문의 강조와 각주는 지은이가 작성한 것이다. 옮긴이의 각주는 따로 표시했다.
3. 고대 그리스·로마의 인물 및 지역은 라틴어를 병기했다.
   예: 플루타르코스(Plutarchus), 아테네(Athenae)
4. 근대 이후의 인물, 지역 및 저술은 원어를, 개념어는 영어로 옮겨 병기했다. 개념어 병기 시 예외적으로 원어를 차용하는 개념어의 경우, 원어를 병기했다.
   예: 군주론(Il Principe), 일반 의지(general will), 국가 이성(raison d'État), 세계관(Weltanschauung)
5. 옮긴이가 참고한 원전의 판본은 다음과 같다.

Constant, Benjamin. 1997. *Ecrits politiques*. ed. Marcel Gauchet (Paris: Gallimard, Folio).

Guizot, François. 1984. *De la peine de mort en matière politique* (Paris: Fayard, Corpus des œuvres de philosophie en langue française).

_____. 1988. *Des moyens de gouvernement et d'opposition dans l'état actuel de France*. ed. Claude Lefort (Paris: Belin).

Hamilton, Alexander, James Madison, and John Jay. 1961. *The Federalist*. ed. Jacob E. Cooke (Middletown: Wesleyan University Press).

Hegel, G. W. F. 1970. *Grundlinien der Philosophie des Rechts* (Frankfurt: Suhrkamp Verlag).

Hobbes, Thomas. 1990. *Leviathan*. ed. Edwin Curley (Indianapolis: Hackett).

Locke, John. 1967. *Two Treatises of Government*. ed. Peter Laslett (Cambridge: Cambridge University Press).

_____. 1975. *An Essay concerning Human Understanding*. ed. Peter Nidditch (Oxford: Oxford University Press).

Machiavel. 1996. *Œuvres*. ed. Christian Bec (Paris: Robert Laffont, Bouquins).

Montesquieu. 1955. *Œuvres complètes de Montesquieu*, vol. I-III. ed. André Masson (Paris: Nagel).

Rousseau, Jean-Jacques. 1964~1995. Œuvres complètes, vol. I-V. ed. Bernard Gagnebin and Marcel Raymond (Paris: Gallimard, Bibliothèque de la Pléiade).

Tocqueville, Alexis de. 1991~2004. *Œuvres*, vol. I-III. ed. André Jardin and François Furet (Paris: Gallimard, Bibliothèque de la Pléiade).

# 차례

# 서문

    이 글의 의도는 자유주의 역사의 핵심적 주제와 결정적 순간을 제시하는 것이다. 지난 3세기 동안 자유주의 사상은 유럽과 서구 문명에서 근대 정치의 통주저음[1]이자 주류를 형성했다. 따라서 필자는 자유주의 이전의 유럽 역사에 대한 해석을 간결하게 살펴보고자 하는데, 이는 필자가 보기에 자유주의의 발전을 이해할 수 있는 유일한 방법이기 때문이다. 따라서 독자는 이 지면에서 유럽 정치의 역사가 아니라 이 역사의 축소판, 즉 핵심적인 내용을 요약한 것을 발견하게 될 것이다. 필자는 마키아벨리 Niccoló Machiavelli에서 토크빌Alexis de Tocqueville에 이르는 정치철학의 주요 작품을 길잡이로 삼았다. 나아가 정치철학의 역사는 근대 역사의 전개와 근대 정치 체제의 본질을 가장 명료하게 보여주는 역사라고 필자는 생각한다.

    우리가 직면한 역사적 상황의 특징은 근대에 이르러 정치사상과 정치 생활이 밀접하게 연관되어 있다는 점이다. 이것은 새로운 현상이다. 그리

---

1    통주저음(basso continuo)은 서양 음악의 한 주법으로 저음부에서 지속적으로 베이스 반주를 곁들여 주는 것을 의미한다. 바로크 시대의 거의 대부분의 기악곡 및 성악곡이 이 주법을 사용한다. _옮긴이

스나 로마의 정치사는 '개념'이나 '사상'을 굳이 언급하지 않고도 논의될 수 있다. 투키디데스Thucydides는 펠로폰네소스 전쟁을 다룬 작품에서 당시의 '지적' 또는 '문화적' 생활에 대해 단 한 쪽도 할애하지 않는다. 그러나 오늘날까지도 투키디데스의 『역사』는 그리스 역사학, 나아가 모든 역사학을 통틀어 명작으로 여겨지고 있다. 그리스가 철학, 특히 정치철학의 발상지였기 때문에 이 사실은 더욱 주목할 만하다. 플라톤Platon과 아리스토텔레스Aristoteles는 그리스 도시 국가에서의 삶의 경험을 바탕으로 모든 철학의 모태가 되는 인간 생활에 대한 해석을 체계화했다. 그러나 이러한 해석은 그리스 정치의 대전환이 일어난 후에 등장했다. 근대 정치철학의 경우는 완전히 다르다. 우리는 근대 정치철학이 실행에 옮겨지기도 전부터 구상되고 선택되었다고 차라리 말하고 싶을 정도이다. 자유주의의 부엉이는 새벽부터 그 날개를 펴 날아간 것이다.[2]

'자유'를 확립하기 위해 선포된 근대의 '성문 헌법'과 '권리 선언'이 '사상'의 해방 또는 '이론'의 정치적 파급력을 의미하지 않는다면 과연 무엇을 의미하는가? 미국의 건국의 아버지들Founding Fathers은 추후 사회주의자들이 마르크스Karl Marx가 '실제로 말한 것'을 이해하는 데 관심을 가졌던 것만큼이나 몽테스키외Charles-Louis de Secondat, Baron de Montesquieu의 사상을 해석하고 그의 권위로부터 이익을 얻는 데 관심을 가졌다. 해밀턴Alexander Hamilton이 1787년 『연방주의자The Federalist』의 첫 번째 논문에서 쓴 것처럼, 미국인들은 '성찰과 선택으로' 좋은 정부를 세울 수 있는지,

---

2    "미네르바의 부엉이는 황혼이 저물어야 그 날개를 편다"는 헤겔(G. W. F. Hegel)의 『법철학 강요(Grundlinien der Philosophie des Rechts)』(1820)에 등장하는 문장을 암시한다. 철학은 앞날을 예측할 수 없으며 철학의 의미는 어떤 현상이 일어난 뒤에야 비로소 그 역사적인 조건의 성찰을 통해 드러난다는 것을 의미한다. _옮긴이

아니면 인류가 영원히 '우연과 힘'의 장난감으로 머물 것인지 전 세계 앞에서 결정해야 할 책임이 있다고 보았다.[3] 한마디로 자유주의 정치에는 본질적으로 심의적이고 실험적인 요소가 있으며, 이는 의도적이고 '구성된' 계획을 의미한다.

물론 이러한 접근 방식은 아무것도 명확하게 설명하지 못한다고 볼 수도 있다. 반사 신경이나 정념을 제외한 모든 인간의 행동은 의지와 숙고를 포함하기 때문에 이를 사소한 것으로 볼 수도 있고, '관념이 세상을 지배한다'고 가정하게 되면 역으로 이에 큰 의미를 부여할 수도 있다. 필자는 이 접근 방식이 사소하지 않으며 '관념이 세상을 지배한다'는 가정(그것이 무엇을 의미하든) 또한 하지 않는다고 보는데, 이는 다음의 예를 통해 증명할 수 있다.

우리가 알고 있듯이 자유주의의 주요 '관념' 중 하나는 '개인individual'에 대한 것이다. 개인은 인간이기 때문에 가지는 '권리right', 즉 사회에서 기능이나 지위와 무관하게 자신에게 귀속되는 권리, 다른 사람과 동등하게 가지는 권리를 당연히 누릴 자격이 있는 존재이다. 이 개념이 친숙하게 느껴질 수도 있지만, 사실 낯설게 느껴질 수도 있다. 권리가 여러 개인 간의 관계를 규율한다면, 권리라는 개념 자체가 이미 제도화된 공동체나 사회를 전제로 한다면, 어떻게 권리가 개인으로서의 개인에게 귀속될 수 있단 말인가? 개인이 그 자체로 존재하지 않는다면, 개인이 항상 다른 개인, 가족, 계급, 직업 또는 국가와 필연적으로 연결되어 있다면 어떻게 정치적 정당성이 개인의 권리에 근거할 수 있는가? 하지만 자유주의 정치체政治體, body politic는 분명히 이처럼 '비사회적'이고 '비정치적'인 개인이

---

3    Alexander Hamilton et al., *The Federalist* (1788), ed. Jacob E. Cooke (Middletown: Wesleyan University Press, 1961), No. 1, p. 3. _옮긴이

라는 개념을 통해서 점진적으로 구성되었다. 각 개인이 자신의 사회적 또는 자연적 특성(소득, 직업, 심지어 성별)을 벗고 '단순한 개인'이 되는 순간이 아니라면, 보편적 참정권을 통한 선거란 과연 무엇이란 말인가? 선거는 정치체가 평화롭게 해체되어 '자연 상태state of nature'가 되었다가 종료와 동시에 스스로를 재건하는 순간이 아닌가? 명백히 '상상'에 불과했던 이 개인이 점점 더 현실과 경험의 영역으로 파고드는 것은 의심의 여지가 없다. 서구 민주주의 국가의 시민들은 점점 더 자율적이고 평등해졌으며, 자신이 속한 가족이나 사회 계급에 의해 자신을 규정하는 것이 점차 줄어들고 있다고 느낀다.

일반적인 의미에서의 개념이 아니라 이 특정한 개념이 지닌 파급력을 보면서 우리는 두 가지 질문을 하게 된다. 첫째, 개인이라는 개념이 어떻게 우리의 근대 정치 제도를 형성하고 발전시켰을까? 둘째, 개인이라는 개념은 어떻게 그리고 왜 탄생했을까? 이 두 질문에서 다른 질문들이 이어진다. 개인이라는 개념이 존재하지도 않았던 사회에서 철학자들은 왜 이 개념을 체계화했을까? 유럽인들이 직면한 문제는 무엇이었으며, 이 방법이 아니면 도저히 해결되지 않을 이유가 무엇이었기에 이처럼 독창적인 개념을 개발하게 되었을까? 이러한 질문에 답하지 못하는 한, 유럽의 역사는 사라진 제국의 역사처럼 봉인된 채로 남을 것이다.

어떤 사람들은 이러한 질문에 이미 답이 있다고 말할 것이다. 실제로 필자가 다루고자 하는 근대보다 더 많이 연구된 시대는 없고, 그만큼 많은 해석을 불러일으킨 시대도 없다. 수많은 역사학자, 사회학자, 철학자들이 유럽 정치의 발전과 독창성을 이해하기 위해 노력해 왔다. 필자 역시 모든 것이 말해졌고 모든 것이 이미 알려져 있다고 믿는다. 따라서 필자는 잘 알려지지 않은 사건을 다루지 않을 것이며, 정치사상의 역사에서 이미 명예로운 자리를 차지하지 않은 텍스트에 대해서도 언급하지 않을 것이다. 필자는 그저 이 놀라운 역사가 과거가 아니라 현재라는 점을 보여주고자 하며, 우리의 뿌리가 이 역사 안에 있을 뿐만 아니라 우리의 기억 속에도 내재되어 있다는 것을 말하고 싶다. 오늘날의 정치 체제는 이 자유주의의 기원에 의해 그 생성 원리가 결정되었다. 지금으로부터 3세기 전에 내려진 엄숙한 결정의 결과를 계속 느끼고 있기 때문에 그 특이성은 여전히 우리 안에 남아 있다.

일반적으로 유럽 정치사의 기원은 그리스도교에서 비롯되었으며, 근대 정치의 발전은 '세속화secularization'의 과정으로 설명할 수 있다고 널리 알려져 있다. 자유와 평등이라는 가치가 시민 생활을 구성하는 '성경적 가치'가 아니면 무엇이란 말인가? 이 명제는 프랑스 혁명 직후를 기원으로 하며 곧 널리 공신력을 얻었다. 이 명제는 '새로운 자유'를 지지하는 사람들과 이를 반대하는 사람들, 즉 인간 성숙의 시대가 도래했다고 생각하는 사람들과 옛 종교에 집착하는 사람들을 화해시킬 수 있다는 장점이 있었다. 전자는 그리스도교를 통해 은총의 베일 아래 숨겨져 있던 인류 최초의 자유와 평등을 향한 표현을 보았으며, 후자는 근대의 자유를 복음의 최종적 승리로 간주했다. 그러나 이 화해(프랑스에서는 한 세기 이상 걸렸다)는 그리스도교가 처음으로 모든 정치적 권력을 완전히 박탈당한 직후에 이루어졌으며, 그것은 다시는 되찾을 수 없는 권력이었다는 사실을 우리는 기억해야 한다. 아마도 갈등의 지루함이 피정복자들만큼이나 정복자들을 약화시켰을 것이다. 어쨌든 새로운 정치의 원칙, 즉 인간과 시민의 권리, 양심의 자유, 국민의 주권은 이전 두 세기 동안 그리스도교, 특히 가톨릭교회와의 격렬한 투쟁을 통해 형성되었다. 그렇다면 결정적인 질문은 다음과 같다. 그리스도교에 대한 계몽주의의 전쟁은 우리가 '역사적 사유'를 별도로 파악해야 할 정도의 거대한 오해의 표현으로 보아야 하는가? 아니면 계몽주의 시대가 근대의 정치적 모험의 의미, 즉 자유주의의 의미를 그 이후의 화해의 시기보다 훨씬 더 명확하게 제공하는가?

대부분의 역사가들은 이러한 이분법적인 관점을 받아들이지 않을 것이다. 두 번째 가설을 인정하는 것은 계몽주의와 그리스도교의 공통점을 고의적으로 무시하고 역사적 행위자들의 관점을 그대로 승인하는 것과 같다. 이는 마치 "상놈 열두 명"[4]을 운운하는 볼테르Voltaire의 분노 가득한 관점에서 자유주의와 그리스도교의 관계를 보는 것과 같으며, 오늘날 받아들일 수 없는 관점이다. 반면 첫 번째 가설은 자유주의와 그리스도교 간의 관계를 조화시키기 더 적합하다. 계몽주의자들의 투쟁은 그리스도교 그 자체, 즉 그리스도교적 가치와 의견에 대한 것이 아니라 종교의 정치권력에 대한 것이었다고 말할 수 있는 것이다. 따라서 이 관점에서 보면 두 역사적 단계(자유주의와 그리스도교 간의 갈등과 화해) 사이에는 이해할 만한 연속성이 있다. 첫 번째 단계에서 자유주의는 종교적 의견에서 비롯된 정치권력에 맞서 싸웠으나, 두 번째 단계에서는 종교적 의견을 정당한 의견으로 인정할 뿐만 아니라 종교에 심오한 가치까지 부여했다는 것이다.

이러한 비판은 그럴듯하며 공정하게 들리기도 한다. 그러나 우리가 당연하게 여기고 오늘날의 정치 체제가 반영하는 이러한 권력과 의견의 불일치가 본질적으로 자연에 근거한다는 보장은 없다. 그것은 단순히 정치 체제가 세워질 때부터 있었던 편견이나 특수한 의견일 수도 있다. 따라서 이 점에 대한 최소한의 의심이 드는 순간 – 오늘날 우리의 정치 체제는 모든 의견의 불확실성을 인정하며, 따라서 오늘날의 정치 체제를 세운 의견에 대한 의

---

4    예수의 12사도를 의미한다. 볼테르는 계몽주의 시대의 많은 철학자 중에서도 특히 그리스도교에 비판적이었으며, 종교 자체를 자유의 가장 큰 적으로 간주했다. _옮긴이

심조차 인정할 수밖에 없다 — 앞서 살펴본 역사의 두 단계 사이의 관계가 새로운 시각으로 드러나게 된다.

권력과 의견 사이에 자유주의적 불일치가 발생한 것은 특수한 의견, 즉 그리스도교가 제기한 도전 때문이었다. 그렇다면 세상은 그리스도교를 기다려야만 했고, 그리스도교에 대항함으로써 마침내 자연스러운 균형에 도달할 수 있었을까? 어쩌면 이 도전에 맞서기 위해 발명된 수단, 즉 우리의 정치 체제가 된 수단이 그 수단을 탄생시킨 사고의 흔적을 간직하고 있는 것인지도 모른다. 나아가 본래의 문제가 만족스럽게 해결된 후에는 그 수단이 이상하게도 문제가 될 수도 있다. 정치 체제가 인정하는 '불확실성'은 자유에 필수적인 권력, 지식 그리고 권리 간의 단절이 명시적으로 제도화되었음을 의미하는 것인가? 아니면 그리스도교라는 특정한 의견의 권력으로부터 스스로를 차단한 국가가 결국에는 그 어떤 의견의 권력도 끝없이 박탈할 수밖에 없는 역설을 드러내는 것인가?

필자는 최선을 다해 이러한 문제를 다루려고 노력했다. 즉, 이 문제를 이미 명확히 한 다른 위대한 작품들에 맞서 싸우려고 하지 않았다. 오히려 필자는 상비군 사이를 기습 정찰하는 위험을 무릅썼다고 생각한다. 필자가 빠른 속도로 진격함에 따라, 상대방에게 들키지 않되 상대방에 대한 지식은 취할 수 있기를 바라는 희망 또는 헛된 기대와 함께 말이다.

제1장

# 유럽과 신학-정치적 문제


　어떻게 시작해야 할까? 어디서부터 시작해야 할까? 자유주의 체제가
확립되기 이전의 시대를 일반적으로 앙시앵 레짐[1]이라고 부르는데, 이는
전적으로 소급적이거나 부정적인 명칭이며, 따라서 이와 다른 긍정적 또
는 미래 지향적인 명칭이 필요하다. 우리는 이를 '절대absolute' 또는 '국가
적national' 군주제 시대라고 부를 수 있다. 절대 군주제absolute monarchy에 형
태를 부여하는 것은 **주권**sovereignty이라는 개념이다. 유럽에서 널리 퍼진
이 개념은 인류 역사상 근본적으로 새로운 개념이었다. 이를 이해하려면
주권 개념이 등장한 세계와 그 후 재편된 세계를 이해해야 한다. 요컨대
아무리 어려운 **과제**라 할지라도 우리는 로마 제국의 멸망으로부터 유럽
의 역사, 더 정확하게는 유럽 역사의 문제점을 전반적으로 바라보는 시각
을 가져야 한다.
　로마 제국의 멸망 이후 사람들이 선택할 수 있었던 정치적 형태는 무엇
이었을까? '선택'이라는 말은 이러한 정치적 형태가 이미 완전히 구성되

---

[1]　구체제(舊體制)를 뜻하는 앙시앵 레짐(ancien régime)은 프랑스 혁명 이전 프랑
　스 정치 및 사회 체제를 가리킨다. 정치적으로는 절대 군주제였으며 사회적으로
　는 귀족과 성직자로 구성된 소수의 지배 계급이 나머지 모든 계급(중산층 및 평
　민)을 지배하는 체제였다. _옮긴이

었다는 뜻이 아니라, 오히려 전반적으로 해체되는 시기였음을 뜻한다. 그러나 그것은 사람들의 의식 속에 중요하고 어쩌면 바람직한 정치적 가능성으로 존재했다.

첫 번째 형태는 서양에서는 붕괴되었지만 동양에는 남아 있던 **제국** empire이었다. 로마 제국이 멸망한 지 한참이 지난 후에도 사람들의 마음 속에 제국이라는 개념이 얼마나 강력했는지는 아무리 강조해도 지나치지 않다. 유럽의 모든 국왕은 '자신의 왕국에서 황제'가 되기를 원했다. 신성 로마 제국은 1806년에야 공식적으로 멸망했고, 그 뒤에는 두 개의 나폴레옹Napoléon 제국, 비스마르크Bismarck 제국, 그리고 히틀러Adolf Hitler 의 제3제국이 있었다. 오늘날에도 사람들은 여전히 '세계 국가world state' 라는 개념에 대해 이야기한다. 그렇다면 제국이란 과연 무엇인가? 제국은 알려진 모든 세계, 즉 지구의 모든 영역이 하나의 고유한 힘 아래 모이는 것이다. 제국이라는 개념은 알렉산드로스Alexander·카이사르Julius Caesar·샤를 마뉴Charlemagne·나폴레옹 등 몇몇 개인의 정복욕을 가리키는 것이 아니다. 제국은 인간의 통합, 고유한 권력에 의해 인정받고 해결되기를 원하는 인간 본성human nature의 보편성에 해당한다. 따라서 제국은 **자연적** natural으로 발생한 정치적 개념이라 할 수 있다.

또 다른 주요 가능성으로 **도시 국가**city-state가 있었다. 도시 국가는 충분한 수의 사람들이 한곳에 모이는 순간부터 잠재적으로 존재할 수 있다. 제국과 마찬가지로 이러한 유형의 정치 조직은 로마 공화정의 영광(그리고 로마를 통해 아테네Athenae와 스파르타Sparta의 영광)을 의미했기 때문에 높은 위상을 누렸다. 이 위상은 한자Hansa 동맹·베네치아Venezia·피렌체Firenze 등 특정 도시 국가들이 높은 수준의 정치적 권력, 경제적 번영 또는 지적 명성을 얻었던 유럽에서 상당한 것이었다. 군주제의 승리 이후 쇠퇴한 도시 국가는 새로운 시민 생활, 무엇보다 '자유'에 대한 희망을 키우고 싶을 때마다 언급되었다(비록 국가라는 틀을 통해 원래의 개념을 크게 변화시켰지만 말이다). 도시 국가라는 개념은 시민들이 '공동의 사안'에 관한 모든 것을 심의하는 공적 공간을 함축한다. 이는 인간이 연대를 통해 자신의 존재 조건을 통제하겠다는 생각을 의미한다. 즉, 도시 국가 역시 지극히 **자연적**인 정치적 개념이다.

유럽의 역사에서 가장 놀라운 사실은 제국이나 도시 국가, 또는 이 둘의 조합을 통해 유럽의 정치 조직이 재구성되지 않았다는 점이다. 대신 군주제monarchy가 발명되었다.[2]

세 번째 형태는 **가톨릭교회**Catholic Church였다. 물론 교회는 제국이나 도시 국가와 같은 차원에 놓일 수는 없다. 인간의 사회적·정치적 삶을 조직하는 것이 교회의 존재 이유는 아니기 때문이다. 그러나 교회는 그 존재 자체와 독특한 소명으로 인해 유럽 사람들에게 엄청난 정치적 문제를 제기했다. 이 점이 강조되어야 한다. 유럽의 정치적 발전은 교회라는 완전히 새로운 종류의 인간 결사체가 제기한 문제에 대한 대응의 역사로만 이해될 수 있다. 제도적 대응은 곧 새로운 문제를 만들어냈고 이는 또 새로운 대응책의 발명을 요구했다. 유럽의 정치적 발전의 핵심은 학문적 용어로 **신학-정치적 문제**theologico-political problem라고 불리는 것이다.

교회는 유럽인들에게 두 가지 문제를 제기했는데, 하나는 상황적 문제이고 다른 하나는 구조적 문제였다. 상황적 문제는 잘 알려져 있다. 야만인의 침략에 따른 전반적인 붕괴 속에서 교회는 시민 당국이 수행하지 않는 사회적·정치적 기능을 수행해야 했다. 따라서 세속적 기능과 종교적

---

2  야만족의 군주제는 이 과정에서 전혀 핵심적인 기여를 하지 않았다. 그들에게 학문이란 사실상 없었고 제도 또한 체계적이지 않았기 때문이다. 그들은 오직 하나의 유산을 남겼는데, 바로 개인의 자유에 대한 강렬한 정신을 유럽의 관습에 불어넣었다는 것이다.

기능의 '자연에 반하는' 융합이 형성되었다. 구조적 문제도 잘 알려져 있지만 정확하게 체계화하는 것이 중요하다.

교회가 스스로 내린 정의는 모순을 내포하고 있었다. 한편으로 교회가 제공하는 선善, 즉 구원은 이 세상에 속한 것이 아니었다. '이 세상' 또는 '카이사르의 세상'은 원래 교회의 관심 밖이었다. 반면에 교회는 신과 신의 아들인 예수에 의해 사람들을 구원으로 인도하라는 사명을 부여받았으며, 신의 은총이 함께하는 교회는 구원의 유일한 수단이었다. 따라서 교회는 구원을 위험에 빠뜨릴 수 있는 모든 것을 감독할 권리 또는 의무를 가지게 되었다. 그러나 모든 인간의 행위는 선과 악이라는 선택지에 직면해 있기 때문에('비물질적'으로 간주되는 행위는 제외) 교회는 모든 인간의 행위를 감독할 의무가 있었다. 그리고 인간의 행위 중에서 가장 중요한 것은 통치자의 행위였다. 따라서 교회는 통치자가 피통치자에게 구원을 위태롭게 하는 행위를 명령하거나, 신민에게 그러한 행위를 할 자유를 허용하지 않도록 통치자를 상당히 예의 주시하며 경계해야 했다. 따라서 교회는 — 상황에 따른 것이 아니라 논리에 따라 — 지상 최고의 권력인 전능권 plenitudo potestatis을 주장하기에 이르렀다. 이 전능권의 범위는 직접적 또는 간접적으로 정의하기에 따라 상당히 다양했지만, 교회가 주장하는 정치적 영향력은 본질적으로 동일했다. 이 주장은 11세기 말 그레고리우스 Gregorius 개혁과 함께 본격적으로 확산되었다. 당시에는 교회ecclesia christiana 만이 진정한 국가respublica로 간주되기도 했다.

가톨릭 교리에 내재된 놀라운 모순은 다음과 같이 요약할 수 있다. 교회는 현세적 영역 내에서 인간이 스스로 적합하다고 생각하는 대로 자유롭게 조직할 수 있도록 허용하는 동시에 신권 정치theocracy를 강요하는 경향이 있었다. 이는 전례 없는 범위의 종교적 제약을 의미하는 동시에 세속적인 삶으로부터의 해방을 의미한다. 유대교나 이슬람교와 달리, 가톨릭교회는 지상의 도시에서 인간의 모든 행위를 구체적으로 규제하는 율법을 제공하지 않기 때문이다.

이에 대해 중세 시대의 가톨릭교회는 세속적 공간의 해방이 아니라 언제나 신권 정치를 목표로 삼았다는 반론이 있을 수 있다. 이 반론에는 일리가 있다. 그러나 교회가 직접적으로 무엇을 했는지뿐만 아니라 필자가 지적한 모순을 통해 무엇을 가능하게 했는지도 고려해야 한다. 교회는 군주제·도시 국가·제국 등 정치 체제를 막론하고 통제권을 행사해야 한다고 주장했다. 바로 이를 통해 교회는 특정 정치 체제를 강요하고 싶지 않다는 것을 인정했다. 따라서 나중에 세속 세계가 힘을 되찾았을 때, 교회의 주장에 가장 잘 저항할 수 있는 정치 형태를 모색할 수 있는 여유가 있었다. 다시 말해, 교회의 신정을 주장하는 측에 대한 투쟁은 카이사르의 세상을 자유로 선언한 측에 의해 가능해졌고 어떤 의미에서 승인되었다고 볼 수 있다.

그렇다면 세속 세계는 교회의 주장에 맞서기 위해 어떤 정치적 기반을 바탕으로 스스로를 조직했는가? 앞서 언급한 두 가지 정치 형태를 살펴보자.

첫째, 도시 국가를 보자. 16세기까지 도시 국가는 유럽의 특정 지역(북부 이탈리아, 플랑드르Flandre, 북부 독일)에 널리 퍼져 있었다. 이에 대한 역사적 이유는 여기서 다룰 필요가 없다. 여기서 주목할 것은 우리에게 수많은 예술 작품을 선사한 이 도시 국가라는 정치 형태가 확장은 고사하고 존속도 힘겨울 정도의 무기력한 상태에 있었다는 것이다. 물론 이는 도시 국가를 구성하는 정치 조직 고유의 불안정성에서 비롯된 것이다. 그리스와 이탈리아 도시 국가의 연대기에서 알 수 있듯이, 파벌 간의 분쟁은 종종 도시 국가의 마비와 자멸로 이어졌다. 이러한 자연적인 이유에 교회의 존재와 영향력과 관련된 이유가 추가된다. 이 지점에서 필자는 두 가지 모순되는 발언을 해야 한다. 한편으로 도시 국가들은 교회에 맞설 때 상대적으로 약했고, 교회에 대항해 싸울 여력이 없었다. 다른 한편으로, 도시 국가들은 교회에 상당히 비우호적이었고, 교회는 이에 상응하는 대우를 했다.

도시 국가는 제국과 교회라는 두 거대한 '보편자'에 직면한 '개별자'였기 때문에 이념적으로 취약했다. 유럽 도시 국가 내의 각 파벌은 ― 피렌체의 겔프와 기벨린처럼[3] ― 제국이나 교회라는 보편자의 지원에 의존하거나 외국의 군주에 의존하는 경향이 있었다. 게다가 도시 국가에서의 정치 생활은 매우 격렬하고 혼란스러운 것이어서 시민들의 관심과 열정은 자연스럽게 세속적인 문제로 향했다. 따라서 도시 국가는 특히 폐쇄적인 세계, 특히 교회의 영향력에 저항적인 세계를 추구하는 경향이 있었다. 마지막으로, 시민들의 자연스러운 입장은 자유와 독립을 주장하는 것이었다. 이 세 가지 점에서 군주제는 전혀 다른 특징을 보여주었다.

구조적으로 교회의 주장에 상당히 적대적이었던 도시 국가는 교회의 요구를 수용함과 동시에 적절히 대항하면서 자신의 입장을 개진하는 정치 형태를 구축하기에는 힘이 너무 약했다. 좋은 예로 피렌체를 들 수 있다. 이탈리아에서는 교황이 세속적 군주의 역할도 겸했기 때문에 예외적인 상황이 만연했다는 반론이 있을 수도 있다. 실제로 이탈리아에서도 교회의 힘은 본질적으로 영적인 것이었다. 교황은 사실상 혼자서 전쟁을 수행할 수 없었고, 교황의 권위가 가장 높았던 시대에도 로마를 대상으로 복종을 명령할 수 없었다. 실제로 종교 개혁 이전에는 이탈리아보다 오히려 영국이나 독일에서 더 큰 영향력을 발휘했다.

---

3  겔프(Guelf)와 기벨린(Ghibelline)은 12~13세기 북부 이탈리아에서 각각 교황의 권력(겔프파)과 신성 로마 황제의 권력(기벨린파)을 지지했던 파벌을 말한다. _ 옮긴이

어쨌든 이탈리아 도시 국가의 이러한 상황은 유럽 역사 전반에 중대한 영향을 미쳤다. 교회에 대한 구조적 적대감과 더불어 도시 국가의 근원적 취약성이라는 두 요소의 혼합을 통해 우리는 왜 이탈리아 도시 국가에서 그리스도교 세계 최초의 진정한 세속 문명이 발전했는지를 이해할 수 있게 된다. 세속 세계의 완전성, 독립성 그리고 고귀함에 대한 위대한 문학적 표현은 단테Dante Alighieri·파도바Padova의 마르실리우스Marsilius·보카치오 Giovanni Boccaccio를 낳은 이탈리아에서 탄생했다. 피렌체의 이러한 전통은 그리스도교의 적인 마키아벨리에 의해 받아들여지고 급진적으로 변형되어 가톨릭교회에 대한 공격에 활용되었다.

제국의 실제 영향력은 (제국이라는 개념이 가지는 위상과는 별개로) 어떤 의미에서 도시 국가보다 훨씬 더 미약했다. 그것은 천재가 부족해서가 아니었다(샤를마뉴나 프리드리히 2세Friedrich II를 언급하는 것으로 충분하다). 게다가 유럽처럼 지리적·인종적·정치적으로 분열된 지역에서 제국이라는 체제가 갖는 본질적인 어려움도 고려해야 한다. 나아가 제국의 위상, 즉 보편자로서 제국이 누리는 위상은 교회가 이미 선점하고 있었다. 물론 콘스탄티노폴리스Constantinopolis의 동로마 제국은 그리스도교와 잠재적으로 유기적인 연합을 이루며 공존했다. 그러나 이 연합은 그리스도교의 중심인 교황과는 먼 거리에 있는 콘스탄티노플에서 실현되었다. 이 주제에 대해 특히 신뢰할 수 있는 조제프 드 메스트르Joseph de Maistre는 콘스탄티노플로 제국의 수도를 이전한 것은 본능적으로 적절한 감각이었다고 주장했다. 콘스탄티누스Constantinus는 "황제와 교황이 같은 울타리 안에 있을 수 없다"고 느꼈기 때문이다. 따라서 콘스탄티누스 황제는 로마를 교황에게 양보했다.[4]

---

4    Joseph de Maistre, *Du Pape* (Lyon, 1819), II. 6.

따라서 유럽의 가장 큰 정치적 문제는 다음과 같았다. 비종교적이고 세속적인 세계는 도시 국가도 제국도 아닌 형태, 즉 도시 국가보다는 덜 '개별적'이고 제국보다는 덜 '보편적'인 형태 또는 제국과는 다른 보편성을 가진 형태로 조직되어야 했다. 우리는 이 정치 형태가 절대 군주제였다는 것을 알고 있다. 절대 군주제의 구성을 가능하게 한 정신적·정치적 변화를 설명하기 전에, 절대 군주제가 도시 국가나 제국보다 교회의 주장에 대응하는 데 있어 구조적으로 우월한 이유를 간략하게 살펴보도록 하자.

도시 국가와는 다르지만 제국의 황제와 마찬가지로 국왕은 "모든 권력은 신으로부터 나온다"는 사도 바오로의 공리에 따라 '왕권신수설divine right of kings'을 주장할 수 있었다. (반면 도시 국가는 그렇지 못했다. 왜냐하면 정무관들은 복수로 있기 때문에 신의 형상을 갖춘 대리자가 되기 위한 첫 번째 조건인 단일성unicity[5]을 충족시키지 못했기 때문이다.) 그러나 황제와 달리 국왕은 원칙적으로 보편적 군주제를 주장하지 않았기 때문에 교회가 주장하는 보편성과의 갈등이 상대적으로 제한적이었다. 나아가 군주제하에서 정치 생활은 도시 국가보다 훨씬 더 단순했기 때문에 사람들은 자유롭게 세속 세계에 더 집중할 수 있었다. 마지막으로, 군주제하의 신민들의 자연스러운 태도는 복종하는 것이었고, 이는 교회의 입장에 더 잘 부합했다. 이 세 가지 특징 때문에 군주제는 도시 국가에 비해 교회와 공존하는 것이 훨씬 더 적합했다. 동시에 역설적이게도 왕권신수설과 함께 세속 세계의 국왕은 원칙적으로 교회로부터 독립해 신에게 직접적으로 의존했다. 이것의 실질적인 결과는 국왕이 왕국의 종교적 사안에 관해서도 수장

---

5   사도 바오로의 단일성 원칙에는 국왕의 권력뿐만 아니라 정무관의 권력도 포함되었다. 그러나 도시 국가에서는 권력이 한 사람에게 집중되지 않고 여러 명에게 분산되고 순환되었다. 이러한 상태에서 신성함의 조건인 불변성과 단일성을 권력에 반영하는 것은 쉬운 일이 아니다.

의 역할을 맡는 경향으로 흘러갔다.

그리스도교 세계에서 군주제가 역사적으로 성공할 수 있었던 이유는 군주제라는 정치 형태가 교회의 존재를 상당 부분 광범위하게 수용하는 동시에 교회로부터 정치체의 독립성을 보장하는 매우 강력한 힘(왕권신수설)을 가지고 있었다는 사실에 기인한다.

따라서 유럽 군주제에는 두 가지 측면이 있었다. 첫 번째는 '정적static'인 것으로, 왕좌와 제단의 결합으로 설명할 수 있다. 국왕은 훌륭한 그리스도인이자 신실한 교회의 아들이었으며 교회는 신의 은총을 통해 그를 국왕으로 인정하고 그의 권력에 대한 복종을 설교했다. 두 번째는 '역동적dynamic'인 측면이다. 국왕은 자연스럽게 교회로부터 정치체의 완전한 독립성을 주장하고 따라서 왕국의 종교적 주권까지도 주장하는 경향이 있었다. 예를 들어, 국왕이 주교 임명권과 수도회 통제권을 행사하고자 했으며, 심지어 영국과 같은 극단적인 경우에는 그리스도교의 교리적 내용을 정의하는 데 참여하고자 했다. 중세에는 정치체가 교회의 일부로 구성되었거나 교회에 통합되었지만, 절대주의absolutism를 지향하는 모든 왕국은 교회를 국경 내로 통합하는 경향이 있었다. 즉, 왕국은 최고의 정치체이자 가장 높은 단계의 인간 결사체가 된 것이다. 이 우월성이 영구적으로 확립된 후 왕국은 '국가nation'가 되고, 훗날 국가의 '대표자'는 성직자에게 '헌법'의 준수를 강요해 교회가 정치체에 완전히 종속되는 결과를 낳는다.

따라서 군주제는 체제라기보다는 **과정**으로 인식되었다. 바로 이 때문에 19세기에 형성된 위대한 역사가들은 군주제가 가지는 특수성을 중요하게 보지 않았으며, 군주제를 '역사'의 최종 목적을 달성하면 쓰레기 더미에 버려질 운명의 단순한 도구로 취급했다. 군주제란 마르크스주의에 있어 '봉건주의'에서 '자본주의'로 넘어가는 도구였고, 기조François Guizot

에게는 '민족' 통일과 '문명'의 도구였으며, 토크빌에게는 '귀족제'에서 '민주제'로 넘어가는 것을 가능하게 해준 단계에 불과했다.[6] 이러한 해석이 모두 동등한 가치를 지니지는 않지만, 유럽의 근대사를 '움직인' 것은 바로 군주제였다는 직관을 '공통적으로' 내포한다. 여기서 이들이 본 유럽의 근대사, 나아가 모든 근대의 역사는 분명한 방향이 있었고, 최종 목적이 있었으며, 거부할 수 없는 것이었다. 그렇다면 군주제는 유럽에서 — 그리고 오직 유럽에 한해서만 — 정치사의 자연적인 순환을 깨뜨린 것이다.

정치체의 자연적인 순환은 대략 다음과 같이 설명할 수 있다. 외교 정책에서 영토 확장은 결국 패배를 야기할 정도의 확장을 촉진한다. 국내 정책적으로는 정치가 극도로 보수적으로 변질되어 정치체의 석화로 이어지고, 귀족제·민주제·무정부 상태·전제군주제·군주제 등 본질적인 특성이 일정하고 미리 결정된 정치 형태 사이에서 '주기적'으로 변동이 일어난다. 그러나 유럽의 군주제는 이와 달리 새로운 정치 및 사회 형태를 지속적으로 생성하는 체제로의 이행을 알렸으며, 나아가 이 체제의 내부적 구성이 끊임없는 — 그리고 전혀 주기적이지 않은 — 변화로 이어지는 정치적 진화를 일으켰다. 군주제는 역사를 움직였고, 우리는 여전히 그 결과와 함께 살아가고 있다.

유럽 군주제의 극단적인 독창성과 유례없는 역동성의 원인은 무엇이 었는가? 그것은 종교적 신념과 시민적 신념 사이의 안정된 타협과 국왕을 이 신성한 제도의 핵심으로 만든 데에서 찾을 수 있다. 그러나 화려한 대관식, 성스러운 의식, 심지어 간혹 벌어지는 기적에도 불구하고 유럽의

---

6    그러나 기조는 토크빌이나 마르크스와 달리 군주제에 단순한 '역사적 기능'을 넘어 일종의 '자연적'인 일관성을 부여하려고 노력했다. "군주제는 정당한 주권자의 불변성과 통일성에 대한 믿음에 그 근원을 두고 있다. 그것은 바로 인간 정신의 근간을 이루는 것이다."

국왕은 동방[7]에서 황제가 수행했던 역할을 결코 넘볼 수 없었다. 동방에서는 황제가 가장 사치스러운 정복에 나설지라도 사회와 문명의 위대한 수호자로 남아 있을 수 있었다. 하지만 서구의 국왕에게 동방의 황제가 누리던 수동적으로 숭고하고 또는 숭고하게 수동적인 역할은 금지되었다. 서구의 국왕은 지속적으로 행동하고 사회와 상호 작용해야 했다.

그렇다면 이 행동의 원칙은 무엇이었는가? 국왕은 그리스도교에 가장 신성한 것들을 붙잡아 두고 취할 수 없었다. (예를 들어, 왕으로서 예수 그리스도의 모습은 명백한 이유로 유럽의 군주들이 참고할 모델이 될 수 없었다.[8]) 대신 국왕은 자연스럽게 교회와 본질적으로 구별되는 단일하고 통합된 개체로서의 정치체를 형성하는 임무를 맡았다. 국왕은 세속 도시civitas hominum의 설립에 착수해 자신과 마찬가지로 그것을 단일한 개체로 만들었다. 물론 원칙적으로 교회는 인간이 지상의 도시를 자신이 적합하다고 생각하는 대로 자유롭게 조직할 수 있도록 내버려 두었다. 그러나 국왕만이 인간에게 맡겨진 이 역할을 책임지고 효과적으로 수행할 수 있었다.

필자는 유럽 정치사의 근본적인 문제에 대해 개략적인 정의를 내리려고 노력했다. 그것을 살펴봐야만 이후의 정치적 발전이 이해 가능하기 때문이다. 이 문제는 거의 수학적 형태로도 제시할 수 있다. "가톨릭교회의 특성을 고려할 때, 세속 세계의 독립을 보장할 수 있는 정치 형태 X를 찾으시오"라고 말이다. 도시 국가와 제국은 배제되므로 군주제만 남게 되

---

7    여기에서 동방은 오늘날의 중동 지역을 다스려온 이교도 제국들을 의미한다. _
      옮긴이

8    처음에는 교황이 국왕이나 황제와 공유했던 예수의 대리자(vicarius Christi) 칭호
      는 교회가 자체적으로 교리를 발전시키면서 교황 및 사제의 독점적인 칭호가 되
      었다[E. H. Kantorowicz, *The King's Two Bodies* (Princeton, 1957), III~IV, 특히
      pp. 87~93 참조].

는 것이다. 이러한 단순한 도식화는 오늘의 시점에서 과거를 보는 이점을 감안하더라도 생각보다 그렇게 핵심에서 벗어나지 않는데, 이 신학-정치적 문제는 수 세기에 걸쳐 유럽인들이 직면한 중요한 문제였기 때문이다. 문제의식을 이렇게 설정함으로써 필자는 그리스도교의 특정한 교파적 의미나 인간의 바람직한 정치적 조건에 대한 특별한 해석을 전제하지 않는다. 또한 우리의 시각을 행위자 자신의 관점에 놓음으로써 역사에 대해 알고 있거나 알고 있다고 생각하는 것을 잊게 된다. 나아가 세속주의와 같은 개념처럼 교회의 정치적 패배 이후에 나타낸 개념에 대한 의존을 피할 수 있는 계기를 마련하게 된다. 이제 우리는 근대 정치를 구상하고 실현할 수 있게 해준 개념들, 즉 우리가 근대적이라고 인식하는 개념들을 이해할 수 있게 될 것이다. 이러한 개념들은 앞에서 살펴본 논쟁적인 상황에서 생겨난 것이다. 이제 근대를 낳은 정신을 더 정확하게 파악하기 위해 노력해야 한다.

# 제2장

# 마키아벨리와 악의 번성

모든 것을 들어 이루 다 엮을 수 없노라.

기나긴 글제가 나를 뒤쫓아 오나니

거듭거듭 사실보다 적게 말하게 되노라.[1]

— 『신곡』 제4곡 중에서


논의의 출발점으로 되돌아가보자. 유럽에서는 그리스도교적 구원의 사상이 지배적이었다. 뿌리 깊은 제도로서 가지는 외적인 힘뿐만 아니라 무엇보다 영적인 신념에 의해 뒷받침되었기 때문에 교회의 지배에서 벗어나기란 쉽지 않았다. 사람들은 그리스도가 승인한 이 거대한 권력에 반기를 들고 싶었을지도 모른다. 그러나 그들이 막연하게 원했던 것을 어떻게 상상할 수 있었을까? 그들이 교회에 대항하고자 했던 '자연nature'의 세속적 권리를 어떻게 생각할 수 있었을까? 세속 세계가 이미 승리를 거둔 것이 명확한 우리에게는 이 모든 것이 당연해 보인다. 그러나 13세기나 15세기에는 상황이 그렇게 명확하지 않았다.

---

1    단테 알리기에리, 『단테의 신곡(상)』, 최민순 옮김(가톨릭출판사, 2021), 91~92
     쪽. _옮긴이

인간의 정치적 본성을 해방시키려는 최초의 주요한 시도는 1300년경 이탈리아에서 일어났다. 라틴어로 번역된 아리스토텔레스의 재발견이 본격적인 영향력을 발휘한 것도 이 시기였다. 이 위대한 지적 사건은 또한 위대한 정치적 사건이기도 하다. 당시까지만 해도 고대 그리스 사상은 교부철학자들, 특히 성 아우구스티누스Augustinus가 남긴 단편적인 내용을 제외하고는 서구 그리스도교권에서 거의 알려지지 않았다. 찬성하든 비판하든 고대 그리스 사상은 그리스도교와 결부되어 사용되었다. 그러나 14세기에 이르면 고대 그리스 사상은 그 자체로, 나아가 전반적으로 비교적 충실한 번역을 통해 스스로를 대변할 수 있게 되었다. 이는 자연, 즉 세속 세계가 그리스도교의 범주에서 잠재적으로 해방되어 자신의 운명을 스스로 통제할 수 있게 되었다는 것을 의미했다. 교회가 절대적으로 독점해 온 지식에 대한 통치는 이제 종말을 예고하게 된 것이다. 바로 이 시기에 이탈리아에서는 단테와 파도바의 마르실리우스의 작품[2]에서 교황의 정치적 권력에 반대하는 최초의 고전적인 주장이 등장한다. 유럽의 정치사상은 바로 이 순간, 이곳에서 정치적 상황과 맞물려 함께 발전하기 시작한다.

이 첫 번째 노력은 오래가지 못했다. 이후 유럽 정치의 발전은 단테나 마르실리우스가 주장한 원리대로 전개되지 않았기 때문이다. 여기에는 시대적인 이유가 있는데, 단테와 마르실리우스는 제국의 부활에 정치적 희망을 걸었다. 우리는 제국이 더 이상 실현 가능한 방안이 아님을 앞서 논의한 바 있다. 하지만 단테와 마르실리우스의 실패에는 보다 근본적인

---

[2] 단테의 『군주제에 대하여(De Monarchia)』의 정확한 연대는 확실하지 않으나 1312년경으로 추정된다. 마르실리우스의 『평화의 수호자(Defensor Pacis)』는 1324년에 쓰였다.

지적 원인이 있었다. 그들의 아리스토텔레스주의는 자연의 일관성, 풍요로움, 고귀함 등을 주장할 수 있었을지는 모르지만, 교회의 영향력으로부터 정치적 독립을 유지할 수는 없었다. 왜 그랬을까? 교회로부터 벗어난 세속 세계의 해방이 고대 그리스 사상의 원리를 따르지 않은 이유는 무엇인가? 왜 정치적 근대는 르네상스의 단순한 연장이자 확장이 아니었는가? 최초의 아군인 아리스토텔레스와 키케로Cicero는 물론, 교회와도 결별하게 된 이유는 무엇인가?

고대 그리스 사상만으로는 세속 세계가 교회로부터 독립하는 데 충분하지 않았다. 아리스토텔레스는 인간의 삶을 **선**good과 **목적**end의 관점에서 해석했으며, 이 모든 것은 철저하게 **위계적인 구조**로 조직되어 있었다. 따라서 아리스토텔레스의 가르침 덕분에 단테와 마르실리우스는 세속적 삶의 구조를 섬세하게 묘사하고 그 선함과 존엄성을 보여줄 수 있었다. 그러나 인간의 삶을 선 또는 목적의 위계에 따라 정의하는 아리스토텔레스의 가르침은, 이보다 한 차원 더 높은 주장을 하는 교회의 입장에 근본적으로 취약했다. 교회가 제공하는 선은 그 어떤 자연적 선보다 위대하며, 교회가 추구하는 목적은 그 어떤 자연의 목적보다 숭고했기 때문이다.

아리스토텔레스의 철학은 이와 같이 교회의 지상적 주권을 정당화하는 데 사용될 수 있는 **동시에**, 역으로 교회에 반하는 주장을 표현하는 데**에도** 사용될 수 있었다. 아리스토텔레스 이후 최대의 아리스토텔레스주의자가 가톨릭교회의 성인이자 교회학자인 토마스 아퀴나스Thomas Aquinas인 것은 결코 우연의 일치가 아니다. 토마스 아퀴나스는 아리스토텔레스 철학에 자연적 이성으로 접근할 수 있는 모든 것이 담겨 있다고 믿었다. 그에게 있어 그리스도교의 계시는 이러한 자연적 진리에 다른 더 높은 진리를 추가했지만, 그렇다고 해서 자연적 진리를 무효화하지는 않았다. 토마스 아퀴나스가 다음과 같이 말한 이유이기도 하다. "은총은 자연을 완

성하는 것이지 파괴하는 것이 아니다."³

따라서 아리스토텔레스의 철학은 교회의 주장에 반대하거나 이를 강화하는 두 가지 상반된 방식으로 사용될 수 있었다. 이 두 가지 용도로 모두 사용되었다는 사실은 아리스토텔레스주의가 세속적 도시 국가와 교회 간의 관계를 설정할 새로운 정치적 기초가 될 수 없음을 보여주기에 충분하다. 이는 마치 지나치게 무거운 무기가 자신의 손에서 벗어나 적의 손으로 자연스럽게 떨어질 수 있는 것과 같은 이치였다. 결국 이 무기를 더 숙련되게 사용한 것은 교회였고, 아리스토텔레스주의를 통해 교부철학을 집대성한 토마스 아퀴나스는 교회에 의해 '보편적 박사doctor communis'로 추대되었다. 그러나 토마스 아퀴나스의 교리는 당대의 가장 시급한 정치적 질문에 답을 주지 못했다. 토마스 아퀴나스의 가르침대로 자연은 고유한 선을 가지고 있고, 은총은 자연적 선과 상충하지 않으면서 더 우월한 선을 내포한다고 가정하자. 나아가 인간은 자연과 은총이라는 서로 다르지만 동등하게 정당한 두 가지 목적을 가지고 있다고 가정하자. 그렇다면 인간은 어느 쪽에 복종해야 하는가? 토마스 아퀴나스의 가르침에 따라 교회는 신앙에 의해 빚어진 신중함prudence⁴을 따라야 한다고 말했다. 이 대답은 자연계의 독립성을 명확하고 논쟁의 여지가 없는 방식으로 정의하고자 하는 사람들을 만족시킬 수 없었다. 토마스 아퀴나스, 단테 그리고 마르실리우스가 어떻게 해석하든 아리스토텔레스는 우리의 신학-

---

3   토마스 아퀴나스의 이와 같은 입장에 대해 교회의 일각에서 비판이 없지 않았다. 아퀴나스는 자연에 너무나 많은 것을 부여한 것이 아닌가? 가톨릭 교리와 인본주의 철학을 너무 가깝게 결합시킨 것은 아닌가? 이성을 지나치게 신임한 것은 아닌가?

4   아리스토텔레스의 프로네시스(phronēsis) 개념을 토마스 아퀴나스는 그리스도교적인 맥락에 접목한 것이다. _옮긴이

정치적 문제를 해결할 수 없었다.

이 문제의 해결은 – 사실 아직 해결되었는지는 모르겠지만, 적어도 최초의 직접적인 논의는 – 두 세기가 지난 후 마키아벨리에 의해 이루어진다. 위에서 언급했듯이 단테와 마르실리우스의 시대는 유럽의 정치사상이 당대의 정치적 상황과 발맞춘 시기였다. 마키아벨리의 시대에 들어서면 비로소 정치사상이 정치적 상황에 완전히 참여하게 되었다고 볼 수 있다. 이 시점부터 유럽 정치사상사의 핵심적인 개념을 이해하지 않고서는 유럽 정치를 이해할 수 없게 된다.

단테나 마르실리우스처럼 아리스토텔레스의 사상이 보편타당하다고 생각한 사람들조차도 아리스토텔레스의 사상이 근본적으로 다른 정치적 맥락에서 탄생했다는 사실을 인정해야 했다. 그리스 도시 국가는 이탈리아 도시 국가와 달리 보편적인 교회의 정치적 주장에 대한 경험이 없었다. 따라서 그들은 아리스토텔레스 사상의 보편적 타당성을 주장하면서도 상당한 수정을 거쳐야 했다. 우리는 이러한 수정 사항 중 가장 중대한 부분을 살펴본 바 있다. 단테와 마르실리우스는 아리스토텔레스가 도시 국가보다 열등하고 심지어 야만적이라고 여겼던 정치 형태인 제국을 옹호했다. 그러나 마키아벨리를 기점으로 **근대적 경험**modern experience[5]은 스스로의 언어를 찾게 된다. 마키아벨리를 통해 근대성은 유럽 정신의 향방을 결정지을 해석을 발견하게 되고, 오늘날에 이르기까지 유럽 정치사에까지 영향을 미친다.

하지만 이 주장은 의심을 불러일으킬 만하다. 단 한 사람에게 이와 같

---

5    마키아벨리가 『군주론(Il Principe)』(1513)의 서문에서 쓴 "우리 시대에 일어난 일들에 대한 오랜 경험(lunga esperienza delle cose moderne)"이라는 표현을 인용한 것이다. _옮긴이

은 거대한 업적을 부여하는 것이 과연 정당한 일인가? 마키아벨리에게 선구자적인 역할을 부여하는 일은 오직 마키아벨리 이후의 근대 정치 및 사상의 발전을 포괄적으로 살펴본 후에만 가능할 것이다. 하지만 우리의 목적은 마키아벨리에게 '초인적'인 힘을 부여하는 것이 아니다. 마키아벨리를 통한 근대적 경험의 해석은 그 근원적인 요소를 훌륭하게 조명하기 때문에 그에게 주목하는 것이다. 나아가 교회의 정치적 주장에 대한 급진적 불신이라는 정치적 프로젝트를 위해, 이 프로젝트에 참여한 수많은 사람들이 마키아벨리를 그들의 생각과 행동의 지침으로 삼았기 때문이다. 그들은 마키아벨리의 사상을 토대로 정치 세계를 변혁했고, 마키아벨리는 순전히 '이론'의 수준을 넘어 '현실'의 일부가 되었다. 마키아벨리에 의한 근대적 경험의 해석은 이 프로젝트에 동의하지 않는 사람들조차 인정하지 않을 수 없었다.

여기서 필자의 목적은 마키아벨리의 사상에 대한 상세한 분석이 아니다. 이와 같은 작업은 이 글의 범위를 초과하는 일이며, 나아가 마키아벨리의 사상은 매우 정교한 탓에 간결하게 논의할 경우 오해를 일으키기 쉽기 때문이다. 따라서 필자는 마키아벨리를 읽지 않은 사람들을 포함한 일반 사람들이 마키아벨리에 대해 가지고 있는 견해에 한정해서 논의를 하고자 한다. 다르게 말하면, 마키아벨리의 '표면적' 의미에 집중한다는 것이다. 왜냐하면 수많은 사람들을 자극한 것은 결국 이 표면적 의미이기 때문이며, 마키아벨리 수준의 사상가에게는 표면 자체가 깊이를 담아내기 때문이다.[6]

마키아벨리는 피렌체 사람이었다. 그가 말하던 "근대에 일어난 일들에

---

6    레오 스트라우스(Leo Strauss)가 특별히 아끼던 격언이다. 이하는 그의 저서 『마키
     아벨리의 정치철학(Thoughts on Machiavelli)』(1958)에 영향받았음을 밝힌다.

대한 경험"은 도시 국가에서 벌어진 정치의 경험이다. 우리는 이미 도시 국가가 교회에 비우호적임과 동시에 취약하다는 것을 보았다. 이러한 무력한 적대감은 자연스럽게 도시 국가에서 종교를 근본적으로 배제하고, 도시 국가를 종교의 영향력으로부터 완전히 차단하자는 생각으로 이어졌다. 일부 역사가들은 마키아벨리와 그를 따르는 사람들이 종교 자체에 적대적이었던 것이 아니라 종교의 과잉과 부패에만 적대적이었다고 생각한다. 그러나 이러한 과잉과 부패로부터 스스로를 영구적으로 보호할 수 있는 유일한 방법은 종교가 시민 생활에 미치는 모든 영향('선한 것'이든 '악한 것'이든)을 배제하는 것이었다.

　마키아벨리에 대해 정작 아무것도 모르는 우리는 과연 그에 대해 무엇을 알 수 있을까? 우리는 그가 악을 가르쳤다는 것을 알고 있다. 계략과 힘으로 권력을 잡고 유지하는 방법, 음모를 성공적으로 마무리하는 방법 말이다. 그는 적을 위협하거나 모욕해서는 안 되지만 그를 죽일 기회가 있으면 반드시 죽여야 한다고 가르쳤다. 추상적인 단어를 좋아하는 우리 현대인은 이런 마키아벨리를 두고 곧바로 '현실주의'를 논한다. 정치적 '현실'에 살인, 음모, 쿠데타가 있다는 것은 사실이다. 그러나 살인, 음모, 쿠데타가 없는 시대와 체제도 존재한다. 다시 말하자면 이러한 사악한 행동이 없는 것 또한 '현실'인 것이다. 따라서 마키아벨리의 '현실주의'를 논한다는 것은 다음과 같은 마키아벨리의 관점에 동의한다는 것을 의미한다. 정치적으로 더 중요하고, 더 큰 의미를 지니며, 더 '현실'적인 것은 '선'이 아닌 '악'이라는 것이다.

　정치에 있어서, 특히 건국의 순간이나 체제의 변경에 있어서, 사악하고 폭력적인 행위가 난무한다는 사실은 마키아벨리 덕분에 알게 된 것이 아니다. 우리는 항상 알고 있었다. 이처럼 자명한 사실을 어떻게 모를 수 있단 말인가? 하지만 정치적인 것에 대해 가장 권위 있는 사상가들이 이

점을 강조하지 않은 것은 주지의 사실이다. 이들은 정치가 어떻게 인간을 이롭게 할 수 있는지에 먼저 주목했다. 필자는 이미 아리스토텔레스의 견해를 언급한 바 있다. 아리스토텔레스에게 도시 국가를 제대로 바라본다는 것은 그 도시 국가의 목적을 이해하는 것이었다. 도시 국가란 인간이 자신의 우수성을 입증할 수 있는 시민적·도덕적 덕목을 실천함으로써 합리적 동물로서의 본성을 충족시킬 수 있는 유일한 틀이었다. 정치는 종종 폭력을 동반하며 병리적 현상, 혁명, 정권 교체가 있다는 것을 아리스토텔레스는 잘 알고 있었으며, 『정치학』 제5권에서 이에 대해 다루었다. 그러나 이러한 현상에만 사람들의 관심이 집중되면 도시 국가의 목적이 무엇인지, 인간의 최종 목적이 무엇인지 잊어버릴 수 있다. 마키아벨리는 반대로 우리의 관심을 거의 전적으로 병리적 현상에만 집중시킨다. 마키아벨리가 원하는 바는 우리가 그를 읽은 후 '순수함'을 잃는 것이다. 이 점에서 마키아벨리는 최초의 '의심의 대가master of suspense'[7]라 할 수 있다. 최근까지 이 개념은 마르크스·니체Friedrich Nietzsche·프로이트Sigmund Freud를 지칭하는 말이었다. 이들이 우리의 가장 순수한 동기조차 의심하라고 촉구했다는 점에서 이 용어는 정당화될 수 있다. 그러나 의심을 인간의 삶의 전략적 지점, 즉 정치적 삶의 영역으로 끌어들인 최초의 인물은 마키아벨리이다. 그의 의심은 그 이후로 우리를 떠난 적이 없다. 의심으로 고통받는 영혼의 독백을 들어보자.

이와 같은 도덕적 허약함, 지워지지 않는 인상들로 인한 무력감은 비단 애정

---

**7** 프랑스 철학자 폴 리쾨르(Paul Ricoeur)가 『해석에 대하여: 프로이트에 관한 시론(De l'interprétation: Essai sur Sigmund Freud)』(1965)에서 고안한 표현으로, 마르크스·니체·프로이트를 관통하는 정신을 "의심을 통한 의식의 허위성에 대한 비판"으로 보았으며, 이들을 "의심의 대가"로 지칭했다. _옮긴이

의 문제에서만 드러나는 것이 아니다. 도처에서 발견할 수 있다. 사랑에 대한 충실함이란 자유에 대한 열정과 같은 종교적 신념과 같은 힘이다. 그러나 우리에게 더 이상 남은 힘은 없다. 우리는 더 이상 사랑할 줄도, 믿을 줄도, 원할 줄도 모른다. 모두들 자기 자신이 말하는 내용조차 의심하고, 자신이 주장하는 격렬함에 미소 지으며, 느끼는 감정은 최대한 빨리 끝맺으려 한다.[8]

현대인의 영혼의 가장 뿌리 깊은 특성 중 하나는 선에 대한 의심, 우월감과 조롱의 미소, 순수함을 잃고 싶어 하는 욕망이다. 근대 정치의 기원과 발전을 이해하고자 한다면, 우선 **선의 지위**status of the good에 일어난 변화를 먼저 파악해야 한다.

마키아벨리는 정치에서 악의 중심적인 성격을 어떻게 설득하려 했을까? 마키아벨리가 가장 연구하기를 좋아했던 주제는 도시 국가의 건국, 정권의 변화, 음모 등이 벌어지는 '극단적인 상황'이었다. 아리스토텔레스와 달리 마키아벨리는 정치의 시작이나 기원의 관점에서 정치적 삶을 설명했으며, 더 이상 정치를 그 최종 목적의 입장에서 바라보지 않았다. 그는 평범한 상황에서는 시민 생활이 상당히 평화로울 수 있으며, 사람들이 정의라고 부르는 것도 어느 정도는 실현 가능하다는 사실을 부정하지 않았다. 마키아벨리는 단지 이러한 '평범한' 도덕이 '비범한' 도덕에 종속되거나 영향을 받는다고 지적할 뿐이다. 즉, '선'은 '악'을 통해서만 이루어지고 유지된다. 마키아벨리는 선과 악의 경계를 허물지 않았다. '선'은 '악'에 의해 성립된다는 추악한 명제를 확립하기 위해 오히려 이 경계를

---

8    뱅자맹 콩스탕(Benjamin Constant)의 『아돌프(Adolphe)』(1816) 제2판, 서문의 초안. Tzvetan Todorov, "Benjamin Constant, politique et amour," *Poetique*, No. 56(1983)에서 재인용.

보존했고, 또 그렇게 해야만 했다.

이러한 관점에서 보면, 도시 국가와 종교 간의 관계가 어떤 귀결을 맞이할지 쉽게 파악할 수 있다. 마키아벨리적 관점은 도시 국가를 폭력적인 수단으로 건설된 인공 섬으로 간주한다. 도시 국가는 자기 완결적인 존재로서 스스로 너머 존재하는 모든 것에 닫혀 있으며, 오직 스스로가 원인을 제공한 것에 대해서만 의미를 찾을 수 있다. 즉, 종교가 제공하겠다고 약속한 '우월한' 선을 통해 도시 국가의 '선'을 '개선'하거나 '완성'하려는 것은 바람직하지 않을뿐더러 터무니없는 일이 된다. 종교의 기여는 도시 국가의 자연스러운 기능을 방해할 뿐이다. 한 가지 예만 들어도 충분하다. 그리스도교는 사회의 관습을 어느 정도 부드럽게 만들었다. 그리스도교의 영향이 확대됨으로써 도시 국가가 점령당했을 때 남성은 더 이상 모두 사형에 처해지지 않았으며, 여성과 어린이는 더 이상 노예로 전락하지 않았다. 어리석은 이들은 이와 같은 처사에 모두 환호했다. 하지만 마키아벨리는 시민과 시민이 속한 도시 국가의 동일성이 깨지는 순간, 즉 시민이 자신의 생존 본능을 도시 국가의 생존 본능과 동일시하지 않는 순간, 시민 생활과 도덕은 심각하게 약화된다는 것을 지적한다. 공공선은 오직 폭력과 공포의 압도적인 힘에 의해서만 실현될 수 있는 것이다. 따라서 도시 국가의 폭력적 조건을 강조하는 것과 그리스도교의 침입으로 인한 시민 생활의 정치적 폐해를 지적하는 것은 결국 같은 것을 말한다. 이제 정치적 질서는 닫힌 고리와 같이 자기 완결적이며, 그 기초 역시 내부에 존재한다. 악의 필요성과 번식력을 긍정하는 것은 이제 지상의 세속적 질서의 자립을 주장하는 것이다.

지금까지 필자는 마키아벨리의 가르침 자체보다는 그 가르침의 향기를 환기시키는 정도로 논의를 한정했다. 이제 『군주론Il Principe』(1513) 제9장에 등장하는 마키아벨리 주장의 핵심을 잠시 살펴보자. 도시 국가는 민중과 귀족이라는 근본적으로 서로 다른 두 집단으로 구분된다. 나아가 이 두 집단은 다양한 기질로 특징지어진다. 평민은 억압받기를 원하지 않고 귀족은 그들을 억압하기를 원한다. 이 두 집단 모두 선을 추구하지 않으며, 어떤 집단도 동시에 적극적이면서 선한 목적을 가지고 있지 않다는 것을 알 수 있다. 귀족은 적극적인 목적을 가지고 있지만 그것은 억압하고자 하는 악한 목적이다. 민중은 적극적인 목적이 없고 오직 소극적인 목적, 즉 억압받지 않으려는 목적만 있다. 도시 국가의 '기질'은 도시 국가로 하여금 선을 추구하는 방향으로 이끌지 않는다. 마키아벨리에 따르면, 본인의 이익과 민중의 이익을 혼동하지 않고 귀족에 대항해 민중의 지지를 얻는 방법을 아는 군주만이 안정된 질서를 확립할 수 있다.[9]

　『군주론』 제9장과 아리스토텔레스의 『정치학』 제3권을 비교해 보자. 주제는 서로 동일하다. 『정치학』은 민주주의자와 과두제주의자 간의 대화로, 민중과 귀족 간의 대화라고 볼 수 있다. 여기서 우리가 관심을 갖는 것은 아리스토텔레스의 가르침이 아니라 그의 접근 방식이다. 아리스토텔레스는 민주주의자와 과두제주의자 모두 통치에 대해 일리가 있는 논거를 가지고 있으며, 잘 조직된 도시 국가에서는 두 의견 모두 인정되어야 한다고 본다. 한편 아리스토텔레스는 이 두 의견이 모두 받아들여진다고 해도 그것만으로 정의가 실현되지 않는다는 것을 보여준다. 자유·평등·부뿐만 아니라 덕과 탁월함이 있어야 한다. 다르게 말하면 아리스토텔레스는 다양한 사회적 집단들이 서로 아무리 편향적일지라도 결국 정치체의 최종 목적인 정의 또는 선을 지향한다는 것을 보여준다.

---

[9]　우리의 관점과는 완전히 다른 관점을 가진 클로드 르포르(Claude Lefort)는 『마키아벨리에 대한 연구(Le travail de l'oeuvre: Machiavel)』(1972)에서 이와 관련된 주제를 풍부하게 발전시킨다. 특히 제5장 참조.

즉, 아리스토텔레스는 사회체의 각 주장이 아무리 편향적일지라도 몸 정치의 일부이자 그 목적인 정의 또는 선을 어떻게 지향하는지 보여준다. 마키아벨리는 도시 국가를 구성하는 각각의 요소가 '기질'로 대변된다고 보는 반면, 아리스토텔레스는 이 '기질'이 결국 선이라는 가치에 근거한다고 본다.

물론 마키아벨리의 도시에도 '선한' 기질이라 부를 수 있는 요소가 있다. 바로 평범한 민중이다. 민중의 욕망은 그저 억압받지 않은 순수한 것이다. 마키아벨리는 민중의 이 '정직함'을 칭찬하기까지 한다. 민중의 욕망(또는 목적)은 귀족의 욕망보다 더 정직하다고 보는 것이다. 그러나 이 정직함은 전적으로 수동적이고 소극적인 선이다. 마키아벨리의 도시 국가에서 선은 오직 민중의 정직함이 훼손된 상태로만 존재한다. '덕'을 추구하는 귀족의 기질을 과감히 평가 절하하는 동시에 민중을 '정직'하다고 본다는 점에서, 마키아벨리는 최초의 **민주적** 사상가이다.

이제 우리는 정치에서 악에 주목하는 이유와 민중의 선 또는 정직함을 강조하는 이유 간의 연관성을 파악할 수 있다. 정치적 행동이 선의 관점에서 조직되지 않는다면, 더 일반적으로 인간의 행동에 본질적으로 선한 목적이 없다면, 세상의 모든 선은 일반적으로 정치적으로 행동하지 않는 사람들, 즉 민중의 것이다. 레오 스트라우스Leo Strauss는 마키아벨리의 관점이 향후 루소Jean-Jacques Rousseau의 **덕**(원래는 어렵고 고통스러운 것으로서 불평등의 최대 수혜자인 귀족에게서 흔히 위선적이고 의심스러운 형태로 나타나는 것)과 **선**(순수하고 수동적인 자기애로서 민중 속에서 그 본령을 찾을 수 있는 것)의 구분을 예고했다고 말한다. 우리는 이 마키아벨리적 관점을 통해 근대 정치, 나아가 근대적 감수성에 지대한 영향을 미칠 새로운 정신적 기제를 목격하게 된다. 선의 이데아가 몰락하고 민중의 이데아가 부상한 것이다.

마키아벨리가 정치에 접근하는 방식에 대해 한 가지 더 언급해야 할 것이 있다. 앞서 보았듯이 아리스토텔레스는 시민의 관점을 채택하는 것으로 시작한다. 그는 정치체 내에서 발생하는 주요 주장을 모두 진지하게 고려하며, 일정한 수준까지는 타당한 것으로 받아들인다. 시민들은 각자 자기의 관점이 곧 정의라고 주장하지만, 아리스토텔레스는 그들의 주장이 정의의 일부에 불과하다는 것을 보여줌으로써 그들의 지나침을 바로잡는다. 동시에 아리스토텔레스는 도시 국가 밖에 서 있다. 그는 민주주의자와 과두제주의자, 또는 민중과 귀족 간의 정치 생활에서 무시되기 쉬운 덕의 권리를 강조한다. 하지만 도시 국가 외부에 있으며, 도시 국가보다 우월한 아리스토텔레스의 위치는 철학자와 도시 국가 사이의 특정 형태의 공동체에 기반을 두고 있다. 도시 국가가 지향하고 가장 좋은 상황에서만 달성 가능한 선은 오직 철학자만이 사색을 통해 도달할 수 있는 궁극적이며 최종적인 선을 의미한다. 다르게 말하면 아리스토텔레스가 상정하는 선의 개념을 통해 철학자가 도시 국가보다 우월하고, 도시 국가가 스스로를 이해하는 것보다 더 잘 이해할 수 있으며, 동시에 도시 국가가 스스로를 이해하는 것처럼 내면으로부터 이해할 수 있게 해주는 것이다.

반면 마키아벨리에 이르면 철학자와 도시 국가 사이의 소통의 매개체, 즉 선은 사라진다. 철학자는 완전히 도시 국가의 외부에 있으며, 도시 국가가 스스로를 이해하는 것보다 더 도시 국가를 잘 이해하고 그 '실체적 진실'[10]을 폭로한다. 그러나 실제로 귀족은 자신의 모든 행위의 동기가 오직 억압하고자 하는 욕망에 기인한다고 생각하지 않으며, 민중은 단순히 억압을 피하고자 하는 입장을 넘어 보다 적극적인 목적을 추구할 수도 있다. 그렇다면 철학자인 마키아벨리가 과연 도시 국가 스스로보다 더 도시

---

10    마키아벨리, 『군주론』, 제15장.

국가를 잘 이해한다고 볼 수 있을까?

만약에 도시 국가의 '기질'과 철학자의 진리 추구 간의 매개체가 없다면, 이 '실체적 진실'이 발견되었을 때 과연 누가 이를 증명할 것인가? 본질적으로 선하다고 할 수 있는 것이 없는 세상에서 이 진실에 대한 앎은 예외적으로 선이 될 수 있는가? 마키아벨리가 이러한 질문에 답할 수 있는 수단을 제공했는지는 확실하지 않다. 다만 의심의 여지가 없는 것은, 도시 국가는 외부로부터 차단된 자기 완결적인 존재이며, 철학자는 철저히 외부에 있기 때문에 도시 국가를 완전히 이해할 수 있다는 것이다.

이와 같은 마키아벨리의 입장은 철학과 정치의 역사에서 근본적으로 새로운 것이다. 플라톤이나 아리스토텔레스와 같은 철학자들은 도시 국가에서의 삶의 의미를 이해하기 위해 일반 시민들의 관점을 진지하게 수용하는 것부터 시작했다. 비록 그것이 결국 그들의 한계를 지적하고 초월하는 것을 의미하더라도 말이다. 반면 다른 철학자들은 시민들의 관점을 이해하는 데 잠시라도 관심을 기울이지 않고 의도적으로 시민 생활 바깥에 있고자 했다. 이러한 철학자들은 정치를 경멸했는데, 그 이유는 우주의 질서, 신 또는 자연과 같은 더 높은 차원의 선을 추구해야 한다고 생각했기 때문이다. 마키아벨리는 도시 국가 바깥에 머물면서 오로지 도시 국가에만 관심을 집중하는 역설적인 입장을 취했다. 그 이유는 고귀한 선을 달성하기 위해서가 아니라 오로지 더 자세히 도시 국가를 관찰하기 위해서였다.

그러한 입장의 독창적이고 역설적인 특징은 오늘날 더 이상 우리를 놀라게 하지 않는다. 오히려 우리는 이러한 태도가 '과학적' 사고의 근간을 이룬다고 본다. 마키아벨리가 정치를 연구하는 데 '과학적' 관점을 최초로 도입했다는 점에서 그가 독창적이라고 생각한다. 그러나 현대 역사가들에 의해 종종 공식화되는 이러한 평가는 과학으로서의 정치political science

의 본질과 마키아벨리의 독창성 모두를 퇴색시킬 수 있다. 필자는 이미 마키아벨리의 '현실주의'를 논할 때 왜 주의해야 하는지에 대해 언급한 바 있다. 시민의 관점을 진지하게 고려하지 않고 정치 생활을 설명하는 것은 논의의 '과학성'을 보장하기보다는 오히려 논의의 자의성의 원천이 될 가능성이 더 높다. 게다가 근대 과학, 즉 '자연' 과학의 발전은 마키아벨리의 시대 이후에 본격적으로 이루어졌다. 근대의 과학적 관점이 마키아벨리의 정치사상을 기원으로 한다고 보는 것은 마키아벨리의 정치에 과학의 탈을 씌우는 것이 아니라, 오히려 과학에 정치적 의도를 심는 것으로 볼 수 있다.

하지만 우리는 이처럼 복잡한 논쟁을 거칠 필요가 없다. 마키아벨리의 독창성에 대한 훨씬 더 설득력 있고 간결한 이유가 있기 때문이다. 마키아벨리의 시대에는 도시 국가 내부에서 행동하면서도, 정작 자신은 극단적으로 정치 밖에 존재하며 정치보다 우월하다는 관점이 있었다. 바로 교회의 관점이다. 이처럼 정치를 외부에서 바라보며 개입의 대상으로 여기는 관점은 마키아벨리가 발명할 필요가 없었으며, 그의 적인 교회가 발명한 것이었다. 마키아벨리가 이와 같은 관점을 수용한 것은 어떤 인식론적 차용이라기보다, 마키아벨리 본인의 언어에 가깝게 말하자면, 적진에서 적을 맞이하기 위한 것이었다.

물론 정치 밖에서 존재하기를 지향한 교회의 입장은 정치적 삶이 추구하는 목적과는 전혀 다른 존재 이유, 즉 하느님의 흠숭 또는 영적 완성이라는 특별한 이유에 근거했다. 그것은 종교적 선이 정치적 선보다 우월하다는 가정에 기반한 것이었다. 마키아벨리의 근본적인 접근 방식은 바로 이 입장을 반박함으로써 교회의 자율성과 도시 국가에 개입할 수 있는 권리의 근간을 공격하는 데 초점이 맞춰져 있다. 나아가 정치체를 폭력에 기반한 자기 완결적 체제로 해석함으로써, 마키아벨리는 교회가 지향하는 선이 도시 국가를 완성하는 것이 아니라 오히려 파괴하며, '선'이라는 개념이 인간 생활에서는 설 자리가 없음을 확립했다.

마키아벨리의 작품 가운데 가장 널리 알려진 텍스트 중 하나가 이 주장을 결정적으로 뒷받침한다. 『군주론』 제6장에서 마키아벨리는 '무장한 예언자'와 '무장하지 않은 예언자'를 비교하며 "무장한 예언자는 모두 점령에 성공했으며, 무장하지 않은 예언자는 몰락했다"고 결론을 내린다. 그러나 이 '무장하지 않은 예언자' 가운데 마키아벨리에게 예외적으로 '정복자'로 간주되는 인물이 있는데, 바로 예수 그리스도이다. 그렇다면 마키아벨리 본인은 어떠한가? 잔혹한 행위를 직접 저지르기보다 유혹적인 책을 쓰는 그가 '무장하지 않은 예언자'가 아니면 무엇이란 말인가? 마키아벨리의 눈에 비친 자기 자신은 지상 최대의 '무장하지 않은 예언자'의 가르침을 무장 해제 하려는 또 하나의 '무장하지 않은 예언자'라 할 수 있다. 이와 같은 맥락에서 볼 때, 마키아벨리는 철학자나 사상가라기보다 오히려 반종교를 지향하는 종교 개혁가에 가깝다. 그는 인간 행위를 규율하는 법칙 자체를 바꾸고자 했기 때문이다.

마키아벨리는 교회에 대항할 만한 구체적인 제도의 개념을 발전시키지는 않았다. 그 일은 훗날 등장할 홉스Thomas Hobbes의 몫이었다. 그러나 선의 개념을 무너뜨림으로써 마키아벨리는 정치적 질서의 근원이 ― 그것이 계략이든, 힘이든, 폭력이든 또는 '필요성'이든 ― 결국 악이라는 것을 모두에게 설득했다.

마키아벨리에 대한 논의를 마침에 앞서, 그의 정치관이 잘 드러나는 『군주론』 제7장의 일부를 인용하고자 한다.

로마냐Romagna 지방을 점령한 후 (체사레 보르자Cesare Borgia) 공작은 무능한 영주들이 그곳을 다스렸음을 알게 되었다. 예전의 영주들은 신민들을 올바르게 다스리기는커녕 약탈의 대상으로 삼았으며 그 때문에 영주들 스스로가 질서보다는 무질서의 근원이었다. 그 결과 로마냐 지방 전체가 도둑질, 싸움질 그리고 온갖 무례로 가득 차 있어서 이곳을 평화로우면서도 왕권에 순종하게 만들기 위해서는 잘 통치하는 것이 필요하다고 판단했다. 따라서 그는 잔인하면서도 신속히 일을 처리하는 레미로 데 오르코Remirro de Orco를 로마냐 지방의 책임자로 임명하고 그에게 전권을 주었다.

레미로는 단기간에 로마냐 지방의 평화와 질서를 확립했고, 그 때문에 무시무시한 명성을 얻게 되었다. 그래서 체사레는 그에게 부여된 과도한 권위가 더는 필요치 않다고 판단했다. 그로 인해 증오심이 유발될 것을 우려했기 때문이다. 그래서 그는 로마냐 지방의 중심부에 저명한 재판장이 주도하는 시민 재판소를 설치했고, 각 자치 도시마다 변호인을 파견하게 했다.

과거에 행해진 엄격함이 증오를 유발한 것을 알고 있던 체사레는, 민중의 마음을 순화하고 환심을 사기 위해 지금껏 행해진 조치는 모두 자신이 시킨 일이 아니라 그의 신하가 가진 거친 성격에서 비롯된 것이라는 점을 보여주고자 했다. 그리하여 적절한 기회를 잡아 어느 날 아침 공작은 두 토막이 난 레미로의 시체와 형을 집행할 때 쓴 나무토막, 피 묻은 칼을 체세나Cesena 광장에 전시했다. 이 참혹한 광경을 본 민중은 한편 만족감을 느끼면서도 〔두려움과 경외심으로 할 말을 잃을 만큼〕 놀란 상태에 처하게 되었다.[11]

이 텍스트는 시민적·정치적 질서가 폭력에 의해 어떻게 둘러싸여 있고 지탱되고 있는지를 절묘하게 보여준다. 이 일화에서 마키아벨리는 폭력을 세 가지 유형으로 구분한다.

---

[11]  마키아벨리, 『군주론』, 박상훈 옮김(후마니타스, 2023), 제7장, 190~192쪽. _옮긴이

① 중소 영주들의 만연한 폭력: 폭력적 무질서 상태

② 레미로 데 오르코의 억압적인 폭력: 질서의 재확립

③ 레미로 데 오르코에게 자행된 폭력


두 번째 폭력은 정치적 질서를 재확립하지만 민중을 대상으로 잔혹한 행위를 일삼음으로써 민중의 증오를 유발한다. 마지막 세 번째 폭력은 민중에게 만족감과 놀람satisfied and stupefied을 선사하며 그들을 증오로부터 해방시킨다. 민중은 **만족**스러울 뿐 행복하지 않다. 그들은 선에 참여하는 것이 아니라 악에서 구원받는 것이다. 그들은 첫 번째 악인 폭력과 공포에서 또 다른 악인 잔혹한 억압에 의해 해방되고, 두 번째 악인 증오에서 세 번째 악인 공포로 치유된다. 이 동종 요법적homeopathic[12] 접근 방식은 적당한 공포를 생존하게 함으로써 증오를 제거한다. 이 과정에서 공포는 항상 필요하다. 정치적 질서는 공포를 통한 공포의 억압이라는 악의 연금술이다.

마키아벨리가 이처럼 극적으로 묘사한 일련의 행위, 감정 그리고 정념 속에서 토머스 홉스는 정치 질서의 논리를 발견한다. 홉스가 묘사한 '리바이어던'의 절대 군주제란 보르자가 체세나 광장에서 한 행위를 제도화한 것이다.

---

12  질병과 비슷한 증상을 일으키는 물질을 극소량 사용해 병을 치료하는 방법을 뜻한다. 이 책 제4장 각주 1을 참고하기 바란다._옮긴이

제3장

# 홉스와 새로운 정치 기술

마키아벨리의 사상에서 특정 제도의 정당성, 적합성 또는 필요성을 추론하는 것은 불가능하다. 오히려 정치 행위란 궁극적으로 폭력에 기반하고, 공포를 통해 정당화되는 마키아벨리에게 과연 제도라는 것이 가능한가라는 의문을 품을 수 있다. 모든 제도는 궁극적으로 추구하는 선이 있기 마련인데, 마키아벨리의 세계관에는 이러한 요소가 없는 것처럼 보이기 때문이다. 그러나 마키아벨리의 도시 국가에서도 단 하나의 '선'을 발견할 수 있는데, 그것은 바로 민중popolo은 억압받기를 원하지 않는다는 것이다. 물론 우리가 앞서 살펴본 바와 같이, 민중은 그들만의 힘으로 새로운 정치적 질서를 창조할 능력을 가지고 있지 않다. 그럼에도 불구하고 마키아벨리적 원리에 충실하면서 새로운 정치적 질서를 창조하고자 한다면, 해답은 바로 민중의 편에 있으며, 오직 이 민중의 편에서만 찾아야 한다. 홉스에게 있어 민중이란 더 이상 귀족이라는 상위 계층에 대항하는 하위 계층이 아니라, 공포 속에서 살기 원하지 않는 일반적인 인간을 의미하며, 바로 이 민중이 정치적 주도권을 쥐게 된다. 나아가 개인의 기본적인 욕구인 안전security과 평화와 같은 요소들이 바로 홉스가 설정하는 합법적인 정치 제도의 토대가 된다. 보르자가 선사한 만족감과 놀람을 경험한 민중은 지속적인 만족을 원할 것이고, 결국에는 어떻게 하면 지속적인 만족을 얻을 수 있을지를 알게 될 것이다. 즉, 만족을 얻기 위해 민중은 더욱 지능적이게 된다.

본격적인 논의에 앞서 홉스가 활동했던 역사적 배경에 대한 간단한 설명이 필요하다. 홉스의 저작은 긴급 상황 속에서 태어났다. 홉스는 1649년 찰스 1세Charles I의 처형으로 절정에 달한 영국 내전의 준비와 발발을 목격했다. 정치적·종교적으로 분리될 수 없는 이 전쟁은 중세 이후 신학-정치적 문제를 가장 극적으로 표현한 전쟁이었다. 영국 내전은 수년간 격렬하게 진행되었고 첨예한 질문을 제기했다. 왕의 기능은 무엇이고, 군주제의 의미는 무엇이며, 정치체에서 종교의 위치는 무엇인가?

헨리 8세Henry VIII는 루터Martin Luther의 종교 개혁 당시 영국의 군주제를 로마로부터 단절시켰다. 그러나 헨리 8세는 개신교도가 아니었으며 개신교도와 가톨릭교도 모두를 공평하게 박해했다. 그것은 순전히 정치적인 분리였다. 영국의 정치체는 군주를 통해 정치적으로 로마로부터 독립을 선언했다. 로마의 종교로부터 독립한다는 것은 종교로부터 해방된다는 의미가 아니라 왕이나 여왕이 국교의 수장이 되었을 뿐이었다. 하지만 어떤 종교의 수장이란 말인가? 로마의 사제와 신학자들의 후견에서 벗어난 군주는 사제는 아니더라도 스스로 신학자가 되어야 했다. 아울러 메리 튜더Mary Tudor[1]의 가톨릭 반동 이후 영국 군주제의 개신교적 성격이 고정되고 영국의 종교적 운명이 봉인된 것은 엘리자베스Elizabeth I 치하에서였다.

국왕이 신하들의 종교를 결정할 수 있는 권리는 국왕을 단적으로 노출된 상황에 처하게 했다. 개신교 또는 개신교의 한 교파를 국교로 선택함으로써 영국 국왕은 그리스도교를 개신교적으로 해석할 권위를 공식화

---

[1]    영국 여왕 메리 1세. _옮긴이

했다. 그러나 이는 가장 급진적인 개신교를 표방했던 청교도Puritan의 추종자들에게 무기를 준 셈이었는데, 청교도들은 국교를 넘어 국가 자체에 이의를 제기했기 때문이다. 동시에 본인의 개인적 성향과 무관하게 영국 국왕은 외래적이고 적대적인 종교로 간주되는 가톨릭교로 돌아갈 수 없었다. 따라서 엘리자베스의 후계자들은 왕실이 정의한 그리스도교를 강요하려는 결실 없는 노력을 기울였고, 결국 개신교도와 가톨릭교도 모두를 만족시킬 수 없었다. 영국 국왕은 종교에 관한 한 그의 백성들에게 외국인이 되었던 셈이다.

로마의 지배에서 벗어나기 위한 처절한 노력을 기울이는 동안 영국 국왕은 민중의 '대표자들representatives'에 의지할 수밖에 없었다. 국왕의 지원이 자발적으로 이루어졌든 강압에 의해 이루어졌든 결과는 동일했다. 국왕 앞에서 영국인을 대표하는 것이 본래의 역할이었던 서민원House of Commons은 이제 그 자체의 정당성을 공고히 하고 나아가 '국가적' 차원의 정당성을 구체화할 수 있었다.[2] 이러한 상황 속에서 계속되는 종교적 불화는 대표자들에게 국왕과 독립적으로 정치 체제를 정의할 수 있는 기회와 수단을 제공했다. 따라서 정치체의 정의는 고정되지 않은 종교적 의견에 의존하게 되었고, 단일한 왕권으로부터의 해방은 자연스럽게 이 정치체가 서로 다른 종교적 의견을 표방하는 집단들로 분해되는 것으로 이어졌다. 이 집단들은 서로를 적대적으로 대하기 마련이었다. 따라서 홉스는 왕권을 지키고 시민의 평화를 지키는 유일한 방법은 국왕의 권력을 종교로부터 완전히 분리해 국왕이 직접 종교에 대한 완전한 주권자가 되는 것임을 깨닫게 되었다.

---

2　영국 내전 이후 영국 민주주의의 전통으로 자리 잡은 의회주권주의(parliamentary sovereignty)를 의미한다. _옮긴이

홉스에 따른 영국 내전의 원인은 무엇일까? 홉스는 두 가지 원인을 찾는데, 하나는 세속적이고 다른 하나는 종교적인 것이다. 세속적 원인은 당대의 엘리트를 교육하는 대학의 영향에서 찾을 수 있으며, 종교적 원인은 대체로 민중으로 구성된 장로교 신자 또는 청교도의 영향에서 찾을 수 있다. 대학의 영향은 '자유'를 찬양하는 그리스와 로마의 고전 연구에서 비롯된다. 청교도의 영향은 개인의 '영감'에 순종할 권리와 의무, 그리고 그것을 '교리화'할 권리와 의무를 청교도 정신을 공유하는 모든 사람에게 부여하는 종교적 개념에서 비롯된다. 이 두 세력은 불복종 정신을 조장하기 위해 공모하고 협력하기에 이른다.

따라서 홉스가 구성한 내전의 기원에는 교회의 정치권력에 대항하는 거대한 두 사조, 즉 고전적 공화주의(아리스토텔레스와 키케로)와 프로테스탄티즘Protestantism[3]이 자리 잡고 있었다. 홉스가 보기에 이는 곧 사회적·정치적 재앙으로 이어졌다. 이 거대한 두 세력은 타락한 현재에 대항하기 위해 권위 있는 과거(그리스·로마 시대) 또는 순수한 과거(원시 그리스도교)에 호소하는 것으로 구성되었다는 점을 주목해야 한다. 달리 말하면, 아리스토텔레스적 스콜라주의로 대변되는 자연과 은총에 대한 가톨릭교회의 애매모호한 입장은 결국 순수한 자연(그리스·로마 시대) 또는 은총(프로테스탄티즘)에만 호소하는 것으로 이어졌다는 것이다. 그렇다면 이 두 세력은 왜 전례 없는 혼란을 초래했을까?

문제는 그리스·로마 사상과 원시 그리스도교의 본질적 우수성이 무엇이었든 간에, 이 두 사조는 영국에서 단지 **의견**opinion으로만 존재했다는 것이다. 이 사상들은 누구나 이용할 수 있었고, 어떤 장삼이사라도 본인의 허영심으로 인해 막연히 상대방에 반대하고 싶을 때 활용할 수 있는

---

3    16세기 루터의 종교 개혁 이후에 생긴 개신교(改新教)를 총칭하는 것이다. _옮긴이

구실이 되었다. 고대에는 경험으로만 존재했던 것이 이제는 시민 생활에 치명적인 한낱 의견으로 전락한 것이다. 결과적으로 이와 같은 의견의 비참한 정치적 효과는 과거의 경험을 권위 있게 재현하고자 했던 각각의 사조를 반박하는 결과를 낳았으며, 바로 이것이 홉스가 보았던 문제의 핵심이었다.

고전적 공화주의를 예로 들어보자. 이 사상의 기본 논지는 도시 국가는 자연스러운 것이며, 인간은 인간이 만든 자유 속에서 스스로를 통치해야 한다는 것이었다. 그러나 홉스 시대에 공화주의의 명성이 실제 사람들의 행동에 미친 영향은 자유라는 이름으로 사람들을 서로 대립하게 만든 것뿐이었다. 이 의견의 파괴적인 영향은 인간의 정치적 본성보다 더 강력했다. 따라서 '자연'은 정치 조직을 위한 모델이나 기준이 될 수 없는 존재로 치부되어야 했다. 프로테스탄티즘도 마찬가지였다. 프로테스탄티즘의 기본 논지는 신이 순수하고 겸손한 마음으로 다가오는 사람에게 은총을 베풀며, 그러한 사람은 신의 도움을 받아 선한 것만을 원하고 행한다는 것이다. 영국 내전의 경험은 '은총을 받았다' 또는 '거룩하다'는 주장이 참을 수 없는 정치적 오만과 이웃에 대한 경멸과 모욕으로 이어진다는 것을 보여주었다. 홉스가 영국 내전의 경험을 통해 내린 결론은 다음과 같다. 자연이나 은총은 인간을 하나로 묶을 수 없다는 것이다. 그렇다면 무엇이 인간을 하나로 묶을 수 있을까? 홉스가 내린 유일한 결론은 바로 **기술**art[4]이었다.

---

4    우리가 흔히 '예술'이라고 옮기는 이 단어는 라틴어 ars에서 기원하며, 이는 고대 그리스어 τέχνη(tékhnē)의 번역어이다. 고대 그리스에서 tékhnē란 이성을 통해 어떤 것을 만드는 것을 의미하며, 그 가치는 최종 결과물에서 나타난다. 예컨대 아리스토텔레스는 건강과 피리 소리를 각각 의학과 음악이라는 tékhnē의 결과물로 보았다. 즉, 여기서 기술이란 오늘날 철저하게 구분되는 인위적인 것(artificial)

전통적으로 기술은 자연을 모방하는 것으로 정의되었다.[5] 자연이 더 이상 기준이 되지 않는다면 홉스가 정교하게 설명하고자 했던 새로운 기술의 모델은 무엇이었을까? 모든 '모델'은 '자연'에 대한 '의견'이고, 모든 의견은 곧 무질서를 야기하기에 홉스는 모델이 필요 없는 기술을 개발해야 했다. 홉스에게 있어 정치 기술은 그 어떤 의견보다 강력한 토대가 필요했다. 다시 말해, 지금까지 정치적 행동의 기초는 자연적이든 초자연적이든 선과 관련된 개념이었다. 인간은 필연적으로 선에 대해 상충하는 개념을 가지고 있으며, 이처럼 상충하는 개념은 전쟁과 갈등의 끝없는 원인이 되기 때문에 도시 국가에서 선을 통해 인간의 행위를 규율하고자 하는 방식은 비극적으로 실패했다. 그러나 무엇이 선인지 확신하지 못한다고 해서 악이 무엇인지, 적어도 특정한 악에 대해 확신하지 못하는 것은 아니다. 모든 인간 또는 적어도 절대 다수의 인간이 최악으로 간주하는 것이 있다. 인간은 항상 논쟁의 여지가 있는 이성을 통해서가 아니라 그 무엇으로도 잠재울 수 없는 정념을 통해 그것을 인식한다. 그 악은 바로 죽음이다. 새로운 정치 기술의 토대는 그 어떤 의견보다 강력한 정념, 즉 **죽음에 대한 공포**가 된다.

우리는 여기서 마키아벨리와 체세나 광장을 떠올리지 않을 수 없다. 마키아벨리와 홉스 모두 새로운 도시 국가를 건설하기 위해 공포에 의존한다. 그러나 마키아벨리는 공포가 정치적으로 효과적이고 유익한 한, 덕성virtù을 부여받은 군주가 만들어낸다고 보며, 이 효과적 공포는 곧 기술의 결과가 된다. 당시 이탈리아에서는 인간 간의 연대가 약화되었을지는

---

과 예술적인 것(artistic)을 모두 포함한 개념이며, 궁극적으로 자연적인 것(natural)과 대립되는 개념이다. _옮긴이

5    아리스토텔레스, 『물리학』, 제2권, 제2장, 194a. _옮긴이

몰라도 완전히 파괴되지는 않았었다. 도시 국가와 교회, 자연과 은총 사이의 일종의 부끄러운 타협은 그 안에서 일정한 일관성을 유지할 수 있었다. 따라서 공포를 현명하게 사용해 적절하게 활용하는 것이 바람직할 수 있었던 것이다. 반대로 홉스의 영국에서는 의견의 격렬한 충돌로 인해 인간관계 자체가 파괴되었다. 선에 대한 의견 대립은 만인에 대한 만인의 투쟁을 낳았고, 이로 인해 모든 사회적·지적·경제적 생활은 불가능했다. 모두가 죽음에 대한 공포에 시달렸던 것이다. 선에 대한 의견의 양립 불가능성은 절대 악을 낳았다. 의견의 영향을 받지 않는 새로운 정치 **조직**은 바로 이 지점에서부터 세워져야 했으며, 공포라는 전염병을 곧 구원을 약속하는 기술로 탈바꿈시켜야 했다. 이 새로운 질서의 원칙은 선을 추구하는 것이 아니라 악을 방지하는 것이었다.

어떤 이는 내전은 극히 예외적인 상황이며, 내전에서 시작해 정치 생활의 일반적인 목적과 수단을 생각하는 것은 불가능하다고 말할 수도 있다. 이에 홉스는 만인에 대한 만인의 투쟁인 내전은 "인류의 자연스러운 상태the natural condition of mankind"라고 대답한다. 그의 눈에 비친 국가의 정치적·종교적 분쟁은 확실한 주인이 없는 상태에서 살아가는 인간에게 지극히 자연스러운 행동이다. 평화의 시대, 즉 '정상적인' 상황에서도 홉스는 공포, 불신 및 폭력이 영구적으로 존재한다고 지적한다. 사람들이 밤에 문을 잠그고 심지어 집 안에서도 금고에 자물쇠를 채우는 이유는 이웃뿐만 아니라 하인, 심지어 자녀까지도 두려워하기 때문이 아닌가? 또한 주의 깊게 관찰하면 사회에서 인간의 삶은 자부심, 자만심 그리고 허영심, 즉 이웃보다 우위를 점하고 자신의 우월성을 인정받고자 하는 욕구가 지배적이라는 것을 알 수 있다. 정당한 주권자가 인정되고 모두가 주권자에 순종하는 평화의 시기에 인간은 자존심에 상처를 입을 수는 있어도 목숨을 잃지는 않는다. 그러나 주권자가 불확실하거나 정당성을 인정받지 못하면 내전이 일어나고, 상처받은 자존심은 파괴적이고 살인적인 것이 되어 경쟁자의 재산과 목숨까지 앗아갈 수 있다. 따라서 만인에 대한 만인의 경쟁은 암묵적으로 만인에 대한 만인의 전쟁이 된다. 이것이 홉스가 본 인류의 자연스러운 상태이다. 자비로운 자연에 대한 고대 그리스인들의 생각, 즉 위계화된 선을 상정하고 여기에 인간을 참여케 하는 이상적인 도시 국가는 완전히 파멸한 것이다.

그러나 어떤 이들은 인간 본성에 대한 이러한 비판이 원죄에 사로잡힌 인간에 대한 그리스도교적 비판일 뿐이라고 말할 수 있다. 인간의 조건에 대한 홉스의 관점이 가장 우울한 그리스도교 도덕주의자들의 입장과 일맥상통하는 것은 사실이다. 파스칼[6]은 "모든 인간은 본능적으로 서로를 미워한다"고 말했고, "모든 자아는 서로 적대적이며 다른 자아를 지배하고 싶어 한다"고 썼다. 그러나 홉스가 그리스도교적 인간관의 본질적 측면에 가장 근접해 보였을 때 홉스는 이를 뒤집는다. 만인에 대한 만인의 투쟁, 즉 인류의 자연 상태에서 최악의 행동은 잘못이나 죄로 간주될 수 없다. 각자의 생명이 끊임없이 위험에 처한 상황에서는 모든 행위가 정당방위의 대상이 되며, 자극적이지 않은 것처럼 보이는 공격도 항상 예방적인 것으로 간주될 수 있다. 정치의 불확실성과 폭력 속에서 살아가는 마키아벨리의 군주처럼, 자연 상태의 개인은 자기 자신의 생명을 보존하는 데 필요한 행위를 단독으로 판단한다. 이것이 인간의 본성이라면, 인간의 욕망과 정념은 그 자체로 또는 본질적으로 죄가 될 수 없다는 것이 너무도 분명하다. 나아가 가장 잔혹한 살인이 정당화될 수 있다면 도덕성, 옳

---

6    블레즈 파스칼(Blaise Pascal, 1623~1662)은 프랑스의 철학자·수학자·신학자로 주요 저서는 『팡세(Pensées)』(1670), 『시골 친구에게 보내는 편지(Les Provinciales)』(1657) 등이 있다. _옮긴이

고 그름, 죄와 같은 개념은 자연 상태에서 의미가 없다는 것 또한 명확하다. 선과 악은 본질적으로 존재하지 않는다. 이러한 개념은 자연 상태를 극복하고 공권력이 이러한 개념을 정의하는 법을 공표한 후에야 의미를 갖는 것이다.

자연 상태에 대한 홉스의 설명은 자연에 대한 고대 그리스적 견해와 은총에 대한 그리스도교적 견해를 동시에 거부할 수 있게 했다. 홉스는 자연이란 결코 선하지 않으며 자연에 따른 삶이 결국 악의 결정체라는 것을 보여줌으로써 전자를 파괴했으며, 이러한 악의 근원이 죄가 아니라 인간 본성에 의한 필연이기 때문에 은총보다는 기술에 의한 치유가 필요하다는 것을 보여줌으로써 후자 역시 무너뜨렸다. 새로운 기술 덕분에 이 절대적인 악에서 정치적 선에 대한 새로운 정의가 탄생했다.

자연 상태의 사람들이 흔히 악이라고 부르는 일을 하도록 강요하는 필연성은 덜 직접적이지만 선이라고 불리는 일을 강요하기도 한다. 만인에 대한 만인의 투쟁에서 각자의 삶은 "고독하고, 가난하고, 지저분하고, 잔인하고, 짧다".[7] 폭력적인 죽음의 위협이 모든 것을 덮고 있는 상황에서 인간은 죽음으로부터 자신을 보호하는 것만큼 원하는 것은 없다. 그리고 이 투쟁의 가장 깊은 원천은 바로 자신의 생명을 지키려는 각자의 욕망이다. 죽음에 대한 공포는 인간을 치명적인 위험에 빠뜨리는 살인적인 행동으로 몰아간다. 이 상황은 부조리할 뿐만 아니라 하나의 논리적 모순이기도 하다. 그러나 논리적 모순을 해결하기 위해 선하거나 관대하거나 용감하거나 또는 경건할 필요는 없으며, 그저 약간의 창의성만 있으면 된다. 현대인이 무엇보다도 중요하게 여기는 자질, 즉 문제를 해결할 수 있는 지능만 있으면 충분하다. 가장 지독한 정념인 죽음에 대한 공포 앞에 지

---

7    홉스, 『리바이어던』, 제1부, 제13장. _옮긴이

능적으로 변모하지 않을 사람이 누가 있겠는가? 이 끊임없는 전쟁의 부조리를 관찰한 인간 이성은 평화를 유지할 수 있는 수단을 모색하게 된다. 더 정확하게 말하면, 우리가 흔히 이성이라고 부르는 것은 정념을 통해 경험하고 지각되는 이 필연성에서 탄생한다. 즉, 이성은 수단을 발명하거나 원하는 효과를 창출하는 능력이며, 새로운 정치 기술의 핵심은 이성을 잘 활용하는 것이다. 인간이 만족을 원한다면 지능적인 존재가 되어야 한다는 사실을 홉스는 명확히 했다.

죽음에 대한 공포에게 잉태되고 교육받은 이성에 있어 이 정치적 문제의 조건 자체가 그 해결의 길을 가리킨다. 자연 상태에서 각 개인이 스스로를 방어하기 위해 그 어떤 행위도 할 수 있다는 사실은 각 개인이 타인의 신체를 포함한 만물에 대한 권리jus in omnia를 가지고 있다는 것을 의미한다.[8] 각자의 개인이 가지는 이 무한한 권리는 만인에 대한 만인의 투쟁에서 필연적으로 발생하며, 전쟁의 근원이기도 하다. 달리 말하면, 모든 개인이 이 권리를 포기해야만 전쟁의 근원을 없앨 수 있다는 것이다. 하지만 자신의 이웃과 적도 똑같이 이 권리를 포기할 것이라는 합리적인 확신이 없다면 이러한 포기는 터무니없는 것이다. 따라서 각자는 이 무한한 권리를 포기하기 위해 상호적 언약mutual covenant에 참여해야 한다. 그러나 홉스는 "칼이 없는 언약은 한낱 말에 불과할 뿐"[9]이라 말한다. 언약을 보장할 수 있는 유일한 방법은 언약의 위반에 대한 제재, 즉 처벌의 위협뿐이다. 그렇다면 누가 이 처벌을 가할 것인가? 바로 언약의 당사자들이 선택한 사람(들)이다. 당사자들은 모든 것에 대한 자신의 권리를 포기

---

8    홉스는 자연 상태의 모든 개인이 가지는 '살인할 권리'를 이렇게 다소 이상한 방식으로 표현한다.

9    홉스, 『리바이어던』, 제2부, 제17장.

하고 본인들이 선택한 사람에게 주권을 양도한다. 단, 여기에는 조건이 있다. 주권자가 평화 유지에 필요한 법률을 공포하고 (필요할 경우 무력으로) 이를 준수하도록 보장하겠다는 조건이 충족되어야만 모든 사람들은 주권을 위임한 사람에게 권리를 양도할 것이다.

개인이든 집단이든 주권자의 권리는 필연적으로 무제한적이다. 각자가 주권자에게 양도한 최초의 권리가 무제한적이었기 때문에 주권자의 권리 역시 절대적인 것이다.[10] 즉, 주권자는 자연 상태에서 각 개인에게 속해 있던 일체의 권리를 양도받는다고도 볼 수 있고, 다른 각도에서는 각 개인이 자연 상태에서 가지던 일체의 권리를 포기한 후, 오직 주권자만이 이 권리를 독점적으로 가진다고도 볼 수 있다. 바로 이렇게 주권자 또는 리바이어던[11]이 탄생한다. 주권자는 평화를 보장하는 '인조인간arti-ficial man' 또는 '소멸할 수 있는 신mortal God'이다.

홉스는 이와 같이 인간이 평화롭게 살기를 원한다면 절대주의가 필수 불가결함을 추론한다. 여기서 이 주권자의 '위엄'에 지나치게 감탄하지 않는 것이 좋다는 홉스의 한마디가 즉시 떠오른다. 그렇다면 실제로 주권자의 절대적 권리의 기초는 무엇인가? 바로 개인의 권리이다. 이 권리의 원천은 무엇인가? 죽음에서 벗어나기 위한, 지극히 당연한 자기 보존self-

---

10  이처럼 권리의 범위를 설정하는 데 있어 최초의 자연 상태를 설정한 후 범위를 확장하는 방식은 사회 계약론 전통 전반에 흐르는 접근 방식이다. 예컨대 후술할 로크(John Locke)의 경우, 홉스와 정반대로 통치자의 권리를 제약하고자 하는 입장을 취한다. 로크에 따르면, 모든 개인은 자신이 가진 권리보다 더 많은 권리를 통치자에 이양할 수 없기 때문에 통치자의 권리는 한정적이라 본다. 즉, 자연 상태에 대한 가정이 서로 다르기 때문에 결론은 정반대이나, 자연 상태를 기반으로 권리의 범위를 도출하는 접근 방식은 동일하다. _옮긴이

11  홉스의 대표작 『리바이어던』에서 구약 성경의 욥기(Job)에 등장하는 바다 괴물을 가리킨다. _옮긴이

preservation의 필요성이다. 인간은 더 이상 선에 의해 완성되거나 초월적인 절대자에 의해 구원받는 것이 아니라 악으로부터 도망쳐야 할 필요성에서 비롯된 권리에 의해 인도되어야 한다. 홉스가 개발한 도덕적·정치적 언어에서, 나아가 오늘날에도 여전히 우리가 사용하는 언어에서, **권리**는 **선**을 대체한다. 고대 그리스·로마인들이 선에 부여했던 도덕적 권위를 홉스 이후 현대인들은 개인의 권리에 부여하게 된 것이다. 이것이 곧 자유주의의 언어이자 '핵심 가치'이다.

무한한 자연권natural right을 주권자에게 양도한다는 것은 무엇을 의미하는 것일까? 그것은 주권자가 취한 모든 행동을 내 것으로 인정하는 것을 의미한다. 나는 주권자가 취한 모든 행동의 **저자**author이며, 주권자는 나의 **대리인**이다. 그리고 정치체의 통일성은 모든 구성원이 동일한 대표자인 주권자를 가지는 것으로 정의된다.

개인의 권리 다음으로 자유주의 사상의 또 다른 기본 범주로 **대표성**representation을 들 수 있다. 정치체의 구성에 있어 대표자가 필요한 이유는 무엇인가? 자연 상태에서는 권력이 없거나 오히려 인간이 평등하기 때문에 각 개인 간의 권력은 거의 동등하다. 홉스는 이 중요한 점을 어떻게 입증할까? 홉스는 일견 농담으로 취급될 수도 있는 논거를 제시한다. 자연 상태에서는 약자가 언제든 강자를 죽일 수 있다는 것이다. 이것이 과연 약한 주장일까? 오히려 매우 강력한 주장이다. 인간에게 가장 자연스러운 것이 최초의 자연 상태고, 인간의 가장 근본적인 경험이 바로 이 자연 상태에서의 악의 경험이라면, 인간관계에서 가장 중요한 것 역시 이 자연 상태의 상황 속에서 드러날 수밖에 없다. 그리고 이 상황에서 한 사람의 취약성이 다른 어떤 사람의 취약성과 크게 다르지 않다는 것은 의심의 여지가 없다. 즉, 홉스가 본 자연 상태의 인간은 이렇게 말할 것이다. "당신은 나보다 더 아름답고, 더 똑똑하고, 더 용감할 수 있지만, 나는 당신을 무력이나 계략으로 죽일 수 있다. 그것이 우리 사이에 중요한 것이다."

인간이 본질적으로 평등한 상태에서 그들의 평등한 권력이 무력화된다면, 정치체를 하나로 묶는 정치권력은 전혀 자연스럽지 않다는 것을 의미한다. 자연스럽지 않다면 그것은 인위적인 것이므로 정치권력은 인공적으로 설계하고 조작해야 한다. 그러나 인공물은 전적으로 기술자artificer에 의해 만들어진다. 이 '완제품'에는 원재료(이 경우에는 인간 본성)를 제외하고는 오직 장인artisan, 즉 제작자maker의 의도와 결단만이 존재한다.[12] (장인이라는 의미를 가진 이 단어를 통해 홉스는 인간을 정치체의 창조자로 규정한다.) 정치권력은 결국 본인조차도 자연 상태의 한낱 인간으로 존재하는 장인의 의도를 대표한다. 즉, 절대 권력이란 힘없는 자의 도구일 뿐이라는 것이다. 홉스의 사상에서 표면적으로 무한히 강력해 보이는 권력의 범위가 권력을 구성하는 요소의 본질적 취약성을 가려서는 안 된다. 홉스에게 있어 본질적인 것은 힘없는 자의 평등이다.

이제 우리는 시민 사회civil society와 국가state를 구분할 수 있게 된다. 시민 사회는 평등한 권리의 근거지이며, 국가는 평화와 질서를 보장하는 시민 사회의 도구이다. 동시에 국가는 절대 권력을 행사하는 시민 사회로부터 발생한다는 홉스 사상의 역설은 이 구분의 근본적인 어려움을 나타내며, 나아가 시민 사회와 분리할 수 없는 대표제 개념을 반영한다. 시민 사회가 자연스러운 것이고 국가가 그 도구에 불과하다면, 국가는 왜 그렇게 확실하게 사회와 분리되어 있단 말인가? 왜 시민 사회는 단순히 그것을 다시 흡수해 이 '소외alienation'[13]를 종식시키지 않는 것인가? 반대로,

---

12  홉스, 『리바이어던』, 「머리말」. 홉스는 『리바이어던』 제29장에 '제작자'라고 표현하기도 한다.

13  마르크스의 소외(Entfremdung: 인간이 노동을 통해 만든 결과물과 유리된 현상) 개념을 의미한다. 여기서는 국가가 시민 사회에서 비롯되었지만, 그럼에도 불구

정치체가 대표자를 통해서만 존재한다면 이 대표자는 단순한 대리인이 아니라 시민 사회에 일관성을 부여하는 사회적 관계의 원천임을 의미한다. 시민 사회와 국가의 구분, 그리고 대표제라는 개념을 통한 이들의 결합은 한편으로는 국가의 '소멸'[14] 또 다른 한편으로는 국가에 의한 시민 사회의 흡수라는 두 가지 극단적인 가능성 사이에서 자연스러운 긴장 관계를 형성한다. 시민 사회와 국가의 구분은 결국 부정[15]될 수밖에 없고, 부정됨으로써 두 개념 중 하나는 그 의미가 매우 축소될 수밖에 없다.[16]

홉스가 본 개인과 주권자 간의 관계는 다른 방식으로도 이해될 수 있다. 약자가 언제든 강자를 죽일 수 있기 때문에 인간이 자연 상태에서 평등하다면, 그 누구도 다른 사람의 명령에 복종할 이유가 없다. 인간 간의 복종이 자연에 근거하지 않지만 평화를 위해 반드시 필요하다면 그것은 오직 **관습**에 근거한 것이라고 볼 수 있다. 나아가 복종이란 복종하는 사람의 **동의**를 기반으로 할 때만 정당하다. 홉스에 따르면 모든 의무는 반드시 복종하는 개인의 행위에 근거한다. 자연 상태에서 각자가 자신이 원하는 대로 행동한다면 — 즉, 자기 보존에 필수적이라고 생각되는 행동을 한다면 — 국가에서도 주권자에게 복종함으로써 자신이 원하는 대로 행동하는

---

하고 시민 사회와 별개로 존재해야 하는 현상을 의미한다. _옮긴이

**14** 역시 마르크스주의적인 개념으로 프리드리히 엥겔스(Friedrich Engels)가 『반뒤링론(Anti-Dühring)』(1878)에서 서술한 개념이다. 사회주의가 실현되면 국가의 강압적인 법 집행 없이도 사회가 스스로를 다스릴 수 있게 되므로 국가는 결국 쓸모없어지고 존재하지 않게 될 것임을 의미한다. _옮긴이

**15** 마르크스가 헤겔 철학에서 빌려온 부정(Aufhebung)의 개념을 의미한다. 이 맥락에서 부정이란 시민 사회와 국가가 더 높은 차원에서 단일한 개체로 통합되는 것을 의미한다. _옮긴이

**16** 필자는 이 점을 이미 다른 논문에서 상세하게 다룬 바 있다. Pierre Manent, "Le totalitarisme et le problème de la représentation politique," *Commentaire*, No. 26 (1984) 참고.

것으로 볼 수 있다. 개인은 대표자의 행위의 저자이므로 주권자가 자신에게 명령하는 것에 원칙적으로 동의한 것과 다를 바 없기 때문이다. 필자는 방금 "주권자에게 복종함으로써 자신이 원하는 대로 행동한다"라는 표현을 사용했다. 이 표현은 홉스가 설명하고자 하는 바의 핵심을 드러낸다. 개인은 주권자를 고발하거나 그를 죽일 수 없는데, 왜냐하면 그것은 스스로를 고발하거나 자살하는 것과 같기 때문이다. 개인과 주권자 사이에는 일종의 동일성identity이 있다고 볼 수 있다. 하지만 이러한 표현은 분명 오해의 소지가 있다. 홉스는 의지will의 양도, 즉 한 개인의 의지가 다른 개인의 의지로 표현되는 것을 배제한다. 의지는 철저하게 개인에게 속하는 것이다. 따라서 개인은 주권자의 모든 **행동**을 자기 자신의 행동으로 인식하지만, 그렇다고 해서 주권자의 **의지**를 자기 자신의 의지로 인식한다는 의미는 전혀 아니다.

민주주의에 있어 이 질문의 중요성은 어렵지 않게 알 수 있다. 민주주의는 직접적이든 대의적이든, 정치체의 행위가 각 개인의 의지 또는 각 개인의 의지를 대표하는 의지에 의해 이루어진다는 것을 의미한다. 홉스는 '개인'과 주권자를 강력하게 '동일시'하지만, '개인'과 주권자의 **의지**만큼은 이 동일성에서 제외한다. 개인과 주권자가 원하는 것(즉, 의지를 통해 얻고자 하는 것)은 절대 주권absolute sovereignty의 존재, 더 정확하게는 절대 주권이라는 도구를 통해서만 얻을 수 있는 평화이다. 주권자의 소망은 주권자 자신의 소망인 것이다. 즉, 홉스는 민주주의적 사고를 결정적으로 예고하지만, 민주주의에 결정적으로 미치지 못한다.

우리가 어린 시절부터 익숙한 민주주의적 사고에 따르면 홉스의 개념은 상당히 터무니없는 것처럼 보일 수 있다. 자신이 원하지 않는 행동, 자신의 의지에 반할 수 있는 행동을 자신의 행동으로 인정한다는 것은 무엇을 의미하는 것인가? 홉스의 절대주의는 동일성과 차이 사이를 불편하게 오간다. 그러나 우리는 동일성이 둘 중 더 강해야 하며, 대표자의 의지가 각 개인의 의지를 반영하는 것을 목표로 하는 민주주의적 사고에서 동일성이 자연스럽게 승리할 것이라는 느낌을 받는다. 반면에 홉스의 입장을 이해하기 어렵다는 것은 우리가 보지 못하는 민주주의적 사고의 어려움을 시사하는 것일 수도 있다.

홉스적 입장의 강점은 개인의 완전성integrity을 유지한다는 점이다. 개인은 자신이 원하는 것을 원할 뿐, 다른 사람이 대신 원할 수는 없다. 그렇다면 개인과 그의 의지가 정치적 정당성의 유일한 토대라면, 복수의 개인으로부터 통일성을 만드는 정치 질서는 외부에서 주어진 것일 수밖에 없다. 왜냐하면 다른 개인과의 관계이든, 개인과 주권자 사이의 관계이든 모든 '의지 공동체'는 결국 개인의 의지를 침해하고 그의 완전성을 침해할 것이기 때문이다. 즉, 개인은 정치적 정당성의 유일한 원천이자 토대였지만, 더 이상 그럴 수 없게 되었다. 우리는 이 대목에서 홉스가 개인주의자임에도 불구하고 절대주의자라고 말하고 싶은 유혹을 받기도 한다. 하지만 사실은 정반대이다. 홉스가 절대주의자인 이유는 그가 철저하게 개인주의자이기 **때문**이다.

우리가 이러한 홉스의 견해를 받아들이기 어렵다면, 그것은 개인을 진지하게 받아들이고 오직 개인만을 모든 정치적 정당성의 기초로 삼는다는 것이 정녕 무엇을 의미하는지에 대해 매우 희미한 생각만 가지고 있기 때문이다. 오늘날 우리가 말하는 개인은 항상 암묵적으로 이미 '문명화되고', '사회화되고', 일정한 '역할'을 맡으며 결국 길들여진 존재이다. 우리는 더 이상 모든 정당성의 원천인 개인, 나아가 우리 사회의 사회적·정치적·정신적 진화에 영향을 미치는 개인의 특수성에 대한 명확한 개념을 가지고 있지 않다. 홉스는 개인이라는 존재, 즉 의지가 오직 자기 자신에게만 속하는 존재가 있어야만 한다면, 이 개인의 의지는 자신에게 복종을 강요할 수 있는 힘과 권리를 가진 다른 의지에서만 규칙을 찾을 수 있다는 사실을 우리에게 인식시킨다.

홉스의 절대주의가 결국 개인주의에 뿌리를 두고 있음을 보여주는 결정적인 증거는 루소의 접근 방식에서 찾을 수 있다. 루소는 홉스와는 정반대이면서도 홉스와 매우 유사하며, 홉스를 가장 잘 이해하고 또 홉스를 가장 심도 있게 비판한 사람이기도 하다. 루소는 논의의 출발을 개인으로부터 하면 절대주의를 피하는 것이 불가능하지는 않더라도 지극히 어렵다는 것을 잘 이해했다. 그러나 루소는 절대주의를 피하는 것이 목적이었기 때문에 개인으로부터 출발하되 정치적 정당성의 개념뿐만 아니라 인간 본성 자체를 재해석하는 방향으로 나아가야 했다. 루소의 이러한 재해석이 우리의 사상, 감정, 관습에 얼마나 큰 영향을 미쳤는지는 누구나 알고 있다. 루소에 대해서는 별도의 장에서 다룰 것이므로 여기서는 한 가지 논의로 한정하도록 하자.[17]

루소와 홉스는 기본적인 신념을 공유하는데, 의지는 개별적인 것이므로 대표될 수 없다는 것이다. 반면에 루소는 절대주의를 거부한다. 루소에게 있어 수많은 개인의 의지 사이에서 확립되어야 할 통일된 질서는 외부에서 주어진 것이면 안 된다. 따라서 각 개인의 의지는 정치체의 의지와 동일시되거나, 정치체의 의지가 각 개인의 의지가 동일시되어야 하며, 개인의 의지는 어떤 경우에도 제3자에 의해 대표될 수 없다. 또한 구체적인 개인의 의지가 다른 사람에게 미치는 모든 행위는 배제되어야 한다. 이러한 조건 속에서 '일반 의지general will'가 등장하게 된다. 즉, 개인은 다른 개인이나 절대적인 주권자 또는 대표자에게 복종해서는 안 되기 때문에 복종할 대상은 오직 자기 자신뿐이다. 근본적으로 서로 다르고 독립

---

17　이 책 제6장 참조.

적인 개인 간의 정치적 통합을 추구함으로써 야기되는 정치적 문제를 해결하기 위해 루소는 인간과 이성에 대한 새로운 정의를 내린다. 인간은 스스로 만든 법칙에 복종할 수 있는 존재이며, 이성은 스스로에게 명령하는 능력, 즉 자율성 또는 자기 입법을 의미한다. 홉스의 용어를 빌리자면, 루소에게 인간은 이제 단순한 정치체의 주체를 넘어 인간성의 '저자'이자 '기술자' 또는 '제작자'가 된다고 말할 수 있다. 여기서는 그러한 결론의 의미와 결과를 살펴볼 자리가 아니다. 루소 이후 근대 철학의 발전의 원동력이었던 당혹감, 이 당혹감은 우리가 홉스의 냉철한 절대주의를 통상적으로 생각하는 것보다 더 동정적으로 고려해야 한다는 것을 시사한다.

하지만 이러한 절대주의가 근본적으로 분리되어 있고 독립적인 개인들로부터 정치적 통합을 실현하는 데 과연 성공할 수 있을까? 물론 개인이 주권자에게 복종하는 이유는 주권자가 보장하는 평화에 만족하기 때문이거나 불복종할 경우 주권자가 처벌이라는 위협을 하기 때문이라고 생각하기는 쉽다. 나아가 우리는 서로 낯선 개인들이 공통의 대표자가 있기 때문에 하나가 되는 것을 상상할 수도 있다. 그러나 홉스가 주장하는 단일한 대표자를 통한 정치적 통합은 결국 추상적인 것이 아닌가? 또한 이 통합이 오로지 언약에만 근거한다면, 그것은 단순한 구두 합의에 불과한데 결국 너무도 비현실적이지 않은가?

사실 개인은 유사하거나 동질적일 때만 진정한 통합을 구성할 수 있다. 홉스의 정치적 문제는 서로 이질적이면서도 유사한 원자를 하나로 묶는 것이다. 서로 적이 될 수 있다는 것은 하나의 공통점이 되고, 또 함께 살 수 있는 것 역시 공통점이 된다. 결국 모두가 보편적으로 공유하는 것은 무엇인가? 바로 권력에 대한 근원적인 정념, 끊임없이 상승하는 권력에 대한 욕망, 나아가 오직 죽음으로써만 멈출 수 있는 권력에 대한 욕망이다.[18] 이 욕망의 강도에 차이가 있을 뿐 모든 인간은 권력에 대한 욕망을 공유한다. 인간은 이 욕망에 의해 빚어지기 때문에 잠재적이든 이미 진행 중이든 항상 전쟁 상태에 있는 것이다. 동시에 그들의 단결을 어렵게 만드는 점이 또한 그것을 가능하게 만드는 점이기도 하다. 개인이 힘의 양자quantum라면, 단결하기 위해서는 자신보다 비교할 수 없을 정도로 우월한 힘의 양자를 자신 위에 구축해야 한다. 더 정확히 말하자면, 상상할 수 있는 가장 큰 힘, 더 큰 힘을 상상할 수 없을 정도의 힘을 자신 위에 구축해야 한다. 이것이 바로 **무한한** 권력 또는 **절대적인** 권력의 정의이다.

필자는 홉스가 정치 제도를 개인으로부터, 그것도 오직 개인의 권리로부터만 추론했다고 말했다. 그러나 이것이 완전히 정확하지는 않다. 개인은 **권리**를 가질 뿐만 아니라 **본성**nature도 가지고 있기 때문이다. 리바이어던은 정치체를 통합함으로써 개인의 권리를 보장할 수 있는데, 이는 리바이어던과 인간 모두 권력에 의해 구성되기 때문이며, 국가와 사회 사이에는 일정한 동질성이 있기 때문이다. 대의라는 장치는 권리 개념을 넘어 인간 본성에 대한 개념에 의해 뒷받침된다. 절대 권력을 만든 '장인'은 그 존재 자체가 권력이거나 아니면 권력을 욕망하기 때문에 그 권력을 만들 수 있다. 이런 의미에서 홉스적 개인은 여전히 정치적 동물에 가깝다.

자연 상태에서 권력을 탐하는 개인은 무력하다. 그렇다면 그는 무언가를 성취하기 위해 무엇을 희생할까? 개인은 미미하고 보잘것없는 자신의 권력이 아니라 자신이 원하는 대로 할 수 있는 권리를 희생한다. 자신의 무력함에서 어떤 권력을 만들기 위해 그는 자신 위에 절대적인 권력을 구축한다. 왕권에 대한 전통적인 그리스도교적 해석은 왕이 신과 직접 소통하고, 신에게만 책임을 지며, 신을 대리하거나 대표하고, 결과적으로 신의 전능성 또는 주권에 참여한다는 것을 의미했다. 그러나 홉스적 절대

---

18    홉스, 『리바이어던』, 제1부, 제11장. _옮긴이

권력은 완전히 다르다. 더 이상 전지전능한 신이 주권자에게 존재의 의미를 부여하는 것이 아니다. 자신의 약점을 극복하기 위해 리바이어던을 창조하는 것은 무력한 존재들이다. 절대 권력은 더 이상 신의 대리자가 아니라 인간의 대리자이며, 그 초월성은 더 이상 신의 힘이 아니라 인간의 나약함에서 기인한다.

따라서 리바이어던의 힘은 인간이 그 이상 큰 힘을 상상할 수 없을 정도이다. 이러한 정의는 안셀무스Anselmus의 신에 대한 정의인 "그 이상 큰 것이 생각될 수 없는 존재ens quo majus cogitari nequit"를 떠올리게 한다.[19] 이 명목상의 정의에서 안셀무스는 '존재론적ontological' 논증에 따라 신이 존재한다고 결론을 내린다. 홉스는 이와 같은 존재가 실제로 존재하고 또 실제로 인간 세계를 조직하지만 결국 인간에 의해 만들어졌다는 것을 암시한다. 정치 제도란 인간이 무력한 상태에서 자연스럽게 떠올리는 이 '최대 권력의 이데아'를 효과적이고 효율적으로 구현하는 인간적 장치인 것이다. 리바이어던의 구성이 신의 개념을 재현하고 있다는 것을 암시하는 이보다 명확한 접근은 없다. 홉스의 정치체가 구성되는 단계를 따라가면 우리는 신의 개념을 목격하게 된다. 홉스는 인간이 처한 자연적 상황이 어떻게 신이라는 관념을 떠올리게 하는지, 그리고 인간의 기술이 어떻게 이 관념의 의미를 적절하게 표현할 수 있는지, 바로 이 기술을 통해 그

---

**19** 영국 캔터베리(Canterbury) 대주교를 지냈으며 초기 스콜라철학의 창시자인 캔터베리의 성 안셀무스의 존재론적 신의 존재 논증을 가리킨다. 안셀무스는 저서 『프로스로기온(Proslogion)』(1078)에서 다음과 같이 신의 존재를 논증했다. ① 대전제: 신은 그 이상 큰 것이 생각될 수 없는 존재이다. ② 소전제: 그러나 이 이상 큰 것이 생각될 수 없는 것은 정신 안에만이 아니라 정신 밖에도 존재하지 않으면 안 된다. ③ 결론: 그러므로 신은 정신 안에만이 아니라 정신 밖에도 존재한다〔정재현, 『신학은 인간학이다: 철학 읽기와 신학하기』(칠곡: 분도출판사, 2003), 156~157쪽〕. _옮긴이

허무함을 드러낸다. 홉스의 정치 기술은 종교란 '자연스러운' 것임과 동시에 '거짓'이며, 왜 모순 없이 둘 중 하나가 될 수 있는지 설명한다.

아리스토텔레스가 인간의 능력이나 힘에서 정치 질서를 창조했다면, 홉스는 인간의 무능력에서 정치 질서를 창조했다. 아리스토텔레스의 도시 국가와 달리 홉스의 정치체는 인간의 강점(덕성·부·자유)을 구성하고 조정하는 것이 아니라 약점을 완화하는 것이다. 리바이어던은 적어도 부분적으로는 '인류의 자연 상태'[20]의 병을 치유한다. 리바이어던의 손아귀에서 피지배자는 마치 은총으로 원죄에 의한 병을 치유받는 교회 신자들과 같은 존재가 된다. 절대 권력을 꿈꾸는 무력한 인간들이 구축한 정치체는 자연 질서에 의해 제한되고 종교의 개입에 취약한 도시 국가가 아니다. 홉스적 정치체의 기원은 인류가 신의 개념을 인식하고 신의 보호 아래 자신을 두는 관행을 반복하고 효과적으로 만든다. 홉스적 국가의 의미에 따르면 국가는 곧 인위적 섭리artificial Providence라는 것이다.[21] 자연 상태가 죄를 자연의 일부로 포섭함으로써 죄를 무력화시키는 것처럼, 리바이어던의 절대 권력은 은총을 인위적으로 만듦으로써 은혜를 무력화시킨다.

인간은 본성상 서로 사랑하거나 돕기보다는 다투기 마련이다. 홉스에 따르면 이 정치적 문제는 매우 어렵지만 그 해결책은 매우 간단하기 때문에 정치적 논의는 서로 양립 불가능한 선택지에 직면할 수밖에 없다. 정치체가 존재한다면 시민들은 평화 속에서 살 것이고, 존재하지 않는다면 시민들은 서로를 갈기갈기 찢으며 살 것이다. 주권자가 자신의 임무를 수행

---

20    홉스, 『리바이어던』, 제1부, 제13장. _옮긴이
21    홉스는 『리바이어던』, 제2부, 제30장에서 주권자의 의무에 '보편적 섭리(general
      Providence)'를 포함시킨다.

하는 데 필요한 권력을 충분히 가지고 있다면 사람들은 자신의 조건에 맞는 행복을 누릴 것이고, 권력이 부족하다면 사람들은 내전으로 인한 무질서와 불행을 경험하게 될 것이다. 즉, 홉스에게 서로 다른 정치 체제의 장점을 비교하는 것은 전혀 무의미하다.[22] 물론 민주제·귀족제·군주제를 구분할 수는 있다. 그러나 주권자가 한 사람이든, 여러 사람이든, 모든 사람이든 중요한 것은 그 주권자가 완전한 복종을 요구할 권리가 있다는 것이다. 주권자가 한 사람이든, 여러 사람이든, 모든 사람이든, 주권자는 자신에게 선하거나 편리하다고 생각되는 법을 고안하고 공표하며 이를 존중하도록 강제한다. 법은 주권자의 의지의 선언이기 때문에 곧 법이다. 베네치아나 루카Lucca[23]라고 해서 투르크 왕국[24]보다 법에 불복종하는 것이 더 자유롭지 않다. 물론 군주제는 자연인으로서의 군주가 정치체라는 인공적 인간의 영혼으로 간주될 수 있다는 점에서 다른 정치 체제에 비해 기술적 이점을 가지고 있다. 그러나 변함없는 규칙은 각각의 시민이 자신이 살고 있는 정치 체제를 최고의 체제로 간주해야 한다는 것이다. 실제로 일반적인 시민은 자신이 살고 있는 정치 체제를 평가하려고 시도조차 하지 않고 주권자가 명령하는 모든 것을 양심적으로 복종한다.

하지만 군주제든, 귀족제든, 민주제든 정권의 정당성 즉, 정치 체제의 생성 방식은 본질적으로 민주적이다. 모든 체제의 토대는 시민 개개인의

---

**22** 아리스토텔레스는 『정치학』에서 '권력을 차지하는 사람의 수'를 기준으로 정치 체제를 비교한다. _옮긴이

**23** 베네치아 공화국(Repubblica di Venezia)은 8세기부터 1797년까지 약 1000년 동안 독자적인 공화정의 형태를 갖춘 도시 국가며, 루카 공화국(Repubblica Lucense) 역시 1160년부터 1805년까지 이탈리아 반도 중앙에 있던 공화주의적 도시 국가이다. _옮긴이

**24** 투르크 왕국은 유럽 근대 사상에 있어 제국의 전형으로서 단 한 사람(술탄)이 그 어떤 법적인 제약 없이 통치하는 전제주의적 정치를 상징한다. _옮긴이

동의를 기반으로 한다. 주권자의 권력은 자연이나 은총에 의해 주어지는 것이 아니라 항상 신민으로부터 부여된다. 홉스는 최고의 정치 체제에 대한 오래된 논의를 일축하고, 고대 그리스의 민주주의를 비판하며, 유럽인들이 익숙했던 군주제를 경멸함으로써 근대의 민주주의적 관점을 만드는 데 큰 기여를 했다. 민주주의를 지지하는 입장에서는 근대 민주주의란 여러 정치 체제 중 하나가 아니라 인간의 삶을 공동으로 구성하는 **유일한** 합법적인 조직이며, 동의를 기반으로 하기 때문에 그 정당성, 즉 선함은 의심할 여지가 없다고 본다. 여기에 반대하거나 불평하는 사람이 있다면 할 수 있는 말까지 있다. "무엇에 대해 불평하는 거죠? 이것이 바로 여러분이 원했던 것입니다. 그리고 반대표를 던졌다 할지라도 다수결을 준수하기로 약속했기 때문에 결과적으로 찬성표를 던진 것이나 마찬가지 아닌가요?"

리바이어던은 개인 외부에 존재하고, 개인이 그 권력을 구성하는 양자이기 때문에 주권자의 절대 권력은 개인의 자유와 모순되지 않는다. 법의 지배를 받지 않는 것은 그것이 무엇이든 자유의 영역에 있으며, 법이 침묵하는 곳에서 개인은 자신이 원하는 것을 무엇이든 할 수 있다. 따라서 개인은 권력을 구성하는 양자로서 할 수 있는 모든 것을 하려고 하며, 행동하려는 힘을 멈출 수 없다. 주권자가 처벌의 위협과 함께 법을 집행하고자 하면 그곳이 어디든 개인은 복종한다. 그러나 법이 없는 곳에서는 무엇도 그를 막지 못하기 때문에 개인은 자유롭게 행동한다. 주권자가 공포한 법은 인간(또는 원자로서의 인간)이 서로 충돌하는 것을 방지하는 장치일 뿐, 그들을 고정시키는 것은 아니다. 마치 이웃집 땅에 주차할 수는 없지만 길을 걷는 것 자체를 막지는 않는 울타리와 비슷하다. 홉스를 자유주의의 창시자라고 부를 수 있는 이유는 인위적 장치인 법에 대한 자유주의적 해석을 철저하게 모든 구성원의 외부에서 정교화했기 때문이다.

이러한 법은 평화로운 공존을 보장하는 데 국한되며 개별 원자로서의 인간을 변형시키거나 교화시키지 않는다.

따라서 홉스의 사상은 근대 민주주의와 자유주의의 공통분모이다. 홉스는 각 주체의 동의를 바탕으로 수립된 주권 개념을 발전시킨 점에서 민주주의 사상의 기초가 된다. 또한 철저히 개인의 외부에서 존재하는 법의 개념을 발전시킨 점에서 자유주의 사상의 기초가 되기도 한다. 다만 『리바이어던』에서 이 두 개념은 절대주의를 통해서만 연결되기 때문에 민주주의의 주권 개념과 자유주의의 법 개념이 쉽게 양립할 수 있는지는 분명하지 않다. 무한한 주권은 개인의 외부에 있기 때문에 법의 침묵이 있는 곳에 자유가 있는 공간을 남겨둔다. 만약에 절대주의, 즉 주권의 외부성을 폐지하면 법은 루소의 말처럼 '우리 의지의 총체'가 된다. 그렇게 되면 법은 더 이상 내 자유로운 행동의 외적 조건이 아니라 내 행동의 원리가 되고, 법에 대한 자유주의적 관념은 파괴된다. 반대로 법에 대한 자유주의적 해석을 유지하면서 절대주의를 폐지하고 싶다면 무한한 주권이라는 개념 자체를 포기해야 한다. 이것이 바로 몽테스키외가 할 일이다.

그러나 우리의 자유민주주의 사회는 이러한 모순을 극복한 것처럼 보인다. 아직 완전히 극복하지 않았을지도 모르지만, 이러한 모순이 반드시 치명적인 것만은 아니다. 민주주의의 주권 개념과 자유주의의 법 개념은 긍정적인 측면에서만 모순이지 부정적인 측면에서는 모순이 아니다. 이 두 개념은 '부정적인 공통분모'를 가지고 있다. 두 개념 모두 인간 본성에 의해 인간의 최종 목적이 결정되는 것이 아니며 인간 행위의 근본 요소가 진리 또는 선이 아니라는 것에 동의한다. 민주주의와 자유주의라는 두 개념은 시대에 따라 번갈아 우세했는데, 때로는 집단적 의지의 주권을 강조하고 때로는 개인의 법적 자유를 강조했다. 이 두 정의의 모순적인 양립성은 우리의 민주적이고 자유주의적인 체제가 놀랍도록 안정적이면서도 동시에 급격한 사회 변화에 쉽게 영향을 받는 이유를 설명한다.

홉스 사상의 핵심을 제시하는 데 있어 필자는 홉스 이후 정치사상사의 발전에 영향을 미친 주제와 난제에 중점을 두었다. 따라서 필자는 그리스도교에 대한 홉스의 직접적인 비판을 일부러 언급하지 않았다. 왜냐하면 그리스도교적 의미를 재생산하면서도 그리스도교에 취약하지 않은 정치체를 구상한 홉스의 실증적 논리가 종교에 대한 홉스의 직접적인 비판보다 더 근본적이라는 것을 보여주고자 했기 때문이다. 그러나 홉스에 대한 논의가 불완전하지 않도록 종교에 대한 홉스의 급진적이고 영향력 있는 비판에 대해 간단히 살펴보자.

다음과 같은 질문을 가정해 보자. 개인의 입장에서 만약 주권자가 신의 뜻에 반하는 행동을 명령한다면 과연 복종할 의무가 있는가? 반대로 한낱 인간이 아닌 신에게 순종하라고 명령하는 종교의 권위 앞에 주권자의 주권은 어떻게 되는가? 필자는 이미 해답을 말해버렸다. 인간과 관련된 모든 것이 리바이어던의 힘에 속하며 따라서 종교도 마찬가지이다. 아무리 종교의 기원이 신에 있다고 해도, 종교는 여전히 인간을 대상으로 하고 인간에 의해 전파된다. 홉스는 인간보다 신에게 순종하는 것이 낫다는 원칙에 이의를 제기하지는 않지만, 그 적용 범위를 너무도 제한해 종교를 정치적으로 무력화시키고 대중을 움직일 수 없게 만든다. 더욱이 홉스는 신에 대한 순종이 주권자에 대한 순종과 합치하는 경향이 있다고 보는 방식으로 그리스도교 계시의 의미를 재해석한다.

홉스의 주장은 간단하지만 치명적이다. 신이 특정한 사람들에게 계시했다고 믿는 것은 그 계시받은 사람들이 곧 진실을 말한다고 믿는 것이고, 그것은 결국 그 계시받은 **사람들**을 믿는 것이다. 이와 같은 중개인의 존재를 믿는 순간 신을 믿는다는 것은 곧 인간을 믿는다는 것을 뜻한다. 하지만 경험에 따르면 인간은 쉽게 거짓말을 하거나 더 정확하게는 자신의 고상한 생각으로 인해 종종 자신이 신의 영감을 받았다고 믿게 된다. 게다가 스스로 영감을 받았다고 믿는 사람들은 스스로를 제자라고 부르는 사람들을 끌어들여 파벌을 만들기 십상이다. 따라서 신의 영감을 받은 사람들은 파벌의 수와 규모만큼 권력을 갖는다. 우리는 권력에 대한 욕망이 인간의 근원적이고 원초적인 욕망이라는 것을 알고 있다. 그러므로 많은 사람들이 권력에 대한 순수한 욕망으로 자신이 신의 영감을 받았다고 선포하더라도 놀라지 말아야 한다. 구약 성경은 물론 신약 성경에서도 거짓 선지자가 있다는 점을 강조하고 있지 않은가? 진실로 영감을 받은 선지자 한 명당 거짓 선지자가 100명, 400명이나 있을 것이라는 말이 있지 않은가? 세속적 경험의 교훈은 명확하다. 개인이나 집단이 신의 영감을 받았다고 주장할 때마다 그 말을 듣는 사람은 의심을 해야 할 필요가 있다. 그들이 사기꾼일 가능성이 높기 때문이다. 따라서 가장 안전한 조치는 주권자가 선지자로 판단한 사람만 선지자로 인정하는 것이다. 사람들이 홉스의 주장에 동의한다면 선지자가 참이든 거짓이든 많은 제자를 거느릴 가능성은 그리 높지 않을 것이다.

단순히 선지자를 따르는 것이 아니라 스스로를 선지자라고 믿는 사람들의 경우가 여전히 존재한다. 스스로가 진심이든 거짓이든 그들은 이성으로 판단할 수 없는 존재이다. 따라서 그들은 주권자의 판단에 맡겨야 하며, 주권자는 그들이 평화에 위험을 초래하는지 여부를 결정해야 한다. 위험하다고 판단되면 주권자는 공권력을 사용해 그들이 해를 끼치지 못하도록 할 것이다. 홉스의 경고 덕분에 그들은 제자가 거의 없을 것이기 때문에 작전은 더욱 쉬울 것이다. 영국 내전에서 그런 역할을 했던 '예언자' 또는 '성인'의 주장은 더 이상 정치적 위협이 되지 않을 것이며, 단순한 법과 질서의 문제로만 남게 될 것이다.

여기서 홉스의 승리가 너무 완전하고 다소 무모한 것은 아닌지 반문할 수 있다. 신의 영감에 대한 모든 주장이 근본적으로 의심스럽다면 그리스도교의 뿌리 자체가 위험에 처하게 되는 것은 아닌가? 사도들과 그리스도 자신도 의심할 필요가 있지 않은가? 홉스 자신은 이 문제에 대해 아무런 이해관계가 없으며 단지 성경이 권고하는 경계심vigilance을 상기시켜줄 뿐이라고 주장한다. 따라서 홉스는 가톨릭교회와 개신교 계열 교파의 기초가 되는 참된 선지자가 있었다는 사실을 인정한다. 홉스는 거짓 선지자들이 맞이할 운명을 피하려면 이 사실을 인정해야 했고, 이에 따라 새로운 과제를 떠안게 되었다. 홉스는 성경 자체가 정확하게 해석되었을 경우 홉스 자신의 정치적 교리, 즉 주권자는 종교 문제에 대해서도 절대 권력을 가진다는 입장을 증명해야 했다. 여기서 우리는 홉스의 성경 해석론까지 살펴볼 수는 없다. 다만 홉스의 결론은 '교회'라고 말하든 '그리스도교인으로 구성된 정치체'라고 말하든 모두 동일하다는 것이다. 인간 세계에는 주권자 이외에 다른 대표자를 위한 자리가 없으며, 시민 권력 이외의 다른 권력은 필요하지 않다.

홉스 사상의 가장 근본적인 질문은 **복종**obedience에 관한 질문이다. 나의 양심은 누구에게 복종하라고 말하는가? 이 질문이 근본적인 이유는 대답이 불확실할 경우 내전이 발생하기 때문이다. 나아가 이 질문은 여태껏 그 누구도 하지 않은 질문이다. 홉스와 그의 후계자들이 질문을 던지는 강도를 감안하면 더욱 그렇다. 물론 복종에 대한 질문은 실제 정치 생활에서 항상 제기되는 문제라 볼 수 있다. 하지만 고대 그리스인이 정치의 주요 문제를 개념화하는 데 있어 복종의 문제는 이론적으로 중요한 역할을 하지 못했다. 고대 그리스인에게 중요한 질문은 '가장 좋은 정치 체제는 무엇인가?'였다. 민중, 부자, 현자, 뛰어난 덕성을 갖춘 자 가운데 통치하기에 가장 적합한 자는 누구인가? 이것이 아리스토텔레스가 『정치학』에서 제기한 질문이다.

일견 아리스토텔레스와 홉스, 이 두 철학자의 접근 방식이 본질적으로 동일하다고 볼 수 있다. 누가 통치해야 하는지 알면 누구에게 복종해야 하는지 알 수 있고, 그 반대의 경우도 마찬가지가 아닌가? 그러나 유사점은 여기서 끝난다. 아리스토텔레스에 따르면, 통치자란 가장 중요한 선, 즉 정치적으로 가장 중요한 '최고'의 선을 가져야 한다. 아리스토텔레스에 의해 반박되는 의견을 제시하는 후보자들도 덜 핵심적이지만 자신들이 선하다고 여기는 것에서부터 출발한다. 아리스토텔레스에게 '누가 통치해야 하는가?'라는 질문에 답하는 것은 선의 위계를 기준으로 결정하는 것이지만, 최종적인 선택이 내려지면 선택되지 않은 선이라도 살아남아 권력의 일부를 구성하는 요소가 되기도 한다. 반대로 홉스에게는 복종을 요구할 권리가 있는 사람, 즉 주권자만이 모든 권리를 가지며, 이 권리가 없는 사람은 아무 권리도 갖지 못하거나 주권자가 양보한 권리만 갖는다. 아리스토텔레스의 세계에서는 다양한 가치가 서열을 이루며 공존해 왔다면, 홉스의 세계에서는 서열이 파괴되고 절대적 권력과 절대적 복종이라는 극단으로 대체된다. 인간사의 복잡성에 훨씬 더 적합해 보이는 서열의 논리가 어떻게 절대적인 배제의 논리로 대체될 수 있었을까?

인간 세계에서 특정한 선의 우위를 주장하는 것은 그 외의 선이 그저 다소 열등한 것으로 인식된다는 것을 의미할 뿐 다른 선의 완전한 배제를 수반하지 않는다. 그러나 인간 세계 전체를 종교 세계와 비교한다면, 문제는 더 이상 인간 세계의 어떤 **요소**가 명령해야 하는지가 아니다. 문제는 인간 세계 또는 종교 세계 가운데 어떤 **세계**가 통치해야 하는가?로 바꾸게 된다. 하지만 비교할 수 없는 이 두 세계, 인간과 신을 어떻게 '비교할' 수 있단 말인가? 이 두 세계는 서로 다른 방식으로 자급자족하고 자기 완결적이기 때문에 비교할 수 없다. 인간의 도시 국가에서는 부라는 개념이 자유라는 개념을 완전히 배제할 수 없고, 지혜라는 개념 역시 완전히 무시할 수도 없다. 그러나 성찬을 통해 신의 진리를 드러내고 죄를 치유하는 성직자는 부나 자유, 심지어 지혜의 권리를 옹호하는 시민과 공통점이 거의 없다.

따라서 인간 세계와 종교 세계는 비교할 수 없지만 그럼에도 불구하고 서로 다른 두 주장 가운데 하나의 결정을 내려야만 한다. 여기서 누군가는 평화를 이룰 수 있는 **제3의 세계**를 꿈꿀 수도 있을 것이다. 그렇게 되면 여태껏 벌어진 인간의 모든 분쟁은 의미를 상실하게 될 것이다. 그러나 새로운 세계를 건설하는 것은 인간의 힘으로는 불가능해 보인다. 그렇다면 무엇을 해야 하는가? 두 세계가 충돌하고 있다면 그것은 두 세계가 접촉하고 있기 때문이다. 이런 의미에서 두 세계는 공통점이 있다. 이 공통점, 즉 갈등의 진원지는 바로 인간 자신이다. 여기서 인간이란 도시 국가의 구성원으로서의 인간이나 교회의 충실한 구성원으로서의 인간이 아니라, 이 두 집단 어디에도 속하지 않는 사람이다. 우리에게 이미 익숙한 이 사람을 우리는 **개인**이라 부른다.

물론 개인은 그 자체로 존재하지 않는다. '개인'은 항상 이미 도시 국가의 구성원이며 교회 내의 신자이기도 하다. 그러나 어느 한 집단이 다른 집단에서 그를 빼앗아 가려 하고 두 집단 모두 그를 필요로 하는 한, 그는 어느 편에도 속하지 않고 오롯이 '개인'으로서 존재한다. 다시 말해, 개인은 복종을 주저하고 복종을 선택하기 '이전에' 존재한다는 것이다. 모든 사람이 필자가 말하는 두 집단의 대상이기 때문에 모든 사람을 개인으로 간주할 수 있다. 물론 이것이 갈등의 현실을 고려하지 않은 지극히 추상적인 관점이라는 반론이 있을 수 있다. 그러나 이와 같은 개인에 대한 **관념**에서 출발해 실행 가능한 정치 **제도**를 구상하는 데 성공하면, 여태껏 존재하지 않았던 개인이 이 새로운 제도의 시민 또는 대상으로서 존재하게 될 것이다. 그것이 가능하다면 우리는 결코 이룰 수 없을 것 같았던 제

3의 세계를 창조하게 될 것이다.

이 새로운 정치 제도는 그 기능을 수행하기 위해 헌법에 따라 개인이 도시 국가나 교회에 태초부터 귀속되는 것을 막아야 한다. 개인이 자발적으로 받아들일 복종은 이 두 권력자들의 비판과 주장에 취약하지 않아야 한다. 모든 개인은 덕, 부, 자유와 같은 가치를 지향하는 인간의 도시의 후보자이자 신으로부터 오는 율법과 은총 그리고 계시를 지향하는 신의 도시의 후보자이다. 다만 우리가 여기서 새롭게 도입하는 복종이라는 개념의 특수성은 바로 논쟁의 여지가 없다는 것이다. 부자와 빈자 그리고 현자와 사제 들은 언제나 그렇듯 계속해서 각자의 주장을 할 것이다. 그러나 그들의 영향은 새로운 도시를 세우는 복종이라는 절대적 원리 앞에 철저히 약화될 것이며 **무력화**될 것이다. 새로운 정치 제도는 이처럼 해결 불가능해 보였던 오래된 갈등을 봉합하고 극복할 것이다. 갈등은 의심할 여지 없이 살아남을 것이지만 '사회'라는 하위 정치적 수준에 국한되며 철저하게 길들여진 형태로 살아남을 것이다.

그렇다면 모든 인간은 개인, 즉 복종 이전의 인간이라고 상상해 보자. 즉, 자연 상태를 상상해 보자. 이 상태에서 인간은 현자의 위신, 부자의 유혹, 강자의 협박, 사제의 설교에 휘둘리지 않으며, 세속적 또는 종교적 사회 이전에 존재하는 인간으로서 평등하고 자유롭다. 이 상태에서 형성될 정치체는 부자와 빈자의 의견, 강자와 사제 들의 주장에 조금도 취약하지 않을 것이다. 그들의 주장 중 어느 것도 제도의 기초를 구성하는 데 영감을 줄 수 없으므로 그 어떤 것도 정치체의 본질적인 구성에 포함되지 않을 것이다.

필자가 방금 제시하고자 한 것은 홉스의 사상에서 자연 상태라는 개념이 왜 존재해야 하는지에 대한 이유이다. 자연 상태는 향후 정치적 성찰의 핵심 개념으로, 한 세기 이상 지속될 근대 자유주의 체제의 형성에 중심을 이루는 개념이다. 자연 상태는 도시 국가나 교회에 복종하기 이전의 인간의 상태이며, 국가와 교회 사이의 갈등에 영향을 받지 않는 정치체를 구성할 수 있는 조건이다. 물론 홉스의 사상에서 자연 상태는 정치와 종교의 갈등을 극복하는 데 필요한 단순한 가설이 아니라 실제 갈등으로 점철된 현실, 즉 만인에 대한 만인의 투쟁으로 나타난다. 홉스가 '자연 상태'라는 표현보다 인류의 **자연적** 조건이라는 표현을 더 선호하는 이유가 바로 여기에 있다. 그러나 본질적으로 자연 상태는 전쟁 상태가 **아니다**. 우리는 로크John Locke와 루소를 읽으면서 이것을 살펴볼 것이다. 홉스의 사상이 가지는 정초적인 힘은 가설로서의 자연 상태 그리고 현실로서의 자연 상태를 서로 구별할 수 없다는 점에서 비롯된다. 물론 가설이 그럴 듯하려면, 그리고 다가올 정치 기술이 인간 본성에 토대를 두려면 반드시 그래야만 했다. 하지만 홉스는 후계자들에게 자연 상태의 이 두 가지 측면을 구분할 수 있는 권한을 부여한다. 가설의 개연성과 타당성이 확립된 이상, 가설의 초기 목적을 더 잘 실현하기 위해 누구나 그 조건을 수정할 수 있게 된 것이다.

홉스에서 출발해 로크와 루소에 이르기까지 정치체에 대한 개념은 자연 상태에서 구상되고 추론되는 절대 주권이라는 개념에 도달한다. 필자는 우리에게 매우 생소해진 이 개념의 신학-정치적 기원을 살펴보고자 했다. 18세기 말까지만 해도 이 신학-정치적 기원은 널리 퍼졌었는데, 그것은 이 개념을 낳은 동기가 여전히 유효했기 때문이다. 그러나 한 가지 단서를 붙일 필요가 있다. 로크와 루소가 홉스만큼 종교의 정치권력 폐지에 관심을 가졌다고 해도, 특히 루소의 경우 정치권력과 종교 권력의 이원성을 시민 주권자의 통합으로 환원시킨 홉스를 찬양하며 『사회계약론 Du Contract Social ou Principes du droit politique』(1762)을 역설했다고 해도, 로크와 루소의 주적은 더 이상 교회의 정치권력이 아니었다는 점은 주지의 사실이다. 오히려 로크와 루소의 주적은 철저하게 정치적인 현상, 즉 절대주의였다. (루소의 경우에는 불평등이라는 사회적·정치적·도덕적 현실이기도 했다.) 그렇다면 로크와 루소는 실제로 홉스에게 반기를 든 것처럼 보이는데, 그 이유를 이해하는 것이 중요하다. 로크와 루소가 절대주의를 정당화하는 논거를 제시했다는 이유로 홉스를 비판한다고 해서 홉스가 리바이어던을 구성하게 된 의도까지 공유하지 않는다는 의미는 아니다. 그들은 단지 현실로서의 절대주의가 홉스의 의도를 달성하기는커녕 오히려 방해한다는 점을 지적한다. 즉, 절대주의가 종교의 정치권력을 차단하는 것이 아니라 오히려 강화한다는 것이다. 따라서 로크와 루소는 홉스의 의도를 더 효과적으로 수행하기 위해 홉스의 교리를 비판한다.

동시에 '절대주의의 부상'이라고 불리는 홉스적 구상이 실현되면서 홉스가 원래 제기했던 문제와는 또 다른 문제가 등장했다. 앞서 언급한 '제3의 세계' 또는 '제3의 도시'가 독자적인 삶을 살기 시작한 것이다. 만약이 삶이 불만족스러운 것으로 판명된다면, 로크 그리고 특히 루소에게 이는 홉스의 구상이 불완전하게 설계되었다는 증거나 다름없었다. 그러나 그들은 홉스의 기본 도구인 자연 상태에 충실했으며, 홉스가 자연 상태를 충분히 활용하지 않았고, 충분히 급진적으로 해석하지 않았다고 생각했을 뿐이었다. 로크와 루소는 자연 상태를 보다 급진적으로 해석함으로써 홉스의 구상을 성공적인 결론으로 이끌고자 했으며, 나아가 홉스적 구상의 실행 과정에서 드러나기 시작한 단점을 해결할 수 있는 위치에 있다고 믿게 되었다.

## 제4장
# 로크, 그리고 노동과 재산

    앞서 살펴본 바와 같이, 자연 상태가 정치적 성찰의 핵심 개념으로 등장한 이유는 논쟁의 여지가 없는 복종의 의무를 만들어야 할 필요성에서 비롯되었다. 리바이어던이 가진 권력의 가장 두드러진 특징은 아마도 그것에 이의를 제기할 수 없다는 점일 것이다. 이 권력의 '절대성'과 '무제한성'은 원칙적으로 그것에 대해 이의를 제기할 수 없음을 의미한다. 홉스 사상의 핵심 난제는 다음과 같이 공식화할 수 있다. **인간**의 권력을 비판으로부터 완전하게 자유롭게 정의하고 구성할 수 있는가? 홉스는 그 어떤 논리적 추론보다 강력한 현실, 즉 폭력적인 죽음에 대한 공포에 근거함으로써 이 어려움을 극복할 수 있다고 생각한다. 하지만 홉스는 두 가지 중요한 문제에 직면하게 된다.

    홉스의 추론은 시작과 동시에 죽음에 대한 공포로 끝난다. 이것이 인간이 리바이어던을 만들게 되는 동기이며, 리바이어던이 구성된 후에도 여전히 그 작동의 원리로 남게 된다. 궁극적으로 피지배자인 개인은 주권자를 두려워하기 때문에 평화롭게 행동한다. 물론 홉스의 관점에서 볼 때, 이 두려움은 본래의 두려움과는 비교할 수 없을 정도로 제한적이며, 인간다운 삶의 기본 조건과 모순되는 것이 아니라 오히려 그 기본 조건이 된다. 이에 관해 우리는 마이클 오크숏[1]과 함께 '동종 요법적' 공포에 대해 말할 수 있을 것이다. 자기 보존에 대한 욕구가 자연 상태에서 리바이어던의 정당성의 원천이라면, 리바이어던이 불러일으키는 공포는 그것이 아무리 '동종 요법적'일지라도 새로운 정당성의 기초가 될 수 있기 때문이다. 홉스에 따르면, 리바이어던의 명령이 자신의 생명을 위험에 빠뜨린다면 리바이어던의 명령에 반해서라도 생명을 보존할 권리가 있다는 것은 너무나도 자명한 사실이다. 즉, 리바이어던의 **무한한** 권력의 근거가 되는 **안전**security에 대한 추구는 동시에 그 권력의 **한계**를 설정하게 될 것이다.

하지만 합법적인 정치 제도를 구성하기 위해 자연 상태에서 출발해야 한다면 홉스는 과연 자연 상태를 올바르게 묘사했는가? 자연 상태는 본질적으로 전쟁 상태인가? 물론 내전은 만인에 대한 만인의 투쟁 상태를 적절히 반영하지만, 내전이 과연 정치 생활의 **본질**인가? 아니면 '평범한' 사회적·정치적 삶을 구성하는 데 전혀 기여할 수 없는 예외적인 상황일 뿐인 것인가? 그리고 인간의 본성은 정말로 권력에 대한 욕망으로 환원될 수 있는가? 이러한 질문은 논란 자체를 없애는 것이 목표였던 홉스의 접근 방식에 다시 논란을 불러일으키는 질문이다. 결국 이 모든 질문은 하나로 요약할 수 있다. 진정한 '인류의 자연적 조건'은 무엇이며, '인간에게 가장 본질적인 것'은 무엇인가? 이 질문에 대해 로크와 루소는 홉스와는 매우 다른 대답을 내놓을 것이다. 하지만 먼저 홉스의 자연 상태에 대한 해석이 어떻게 내부적으로 반박을 이끌어내는지 살펴보아야 한다.

자연 상태에서 모든 개인에게 속하는 만물에 대한 권리란 무엇을 의미

---

1    마이클 오크숏(Michael Oakeshott, 1901~1990)은 영국의 정치철학자이다. 옥스퍼드 대학교 출판사(Oxford University Press)에서 홉스의 『리바이어던』을 편집했으며, 이 서문에서 홉스의 동종 요법적인 접근, 즉 공포를 통해 공포를 치유하는 접근을 언급한다. Michael Oakeshott, *Hobbes' Leviathan* (Oxford: Basil Blackwell, 1946), "Introduction," p. xxxvi. _옮긴이

하는가? 그것은 각 개인이 더 이상 분할할 수 없는 완전체이며 유일한 행위 규범은 자신의 생명을 보존하는 것임을 의미한다. 그런데 자기 보존이 필요하다고 해서 만물에 대한 권리를 갖는 이유는 무엇인가? 홉스에 따르면 개인과 타인 간의 관계는 근본적으로 적대적인데, 모든 개인은 타인으로부터 실제로 또는 잠재적으로 끊임없이 위협을 받기 때문이다. 만물에 대한 권리는 개인의 절대적인 도덕적 독립성과 타인과의 적대적인 관계라는 본질적으로 다른 두 개념이 교차하는 지점에서 탄생한다. 이 두 개념 중 후자가 더 중요한 이유는 적대감이라는 것이 인류에 보편적이기 때문이며, 이 때문에 자기 보존의 원칙이 개인의 유일한 행위 규범이 되기 때문이다. 더 강하게 말하면, 적대적 관계라는 것이 보편적이기 때문에 개별적 인간은 홉스적 개인, 즉 자기 완결적이고 도덕적으로 자급자족하며 자신의 생명을 보존하는 것만을 생각하는 분할할 수 없는 완전체가 된다. '인류의 자연적 조건'에서 '가장 자연스러운 것'은 독립적인 개인이 아니라 그를 낳는 만인에 대한 만인의 전쟁이다. 다시 말해, 개인은 전쟁이라는 일종의 부정적인 사회성을 통해서만 존재하게 된다. 개인이 가진 무한한 권리는 이 전쟁의 결과일 뿐이다. 결과적으로 개인은 진정으로 이 권리를 가지고 있지 않으며 그것은 생명의 위협을 받을 때만 사실상 나타난다. 자연 상태에서는 항상 생명의 위협이 지속되기 때문에 개인은 지속적으로 이 권리를 보유하고 있으며, 국가에서조차도 생명의 위협이 발생할 경우 리바이어던에 대항해 다시 나타나게 된다.

따라서 홉스가 탁월한 혜안으로 정치체에 대한 새로운 개념을 어떻게 정립했는지 알 수 있다. 권력은 힘없는 개인이 자신의 권리를 보호하기 위해 만든 기발한 장치이다. 그러나 홉스는 이 개념을 완전히 실행하는 데 성공하지 못한다. 자연 상태의 개인은 천부적인 권리를 향유하는 진정한 개인이 아니며, 이런 식으로 구성된 정치권력은 개인의 생명을 위협하는 상황에 한에서만 개인을 보호할 수 있기 때문에 진정한 권리의 보호자가 아니라고 볼 수 있다. 이와 같이 훗날 자유주의가 완성할 프로젝트의 윤곽이 드러난다. 자유주의는 홉스의 정치권력에 대한 개념의 시작과 끝을 수정함으로써 비로소 홉스적 정치권력을 완성하게 된다. 즉, 자연 상태의 개인은 내재적 권리intrinsic right를 획득하고 정치권력은 개인의 권리를 보호하는 것으로 그 역할이 한정된다는 것이다. 이것이 바로 로크의 접근 방식이다. 로크는 홉스와 마찬가지로 인간의 가장 기본적인 욕구이자 권리는 생명을 보존하는 것이라고 본다. 하지만 무엇이 개인의 생명을 위협하는가? 로크는 타인이 아니라 굶주림hunger이라고 답한다. 이것이 로크와 홉스의 근본적인 차이점이다. 후자의 경우 죽음은 적대적인 타자의 형태로 위협을 가하지만, 전자의 경우 굶주림의 형태로 위협을 가한다.

홉스는 자연 상태에서 굶주림의 역할에 대해 놀라울 정도로 말을 아끼지만, 그 안에서 인간은 '가난하다poor'는 것은 분명한 사실이라고 언급한다. 전쟁의 현실과 그 결과는 전쟁의 수많은 동기들, 그중에서도 굶주림을 덮어버린다. 공포가 공포를 불러일으키는 순간부터 전쟁은 스스로를 먹여 살리며, 그 '기원'에 대한 질문은 부차적인 것이 된다. 홉스는 사실 두 가지 기원을 제시한다. 첫째, 한정된 '재화goods'를 소유하기 위한 경쟁('희소성' 또는 '자원 분배'에 기반한 경쟁)과 둘째, 권력·명예·평판에 대한 욕망에 기반한 순수한 경쟁('도덕적'·'정치적'·'영적' 요소에 기반한 경쟁)이다. 자연 상태에서는 이 두 가지 유형의 경쟁이 동일한 효과를 유발하기 때문에 서로 구별할 수 없다. 내가 이웃의 양 떼를 빼앗는다면 그것은 나의 굶주림을 해결하기 위해서일 수도 있고, 아니면 더 큰 양 떼를 소유하고 싶어서일 수도 있다. 홉스에게 이 두 가지 경쟁 중 어떤 것이 더 중요할까? 분명히 후자이다. 홉스는 권력에 대한 욕망, 즉 최고가 되고자 하는 욕망을 인간의 근본적인 정념이라고 명시적으로 정의한다. 그러나 효과로 판단

한다면 전자가 더 중요하다고 볼 수 있다. 홉스는 인간이 리바이어던을 받아들이는 것은 모든 인간 '활동industry'의 조건인 **안전**을 보장받기 위해서라고 지적한다. 리바이어던의 '보호'를 받아들임으로써 인간은 더 많은 권력을 향한 끝없는 탐색이 내포하는 위험에서 벗어날 수 있다. 여기서 우리는 홉스의 비전이 지닌 도덕적 모호함, 즉 권력·명예·평판을 추구하는 '귀족aristocrat'으로서의 인간이 결정적인 순간에 자신의 안전을 최우선으로 찾는 '부르주아bourgeois'처럼 행동하는 모호함을 볼 수 있다.

우리는 홉스의 후계자들이 이러한 모호함을 제거하기 위해 노력하는 것을 보게 된다. 로크는 자연 상태를 단순화해 경쟁을 없애버리거나 적어도 원래의 성격을 지워버린다. 즉, 태초에 인간 사이에는 관계 자체가 없었기 때문에 적대적인 관계도 없었다는 것이다. 루소의 경우 태초의 인간을 고독하고 행복한 짐승으로 만듦으로써 로크의 관점을 받아들이고 이를 더욱 극단적으로 밀어붙인다. 그러나 루소는 홉스의 '심리학'을 매우 진지하게 받아들인다. 『인간 불평등 기원론Discours sur l'origine et les fondements de l'inégalité parmi les hommes』(1755)에서 루소는 고독한 짐승으로 시작한 개인이 어떻게 부와 권력, 명예에 대한 욕심을 갖게 되는지 설명한다. 홉스 '심리학'의 모호함을 없애기 위해 그는 최초로 역사에 의존했다. 이후 역사 발전의 원동력은 홉스가 묘사한 원초적 상황에 있다는 가장 설득력 있는 해답은 추후 헤겔G. W. F. Hegel이 발전시킨다. 자연 상태에서 서로 상충하는 이 두 가지 '도덕'은 안전보다 명예를 선호하는 사람과 명예 추구에 수반되는 위험보다 안전을 선호하는 사람, 두 가지 유형의 인간을 구분하게 된다. 훗날 헤겔이 "주인과 노예의 변증법"이라고 부르는 것은 이미 홉스의 자연 상태에서 찾아볼 수 있으며, 이 변증법 속에 인류의 모든 역사가 담겨 있다.[2]

로크가 『통치에 관한 두 번째 논고Second Treatise of Government』[3]에서

가리키는 인간은 홉스의 인간보다 더 단순하고 가난하다. 그러나 앞에서 보았듯이 이와 같은 단순화는 어떤 의미에서 홉스 자신이 승인한 것이다. 계약을 맺는 인간은 권력보다 안전을 선호하기 때문이다. 따라서 로크의 인간이 홉스의 인간보다 더 홉스적이라고 말할 수도 있을 것이다. 권력에 대한 욕망에 의해 움직이는 인간은 결국 비참한 결과를 맞이할지라도 지극히 인간적인 '선'에 대한 욕망에 의해 움직이는 반면, 굶주림에 의해 움직이는 사람은 단순히 악으로부터 도망치고 싶은 욕망에 의해 움직인다.[4] 로크는 홉스를 단순화함으로써 홉스를 더 일관성 있게 만든다.

물론 홉스를 일관성 있게 만드는 것이 로크의 주된 의도는 아니었다. 로크의 의도는 오히려 자연 상태에서 고독한 개인에게 직접 권리를 부여하는 것이었다. 인간이 근본적으로 배고픈 존재라면, 인간은 타인과 근본적으로 분리되어 자신의 신체 및 자연과의 관계만 맺을 뿐이다. 로크가 개인의 권리를 오로지 굶주림으로부터, 나아가 고독한 개인과 자연의 관계로부터 정립하는 것을 성공한다면, 로크는 인권이 어떻게 고독한 개인의 속성이 될 수 있는지를 보여줄 수 있을 것이다.

자연 상태의 한 사람이 먹이를 찾아 떠났다고 가정해 보자.[5] 그는 나무에서 자두를 따서 먹는다. 그가 자두를 먹는다는 것은 그가 자두를 취득한다는 것을 의미한다. 그가 자두를 먹을 권리가 있는 이유는 자두를 먹지 않을 경우 배고파 죽을 수 있기 때문이다. 따라서 이 권리는 다른 개인

---

2    헤겔, 『정신현상학(Phänomenologie des Geistes)』(1807), 제4부, A장 참조.
3    한국에서는 『통치론』으로도 번역되었다. _옮긴이
4    먹을 것을 찾는 일도 분명 '선'이지만, 권력처럼 특별히 인간적인 것은 아니다. 홉스는 인간의 삶에 일종의 내재적 유한성을 유지한 반면, 로크는 그것을 제거해 버린다.
5    로크, 『통치에 관한 두 번째 논고』, 제5장 참조.

의 동의와는 무관하다. 로크는 지상의 모든 인간이 땅의 열매를 얻기 위해 타인의 동의를 기다려야 한다면 인류는 오래전에 사라졌을 것이라고 말한다. 앞서 자두를 먹은 사람은 자두를 합법적으로 취득했기 때문에 합법적으로 자두의 주인이 된다. 그렇다면 결정적인 질문은 다음과 같다. 그는 어느 시점에서 합법적인 소유자가 되는가? 그가 자신의 필요를 충족시키기 위해 공유지에서 자두를 가져올 때, 즉 나무에서 자두를 따는 순간이다. 따낸 자두와 나무에 남아 있는 자두는 어떻게 구별할 수 있는가? 전자는 개인의 수작업이라는 **노동**에 의해 변형되었다. 모든 사람은 자신의 인격과 노동의 소유자이며, 따라서 이전에는 공동의 재산이었던 것이라도 자신의 노동과 혼합되었기 때문에 자신의 소유가 될 수 있는 것이다. 따라서 그는 합법적인 소유자가 된 것이다. 재산은 노동을 통해 형성되고, 각 개인은 자기 자신 안에 재산 형성의 가장 큰 원천을 가지고 있다. 노동자는 노동자이면서 자신을 소유하고 있기 때문에 자신의 노동에 대한 소유주이기도 하기 때문이다.

이 간단한 분석을 통해 로크는 두 가지 중요한 명제를 확립한다. 첫째, 재산에 대한 권리는 타인의 동의나 국가의 법률과 무관하며 본질적으로 사회 제도 이전에 존재한다는 것이다. 즉, 재산에 대한 권리는 고독한 개인에게 속하는 권리이며 스스로를 부양해야 하는 긴급한 필요와 밀접하게 연관되어 있다는 것이다. 따라서 재산은 자연적인 것이며 관습적인 것이 아니다. 두 번째 명제는 인간과 자연의 관계는 **노동**에 의해 정의된다는 것이다. 인간은 본래 정치적 동물이 아니라 **소유하고 노동하는** 동물이며, 노동하기 때문에 소유하고, 소유하기 위해 노동하는 동물이다.

따라서 로크는 재산권right to property을 확고히 확립한다. 로크는 재산권을 엄격하게 개인의 권리로 간주하는 전통을 깨뜨렸다. 물론 기존의 자연법 전통은 재산권을 자연권으로 간주했지만, 재산의 '사회적' 측면, 즉 법이나 사회적 의무에 의해 규제되는 측면을 강조했다. 이 점에서 로크도 일견 재산에 대한 자연권에 제한을 두는 것처럼 보인다. 로크에 따르면 자연 상태의 첫 번째 단계에서 재산에 대한 권리는 두 가지 의무에 의해 제한된다. 첫째, 자신이 소비할 수 있는 것보다 더 많이 소유하는 것은 자원을 낭비하는 것이므로 정당하지 않다. 자신이 먹을 수 있는 양보다 더 많은 자두를 채집하면 남은 자두는 썩을 것이다. 둘째, 다른 사람들을 위해 자두를 남겨두어 그들이 차례로 땅의 열매를 적절하게 먹을 수 있도록 해야 한다.

그러나 로크는 처음에 제기했던 이 두 가지 제약을 곧 폐지한다. 우선 첫 번째 의무에 관한한, 낭비라는 개념의 도덕적 또는 정치적 의미에 대해 정확히 말하기 어렵다. 과일을 모아 썩게 하는 것은 비합리적이고 부조리한 행위이다. 처음에는 도덕적으로 보이는 한계는 사실 물리적 한계인 것이다. 내가 소비할 수 있는 양보다 더 많이 소유할 권리가 나에게 없는 이유는, 그렇게 많은 양의 자두를 채집할 수 있는 물리적인 수단이 없기 때문이다. 나아가 이런 식으로 '취득한' 자두는 소비되는 것이 아니라 결국 낭비되는 것이므로 손실이 된다. 그렇다면 과일같이 자연적으로 부패하는 재화를 부패하지 않는 재화, 즉 금과 은으로 교환하기로 합의함으로써 이러한 낭비를 피할 수 있는 수단을 찾았다고 가정해 보자. 그러면 축적은 무한대로 늘어나더라도 더 이상 낭비가 발생하지 않을 것이다.

두 번째 의무는 보다 어려운 문제이다. 내가 자두나무에서 모든 자두를 가져갔을 때 나의 이웃이 새로운 자두나무를 찾는다는 보장이 있는가? 홉스는 이러한 한정된 재화를 향한 경쟁에서 모든 개인이 만물에 대한 권리를 갖는 만인에 대한 만인의 투쟁의 근원을 보았다. 반면 로크는 원래 자연 상태에서는 지구의 열매가 충분하게 있기 때문에 각자가 타인을 해치지 않고 자신의 소비를 만족시킬 수 있다고 말하는 것처럼 보인

다. 그러나 이는 역사적 가설일 뿐이며, 심지어 논쟁의 여지가 큰 가설이
다. 따라서 로크는 루소와 달리 이러한 역사적인 가설은 거의 주장하지
않는다. (훗날 루소에게 이와 같은 역사적인 접근은 인간 조건을 해석하는 데 있
어 필수적인 요소가 된다.) 오히려 로크는 문제의 조건을 변경한다. 자두는
토지land보다 덜 중요한 형태의 자산이다. 나아가 토지에 대한 소유권 역
시 노동에서 비롯된다. 내가 노동을 통해 경작한 토지의 정당한 소유자는
당연히 나 자신이다. 그리고 토지를 경작하면 자연적으로 생산되는 것보
다 훨씬 더 많은 곡물을 생산할 수 있다. 따라서 노동을 통해 토지의 일부
를 차지함으로써 인류의 공동선을 줄이는 것이 아니라 오히려 **늘리는** 것
이다. 나의 노동을 통해 지상의 열매를 추가적으로 생산하는 것이다. 그
리고 이러한 재화는 자연에서 주어진 것이 아니라 나의 노동에 의해 생산
된 것이기 때문에 내가 아닌 다른 그 누구도 이 재화에 대한 권리가 없다
는 것은 자명하다. 로크는 사물에 **가치**를 부여하는 것은 자연이 아니라
인간의 노동이라는 점을 강조한다. 달리 말하자면 가장 자연스러운 자연
상태는 풍요가 아니라 희소성이다.

로크의 분석을 요약하자면, 개인은 자연적 한계가 없는 재산에 대한
자연권을 가지고 있다. 화폐의 발명으로 부패하는 재화를 부패하지 않게
만들 수 있고, 사물의 가치는 자연의 풍요로움이 아니라 인간의 노동에서
비롯되기 때문에 자연적 한계가 없어진다. 여기서 역설적인 결과가 발생
하는데, 재산권은 그 근원이 되는 노동과 자연스럽게 분리된다는 것이다.
화폐가 노동의 양을 대표하고 보존할 수 있게 된 순간부터 합법적인 소유
자는 더 이상 노동자가 아닐 수 있게 된다. 교환이 자유롭기만 하면 재산
의 가치를 보존할 수 있고, 따라서 재산에 포함된 노동의 양을 계속 나타
낼 수 있다. 예를 들어, 상품을 생산하지 않고 상품을 사고팔아 생활하는
개인 역시 정당한 소유자이다. 그는 그 누구도 해하지 않고 사회에서 재

산의 가치를 줄이지 않으며 오히려 가치를 보존해 유통시킴으로써 가치를 증가시킨다. 노동을 통해 세상에 들어온 재산이 화폐로 대표되는 가치가 되면, 소유자의 권리는 노동자의 권리와 합법적으로 분리된다.

　로크의 이 두 가지 결론은 자유주의 사상을 체계화하는 데 매우 중요한 의미를 가진다. 먼저 화폐의 발명에 대해 살펴보자. 화폐는 일종의 합의agreement이다. 이 합의의 기원은 자신이 생산한 재화를 자신이 필요로 하는 다른 소비재로 교환하기 위해 축적 가능하고 부패하지 않는 재화로 만들고자 하는 개인의 자연스러운 욕망으로 거슬러 올라간다. 이 욕망은 보존에 대한 욕망과 연결되어 있으며 이를 보다 완벽하게 충족시키기 위한 독창적인 장치이기도 하다. 동시에 그것은 합의하는 개인 간의 관계를 수반한다는 점에서 일종의 계약contract으로 볼 수 있다. 따라서 자연으로부터 태어난 **사회**는 일련의 규제로 구성된 개인 간의 관계로 볼 수 있다. 로크의 해석에 따르면 '사회' 또는 적어도 그 핵심 요소는 정치 제도 이전에 존재한다. 필자는 앞서 홉스가 이미 시민 사회와 국가, 또는 시민 사회와 정치 사회의 구분을 체계화했다고 언급한 바 있다. 그러나 홉스의 '시민 사회'는 전쟁이라는 근본적으로 부정적인 사회성에 기초하고 있다. 정치 제도가 없다면 견딜 수 없는 것이 전쟁이다. 그러나 로크와 함께라면 견딜 수 있게 된다. 사회는 인간이 노동자와 소유주로서 진입하는 일련의 경제적 교환이 된다. 로크의 자연 상태는 홉스의 자연 상태보다 더 개인주의적이면서도 동시에 더 사회적이다. 재산권을 기반으로 하는 인간의 권리는 고독한 개인에게 속하며, 이 개인은 다른 사람들과 긍정적인 관계를 구축한다.

　로크의 두 번째 결론은 개인, 노동, 재산 간 관계의 미묘한 문제와 관련이 있다. 애초에 노동과 재산의 경우 공통된 기원이 개인이라는 점에서 밀접하게 연결되어 있다. 나의 노동은 내가 주인이기 때문에 내 것이고,

나의 재산은 나의 노동에 기원을 두고 있기 때문에 내 것이다. 노동과 재산은 순환적인 방식으로 서로 관련되어 있으며, 이 순환의 중심에는 개인이 있다. 그러나 로크는 확고하게 말한다. 노동은 소유의 시작일 뿐이라고 말이다. 노동은 결국 소유로부터 분리된다. 더 정확하게 말하면, 재산권은 노동의 결실에 대한 노동자의 권리와 분리된다.

그렇다면 노동자의 권리가 침해된 것인가? 로크는 전혀 그렇지 않다고 대답한다. 노동의 고유한 특성은 재산권을 생산하는 것이 아니라 가치를 생산하는 것이다. 재산의 특징은 이 가치가 사라지거나 낭비되는 것을 막기 위해 보존하는 것이다. 나아가 이 가치는 개인의 자기 보존 욕구가 연장될 때 가장 잘 보존된다. 즉, 로크는 재산의 기원에 대해 언급하지 않을 때 노동을 사회적 노동의 총량으로서 '비개인화disindividualized'된 것으로 간주한다. 재산이 노동자와 분리될 경우 노동자가 강탈당하는 것이 아니라 노동의 가치가 보존되는 것으로 볼 수 있는 것이다.

다르게 말하면, 처음에는 소유자의 권리와 노동자의 권리가 동일했다. 그러나 화폐의 발명과 무역의 발달로 노동의 생산성이 강화되고 소비에 필요한 것보다 더 많은 것을 생산할 수 있게 되면서 소유자와 노동자는 구분되기 시작한다. 재산권은 개인의 권리로 남아 있고, 노동자의 권리는 자신의 생산물을 보존할 수 있는 노동의 권리가 되는데, 이는 개인의 재산권을 통해서만 가능하다. 로크에 따르면 노동의 생산성과 개인의 재산권에 의해 정의되는 사회에서 농부의 조건은 미국의 인디언 왕보다 더 편안하기 때문에 노동자의 권리는 침해된다고 볼 수 없다.[6] 로크는 재산권에 대한 철저하게 개인주의적이고 도덕주의적인 입장에서 시작해 집단적이고 공리주의적인 입장으로 끝을 맺는다. 재산권에 대한 최종적인 입

---

6    로크, 『통치에 관한 두 번째 논고』, 제5장. _옮긴이

장은 바로 재산권의 경제적 효용성economic utility이다.

로크가 우리에게 가르쳐준 것은 경제 중심의 사회 발전이 배고픈 개인에서 시작되었다는 것이다. 무역·노동의 생산성·재산권 등 모든 경제생활은 배고픈 개인이 먹고살기 위한 권리라는 자연스럽고 논쟁의 여지가없는 성격을 띠고 있다. 이 배고픈 개인 안에 인간 삶의 가장 근본적이고자연적이며 원형적인 기초가 있다. 자유주의 프로젝트가 발전하면서 재산권과 경제생활 전반을 사회의 기초로 구성한 이유를 알 수 있다. 사회생활을 규율하는 원칙은 철저하게 고독한 개인의 권리에서 비롯되어야하지만, 이 원칙은 개인과 자연의 관계를 중심으로 볼 때만 그 기초를 찾을 수 있다. 동시에 개인의 노동과 자연과의 관계는 개인의 권리와 본질적으로 구별되는 세계, 즉 가치·노동 생산성·효용이 지배하는 세계를 떠올리게 한다. 이 두 번째 관점에서 보면 재산권은 더 이상 인간의 근본적인 자연권으로 간주되지 않으며, 단순히 노동의 생산성·생산 수단·가치교환에서 비롯된 가치를 보존하는 수단일 뿐이다.

로크의 시대 이후 (사실 로크 덕분에) 재산권은 **가장** 중요한 자연권으로인정받게 되었다. 자연법사상이 쇠퇴해 더 이상 자연권으로서의 재산권이 큰 의미가 없게 되자 이 두 번째 측면에 관심이 집중되었다. 경제는 고독한 개인이 자신의 권리를 주장하는 산물이라기보다는 생산과 가치 교환의 '시스템system', 즉 '정치 경제political economy의 시스템'으로 간주되기 시작했다. 그리고 정치 경제의 결정적 개념은 개인의 절대적 권리가아니라 본질적으로 상대적인 개념, 즉 이익interest 또는 효용utility이 되었다. 로크는 자유주의가 개인의 재산권에 기반한다는 사실을 완전하게 인식하게 된 순간을 상징한다. 동시에 로크는 자연권에 기반했던 자유주의철학이 어떻게 정치 경제라는 완전히 다른 유형의 사상으로 변모했는지이해할 수 있게 하는 인물이기도 하다.

앞서 필자는 아리스토텔레스와 홉스 각자의 접근 방식의 차이점을 지적한 바 있다. 아리스토텔레스는 도시 국가에서 자연스럽게 발생했을 법한 정치적 논의를 정교하게 다듬은 후, 참여자들과의 긴 토론 끝에 결론에 도달했다. 홉스의 경우, 그 어떤 담론을 통한 추론보다 더 강력한 것, 즉 죽음에 대한 공포에 근거하기 때문에 홉스는 논쟁의 여지가 없는 결과에 도달하는 것을 목표로 한다. 여기서 로크의 접근 방식이 홉스와 마찬가지로 '절대주의적'이라는 점을 지적하는 것이 중요하다. 개인의 고유한 권리는 담론을 통한 추론이나 그 어떤 반대보다 우위에 있는데, 이는 고독하고 조용한 활동, 즉 소비를 위한 노동에 기반을 두고 있기 때문이다. 로크가 보기에 정의란 재산을 보장하는 것일 뿐이다. 정의라는 개념 자체가 소유를 전제로 하기 때문에 재산권으로서의 정의를 의심하는 것은 터무니없는 일인 것이다. 재산권에 반대하거나 재산권이 진정한 권리가 되기 위해 정치체의 동의를 요구하는 사람들은 단순히 다른 사람들의 노동의 결실을 박탈하려는 '싸움꾼과 시비꾼quarrelers and quibblers'으로 간주되어 경멸스럽게 무시되어야 한다. 그리고 로크는 세상이 그런 사람들에게 주어진 것이 아니라 '합리적이고 부지런한rational and industrious' 사람들에게만 주어진 것이라고 지적한다.

홉스는 내전이 종종 불확실성에서 비롯되고 무엇보다도 '옳은'·'합법적인'·'정의로운' 것이 무엇인지에 대한 갈등에서 비롯된다는 점에 주목했다. 절대적인 주권자는 무엇이 정의로운가를 본인이 선언한 것과 동일시함으로써 이러한 갈등을 무력화한다. 로크는 이러한 갈등을 보다 경제적인 방식으로 무력화한다. 개인의 재산이 정의의 기초이고 재산의 기원은 타인과의 관계를 필요로 하지 않기 때문에 정의는 불확실성의 대상이 될 수 없으며, 따라서 합리적 논쟁의 대상이 될 수 없다. 정의란 재산이 보장되고 보호되는 한 **이미 실현된 것**이다. 정의에 대해 생각할 수 있는 유일한 논의는 시장에서 재산의 교환 비율을 고정하는 논쟁과 동일하며, 이 논쟁은 두 당사자의 동의에 기초하기 때문에 그 결과가 항상 '정의로운' 논쟁이다. 하이에크[7]와 같은 사상가가 '사회 정의social justice'와 같은 개념이 의미가 없다고 주장하는 것이 결국 자유주의의 근원적인 영감에 충실하다는 것을 인정해야 한다.

이러한 접근 방식은 자유주의 사회에서 경제 활동이 지배적인 활동이 된 이유를 설명한다. 더 정확하게는 '시민 사회' 위에 '주권 국가'가 세워진 것이 왜 경제 활동을 해방시킨 결과를 가져왔으며, 나아가 왜 사회에서 경제 활동이 지배적 지위를 누리게 되었는가를 이해하는 데 도움이 된다. 우리는 주권 국가가 완전한 복종을 관철할 수 있는 수단과 권리를 통해 인간이 추구하는 권력과 영향력의 세속적·종교적 동기를 무력화하는 경향이 있음을 살펴보았다. 그러나 이러한 주권은 인간 행위의 외적인 틀 또는 규제에 불과하다. 그들이 절대 복종한다고 가정했을 때 시민 사회에서 그들은 과연 **어떤** 행동을 할까? 그들은 어떤 방식으로 서로 관계를 맺을까? 주권 국가가 개인의 권력 행사를 금지하는 것과 같은 사회의 압력은 사회 구성원으로 하여금 치명적인 위험을 피하기 위해 서로로부터 점차 멀어지게 할 것이다. 그들은 자신의 행동 규범에 대한 중립적인 근거,

---

7    프리드리히 하이에크(Friedrich Hayek, 1899~1992)는 오스트리아 출생의 영국 경제학자이자 정치철학자이다. 나치즘을 사회주의의 필연적인 결과로 주장하며, 자유주의적 입장에서 전체주의 및 공산주의를 모두 비판했다. 또한 통화량 증대 및 정부 지출 확대를 통한 경기 부양을 주장한 케인스(J. M. Kaynes)의 이론에 대항해 정부의 개입을 최소화하는 자유 시장 경제 체제를 옹호했다. 오늘날 신자유주의(neoliberalism)의 사상적 아버지로 불리고 있다. 주요 저서는 『노예의 길 (The Road to Serfdom)』(1944), 『법, 입법, 그리고 자유(Law, Legislation and Liberty)』(1973~1979) 등이 있으며, 1974년 노벨(Nobel) 경제학상을 수상했다. _옮긴이

즉 타인과 관계 맺지 않으면서 동시에 주권을 침해하지 않는 수준의 근거를 찾을 것이다. 주권 국가의 헌법이 제정되기 전까지는 개인 행위의 주된 대상은 상대방이었다. 헌법이 제정된 후 그 대상은 **자연**이 된다. 인간은 자연을 이해하고 통제하기 위해 인간을 외면하고 자연을 향한다. 과학은 중립적이며 그 결론은 모든 사람에게 적용된다. 과학은 원칙적으로 주권자가 차지하는 위치와 같이 특정 개인의 사사로운 이익이나 당파적 열정 위에 있다. 과학과 밀접하게 연결된 경제는 최종적으로 경제가 인간이 아닌 자연을 향하기 때문에 인간 활동의 가장 탁월한 분야가 되는 경향이 있다. 국가라는 틀 안에서 절대 주권의 발전과 시민 사회라는 틀 안에서 과학과 경제의 발전은 이처럼 동일한 동력을 가지고 있다. 필자는 로크의 철학적 관점이 정치 경제학의 '과학적' 관점을 어떻게 예견했는지 설명했다. 그러나 로크가 후자의 관점에 훨씬 못 미쳤다는 사실 또한 지적해야 한다. 로크의 세계에서는 경제생활만으로 충분하지 않으며, 경제생활의 존재를 보장하기 위한 정치적 제도가 필요하다. 바로 이 점에서 로크는 철저하게 홉스적 체계에 머물러 있다.

우리는 이미 로크의 자연 상태가 전쟁 상태는 아니라는 것을 살펴보았다. 로크는 홉스 사상의 독재주의적 또는 절대주의적 결과를 피하고 진정으로 고독한 개인에게 권리를 부여하기 위해 이 두 상태를 구별해야 했다. 그러나 여기서 즉시 어려움이 발생한다. 자연 상태가 전쟁 상태가 아니라면, 그 안에서 인간이 소유주가 되어 생산과 무역을 발전시킬 수 있다면 왜 그 상태를 떠나고자 하는가? 정치 제도는 무엇에 대응하기 위해 존재해야 하는가? 여기서 우리는 자연 상태라는 개념의 핵심적인 어려움을 발견한다. 자연 상태가 '만족'스러울수록, 또는 '행복'할수록 정치 제도가 보장하고 보호해야 할 자연권의 모습에 가까워지지만, 동시에 인간이 왜 자연 상태를 떠나 정치체를 구성하게 되었는지가 명확하지 않게 된다.

자연 상태가 지향했던 정치적 기능을 더 잘 수행할수록 정치 제도는 더 불필요해지는 것이다.

로크는 자연 상태가 본질적으로 전쟁 상태는 아니지만 자연적으로 전쟁 상태가 되는 경향이 있다고 주장함으로써 이 난제를 해결한다. 자연 상태에서는 사람들이 서로의 입장을 중재할 수 있는 공인된 심판자가 없으며 각자가 자신의 입장을 대변할 뿐이다. 따라서 모든 사람의 권리는 끊임없이 위험에 처하게 된다. 자연 상태는 결국 전쟁 상태가 되는 것이다. 이것이 로크 사상의 '홉스적 순간'이다. 나아가 자연 상태와 사회 계약에 대한 모든 사상에는 ─ 루소의 사상을 포함해 ─ 반드시 홉스적 순간이 있다. 왜냐하면 견딜 수 없는 악의 상태만이 원칙적으로 자신의 권리가 번성하는 상태를 떠나는 데 동의한 이유를 설명할 수 있기 때문이다. 그러나 이 홉스적 순간은 홉스 본인의 체계에서는 만족스럽게 해결되지 않는다. 반면 로크의 해법은 홉스의 해법에 정면으로 반하는 것으로 볼 수 있다.[8] 홉스에 대한 로크의 반론은 잘 알려져 있다. 자신의 모든 권리를 절대적인 주권자에게 양도하는 것은 전쟁 상태를 벗어나는 것을 의미하는 것이 아니라 오히려 상황을 악화시킬 뿐이라는 것이다. 모두를 보호할 주체를 만든다는 미명하에 적을 무장시키는 것이다. 여우(이웃)로부터 자신을 보호하기 위해 사자의 손아귀에 자신을 넣는 것과 다름없다. 그렇다면 우리는 무엇을 해야 하는가?

자연 상태에서는 각자가 자연법의 위반에 대한 유일한 판단자이다. 이

---

8    필자는 철저하게 논증의 논리만을 염두에 두고 있다. 로크는 그의 작품에서 절대주의적인 적을 비판하지만, 결코 그 사람이 홉스라는 말을 하지 않는다. 홉스의 이름을 언급하는 것은 두 사람의 사상을 비교하도록 유도하는 것이다. 그러나 당대의 정치적 이유로 인해 로크는 홉스와의 차이점이나 공통점에 대해 세간의 이목을 끌고 싶지 않았다.

상태를 벗어나기 위해서는 자연법의 위반에 대한 공통된 정의가 합의되어야 하며, 이를 정의하는 법에 대한 합의가 있어야 하는 것처럼, **내 것과 네 것**이 무엇인지 명확하게 명시하는 법이 있어야 한다. 법이 효력을 발휘하려면 모든 사람에게 동등하게 적용되어야 하며, 누구도 예외가 되어서는 안 된다. '주권자'조차 예외가 될 수 없다. 법이 억압적이지 않으려면 각 개인이 직접 또는 대표자를 통해 법의 제정과 공포에 기여할 수 있어야 한다. 자연 상태에서 벗어나 시민 사회로 진입하는 것은 본질적으로 **입법 의회**legislative assembly를 구성하는 것이다.[9]

정치 제도의 목적은 자연 상태의 불가피한 혼란으로 인해 위험에 처한 재산을 보존하는 것이다. 이 상태를 벗어나기 위해서는 복종을 요구할 권리가 있는 '최고 권력'을 확립해야 하며, 동시에 이 권력이 구성원들의 재산과 자유를 고의로 박탈할 수 없도록 그 자체가 제정하는 법률의 적용을 받아야 한다. 대의적이고 주권적인 입법 기관만이 이 두 가지 조건을 충족할 수 있으며, 이 기관조차 일정한 제약하에 작동해야 한다. 예를 들어, 입법 기관은 지속적으로 구성되지 않아야 하는데, 그 이유는 입법 기관 자체의 이익이 공동의 이익과 분리될 위험이 있기 때문이다. 그러나 입법 기관이 지속되어서는 안 되더라도 법률은 지속적으로 적용되어야 한다. 따라서 첫 번째 권력에 종속된 또 다른 권력, 즉 **집행권**executive power이 필요하다. 통치 행위의 모든 상황을 예측하거나 법률로 포괄할 수 없기 때문에, 집행권은 우발적인 상황에 대처하고 공익이 요구하는 바에 따라 법 자체를 조정할 수 있는 권한을 가져야 하며 일종의 **특권**prerogative이

---

9    로크에게 있어 '시민 사회'란 정치 제도로 '규율된' 사회(political society)와 일치하며, '자연 상태'와 대립되는 개념이다. 즉, 오늘날 우리가 이해하는 중앙 집권적 국가(state)와 대립되는 개념이 아니다. 입법 의회에 관해서는 로크, 『통치에 관한 두 번째 논고』, 제7장을 참조.

부여되어야 한다. 그러나 집행권은 기본적으로 법률을 집행하고 활동 영역은 정치체 내부를 대상으로 한다. 따라서 대외 관계, 평화와 전쟁을 담당하는 경우 법률로 규제할 수 없는 제3의 권력이 필요한데 로크는 이 권력을 **연방권**federative power이라고 부르며 편의상 집행부가 이 권력을 행사한다고 덧붙였다.[10]

이와 같은 요약은 일견 명료하다는 인상을 주지만, 로크의 권력 이론은 사실 이해하기 쉽지 않다. 그러나 근대 민주주의의 작동은 결국 입법권과 집행권 사이의 관계와 그 명확성에 의해 결정되기 때문에 이해하려는 노력을 기울여야 한다. 우리는 이러한 두 권력의 관계를 훗날 명명할 '권력 분립separation of powers'이라는 개념에 입각해 이해하려는 유혹을 받기도 한다. 그러나 실제로 로크의 이론을 권력 분립의 범주에 넣기는 어려움이 있다. 로크가 권력 분립의 개념을 정교화하는 데 크게 기여했지만, 로크는 그 어려움을 우리에게 매우 적나라하게 보여준다고 말할 수 있다. 로크에 따르면 재산의 보호라는 임무를 수행하는 모든 정치체에는 그 어떤 정치적 의지, 그 어떤 구성 권력도 반대할 권리가 없는 **하나**의 '최고' 권력이 있다. 바로 입법권이다. 따라서 입법권은 홉스의 리바이어던처럼 '절대적'이다. 집행권은 입법권으로부터 **파생**되고 본질적으로 입법권에 **종속**되어 있다. 이 두 권력 사이에는 정치적 입지와 도덕적 일관성이라는 측면에서 상당한 차이가 있다. 집행부에 '특권'이 있는 것은 사실이지만, 이 특권은 집행부의 내재적 존엄성보다는 사회적·정치적 생활의 영위를 위한 필요성에 기인한다. 로크는 집행부의 실질적인 무게와 중요성은 인정하지만, 법적인 존엄성은 인정하지 않는다. 원칙과 사실 사이의 이러한 불일치는 집행부를 바라보는 로크의 난제를 드러내는데, 이는

---

10  로크, 앞의 책, 제11~14장.

동시에 근대 집행부의 난제이기도 하다. 한마디로 말해 집행부의 의미와 정당성은 불확실한데, 근대의 정치적 정당성은 대표성에 기반을 두고 있고 민의를 대표하는 자연스러운 장소는 집행부가 아닌 입법부이기 때문이다. 그렇다면 근대의 집행부란 과연 무엇인가?

먼저 입법권과 달리 집행권은 정치사상사에서 근본적으로 새로운 개념이라는 점을 주목해야 한다.[11] 예를 들어 권력의 '분리' 또는 '분배'에 대한 윤곽을 찾을 수 있을 것이라는 인상을 주는 아리스토텔레스의 『정치학』 제4권을 살펴보자. 아리스토텔레스는 국가의 통치권을 심의권·집행권·재판권으로 구분해 입법부·집행부·사법부와 유사한 무언가로 구분하고 있다. 그러나 아리스토텔레스의 '집행자'는 복수의 권력인 반면, 근대의 집행부는 본질적으로 분할할 수 없는 단일한 권력이라는 점은 놀라운 사실이다. 그리스·로마인들은 **여럿**의 정무관magistrate이 통치했던 반면, 우리는 **하나**의 정부가 통치한다. 근대 집행부의 신비는 바로 단일성의 신비인 것이다.

이 수수께끼가 눈에 잘 띄지 않는다면 그 이유는 간단하다. 바로 역사때문이다. 근대 집행부는 군주제의 권력을 승계한 것으로 간주된다. 집행부와 입법부의 관계에 대한 로크와 몽테스키외의 고전적 해석은 영국 국왕과 하원 사이의 갈등을 관찰한 데서 비롯된 것으로 보인다. 그렇다면 왜 모든 근대 민주 공화국이 '군주제' 형태의 집행부를 유지하거나 심지어 창설했을까? 특히 군주제를 승계하지 않은 미국은 왜 헌법에 반대하는 사람들에게 위험할 정도로 '제왕적'인 것으로 인식되었던 집행부[12]를

---

11  이 주제에 관한 뛰어난 분석은 다음을 참고. Harvey C. Mansfield, Jr., *Taming the Prince: The Ambivalence of Modern Executive Power* (New York, 1989).

12  미국의 헌법 제정자들은 '활기찬' 집행부라고 평가한 바 있다.

의도적으로 창설했을까?[13]

로크가 이 두 권력의 기원과 기능을 어떻게 정의했는지 생각해보자. 입법권과 집행권 모두 자연 상태에 그 근원을 가지며 자연 상태에서 살아가는 모든 개인이 가진 일종의 권리이다. 입법권은 각 개인이 자신과 타인의 보존을 위해 최선이라고 생각하는 일을 할 수 있는 권리로서, 법의 지배를 받기 위해 '시민 사회'에 들어올 때 부분적으로partially 포기해야 하는 권리이다. 집행권은 자연 상태에서 각 개인이 자연법에 대한 위반을 처벌할 수 있는 권리이다. 개인이 시민 사회에 진입하면 이 권리는 전적으로wholly 사회에 양도해야 한다. 자연 상태에서 개인이 범법자를 처벌하기 위해 사용할 수 있었던 힘은 더 이상 입법권의 지시에 따르지 않고는 사용할 수 없게 된다.[14] 사회의 집행력은 개인의 집행력을 결합해 만들어지는 것이다.

따라서 '정치적' 입법권은 '자연적' 입법권의 직접적인 확장이며, 이 두 측면은 법에 의해 제한되는 동일한 권력이 된다. 개인은 단순히 자신의 생명을 보존하는 데 최선으로 간주되는 일을 하는 대신, 이제 자신의 대표자를 통해 공식화하고, 자신이 공포하는 데 기여한 법에 의해 정해진 한계 내에서 최선으로 간주되는 일을 한다. 입법권은 이처럼 자기 보존을 위한 개인의 욕구의 직접적인 연장선이다. 나아가 입법권은 정치 제도의

---

13 미국은 유럽과 달리 정치 제도를 선대로부터 물려받지 않고 처음부터 의도적으로 구성했기 때문에, 미국인들은 국가의 정점에 있는 집행부의 '제왕적' 특징에 유럽인들보다 훨씬 더 민감했다.

14 로크는 사회에 '전적으로' 양도된 이 자연적 집행권이 사회에서도 개인에 의해 보존된다고 명시한다. 예를 들어 도둑의 공격을 받은 경우와 같이 판사나 법률에 호소할 수 없는 상황이 발생했을 때, 개인은 도둑의 생명을 빼앗는 것을 포함해 스스로를 방어하기 위한 그 어떤 행동도 할 수 있다. 로크, 『통치에 관한 두 번째 논고』, 제3장, 제19절 참고.

근원인 재산을 보존하려는 욕구를 직접적으로 표현하기 때문에 주권적이자 '최상위적' 지위를 가진다.

집행권은 전혀 다른 문제다. 입법권과 마찬가지로 자연 상태에 존재하지만, 입법권과 달리 원칙적으로 개인이 완전히 포기하고 정치체에 양도한 것이다. 입법권과 달리 개인의 보존에 대한 욕구를 직접적으로 표현하지 않기 때문에 개인의 권리를 해치지 않고 완전히 포기할 수 있다(또한 집행권의 존엄성은 전적으로 입법 기관에 종속된다는 점 또한 주지의 사실이다). 그러나 이와 같은 완전한 포기는 사실상 불가능하다. 법이 완전하게 효력을 발휘할 수 없는 한, 개인[15]과 사회[16]는 자연적 집행권을 보유한다. 정치적 입법권은 자연적 입법권에 대표성을 부여함으로써 그 외연을 확장하는 반면, 대표될 수 없는 자연적 집행권은 결국 포기하거나 상황에 따라서 각 개인이 그대로 보유할 수밖에 없다. 즉, 정치적 집행권은 자연이 대표제로 환원될 수 없음을 드러낸다. 이 관점에서 보면 로크의 사상에서 자연 상태와 국가 사이의 일정한 동일성을 엿볼 수 있다. 그러나 동시에 그것은 정치체의 보존이 정치체 구성원의 보존으로 환원될 수 없음을 시사한다. 로크의 진정한 의도는 입법부의 우위를 확립하는 것이었는데, 로크의 집행권 이론은 본래의 의도와 달리 인간의 자연적 조건과 정치적 조건의 차이를 더욱 부각시키는 결과를 낳게 된다. 법은 자신의 삶을 보존하려는 자연인의 욕구를 표현하고 대변하지만, 정치적 집행권은 법의 불충분함을 보여줌으로써 자연 상태와 시민 사회[17] 사이의 파열을 나타낸다. 입법권 이상으로 집행권은 인간의 정치적 상태의 본질을 구현한다.

---

15  각주 14 참고. _옮긴이
16  사회는 특권(prerogative)을 통해 집행 권한을 유지한다.
17  여전히 로크의 정의를 따라 자연 상태와 대립되는 개념, 즉 국가를 의미한다. _옮긴이

이처럼 로크는 입법부과 집행부 간의 모호한 관계를 무의식적으로 증언한다. 시민 사회에서 개인의 의사를 보다 직접적으로 표현하는 입법부는 마땅히 최고의 권력이다. 대표제라는 개념에 기초한 우리의 정치 제도는 당연히 최고 권력을 입법부에 귀속시킨다. 동시에 국가와 시민 사회, 또는 인간의 정치적 조건과 '자연적' 조건 사이의 차이를 '구현'하는 집행부는 그 법적인 열등성에서 사실상의 행동 원칙을 찾는다. 즉, 자연적 상태의 개인을 대표하지 않지만, 정치적 상태의 개인을 대표한다고 주장할 수 있을 것이다. 예를 들어, 집행부의 입장에서는 입법부가 '사회의 이익'을 대변하는 반면, 자신은 '국가의 위대함'을 대변한다고 말할 수 있을 것이다.

따라서 활기찬 집행부가 본질적으로 군주제의 유산이 아니라 대표제와 인간의 정치적 조건 사이의 변증법에서 자연스럽게 탄생했다는 사실을 알 수 있다. 그것은 사회와의 관계에서 정치권력의 '초월성transcendence'을 구현하며, 우리는 이를 위해 통합이라는 요소가 왜 필수적인지를 이해할 수 있다. 입법부는 대표제적 성격으로 인해 다수의 의지를 입법부의 의지로 간주하는 관습에도 불구하고 구성원의 정치적 통합을 구체화하는 데는 충분하지 않다. 대표제는 다양한 이해관계와 의견을 충실히 반영하는 것이 본래의 취지이기 때문이다. 물론 입법 논의 과정에서 사회의 다양성이 표출되기는 하지만, 그 다양성이 공동의 이익을 반영하는 몇 가지 큰 경향으로 구체화될 수 있다는 이의를 제기할 수도 있다. 이에 따른다면 다수의 결정은 관습에 의한 것이 아니라 진정으로 모두에 의한 결정이 될 수 있을 것이다. 입법부가 종종 중요한 심의의 장이 되어왔으며, 따라서 사회의 정치적 통합을 일정 정도 구현할 여지가 있는 것은 사실이다. 그러나 근대의 입법부는 자신의 심의 범위가 심각하게 제한되는 결과로 이어지지 않도록 늘 주의해야 한다. 아테네의 의회나 로마의 원로원과는 달리 근대 입법부의 심의는 법률로만 이어질 수 있고 행동action으로 이어지지 않는다. 법안의 의결은 아무리 행동에 근접할지라도 결정적으로 행동에 미치지 못한다. 근대 입법부의 역할은 법률의 제정에만 국한되고 행동은 집행부에 맡기기 때문에 심의는 근본적으로 불완전하다. 심의와 행동 사이의 즉각적인 연계는 정치적 행동, 더 일반적으로는 모든 인간 행동의 필수 조건이다. 그리고 심의와 행동의 통합은 입법부에 있을 수 없기 때문에 집행부에서 나올 것이다. 사람은 자신이 결정해야 할 것에 대해서만 진정으로 심의할 수 있고, 자신이 심의한 것에 대해서만 현명하게 결정할 수 있기 때문이다.

이처럼 집행부와 관련된 문제를 다룬 것은 로크를 겨냥하기 위한 것이 아니다. 필자는 로크가 처음 공식화한 정치적 대표제라는 개념이 일견 명료하게 보임에도 불구하고 얼마나 불확실하고 심지어 혼란스러웠는지를 보여주고 싶었을 뿐이다. 나아가 필자는 정치가 대표제로 환원될 수 없으며, 로크의 바람과는 달리 그의 사상에 의해 결과적으로 승인된 근대 집행부의 해방은 이러한 환원 불가능성을 증명한다고 말하고 싶었다. 아울러 정치적 자유주의는 역사적으로 대표제라는 개념에 기반을 두고 있기 때문에, 자유주의적 정치를 정의하려는 모든 시도에서 우리는 정치와 대표제 사이의 긴장을 필연적으로 목격하게 된다.

# 제5장
## 몽테스키외와 권력 분립

홉스와 로크에서 몽테스키외로 넘어가면서 우리는 다른 세상을 맞이한다. 몽테스키외의 정치적 의도는 본질적으로 홉스나 로크의 의도와 동일하지만, 이를 실현하기 위해 선택한 수단과 이를 설명하는 언어는 근본적으로 다르다.

먼저 정치적 의도는 동일하다. 정치 제도의 목적은 개인 및 재산의 **안전**을 보장하는 것이다. 보장이 더 확실할수록 제도가 더 우수하다고 본다. 그러나 개인의 자기 보존에 대한 필요성은 엄밀히 말해 더 이상 정치적 정당성, 즉 절대적이고 논쟁의 여지가 없는 정당성의 토대가 아니다. 홉스와 로크가 개인 또는 주권자라는 절대적 권리의 언어를 사용했다면, 몽테스키외는 이러한 언어를 버리고 고대 그리스·로마 정치의 유연성을 새로운 토대 위에 다시 세웠다. 예를 들어, 로크는 절대 군주제를 나쁘고 정당하지 않은 정치체일 뿐만 아니라, 아예 정치체 자체가 아니라고 생각했다. 절대 군주제는 인간을 원래의 자연 상태보다 더 나쁜 상태로 만들었기 때문이다. 반면 몽테스키외는 프랑스 군주제의 약점과 강점을 냉정하게 고려했다. 프랑스 군주제를 정당화한 원칙은 근본적으로 비자유주의적이지만, 그 효과적인 기능으로 인해 용인할 만한 자유를 보장했다. 요컨대, 몽테스키외의 자유주의는 로크의 자유주의처럼 공격적이지 않고, 원칙뿐만 아니라 분위기나 어조에서도 자유주의적이다. 몽테스키외가 로크의 '절대주의적' 언어를 버릴 수 있었던 것은 자연 상태나 주권 개념이 아닌 다른 기반에서 자유를 발견할 수 있었기 때문이다.

주권 사상doctrine of sovereignty은 초기 근대 정치사상의 구원이자 폐해였다. 주권 개념은 정치적이든 종교적이든 인간을 전쟁으로 이끄는 모든 이해관계와 정념보다 근본적으로 우월한 중립적인 권력 개념을 가능하게 함으로써 인간을 구원했다. 주권은 원칙적으로 종교의 힘에 영향을 받지 않는 인간 세계를 구성하는 역할을 했다. 문제는 평화를 강요할 수 있는 권력을 구축함으로써 동시에 피지배자들을 대상으로 전쟁을 일으킬 수 있는 권력을 키웠다는 점이다. 물론 로크는 구성원들의 자기 보존 욕구를 대변하는 입법 의회에 절대 주권을 두어 그것이 구성원들에게 등을 돌리는 것을 불가능하게 만들려고 시도했다. 하지만 이 의회가 자신의 임무를 배반하고 억압적으로 변한다면 어떻게 되는가? 로크에 따르면 유일한 방법은 하늘에 호소하는 것, 즉 저항rebel하는 것이다. 모든 정당성의 궁극적인 원천은 국민이기 때문에 이 방법은 항상 열려 있다.[1] 몽테스키외는 절대 주권이라는 위험한 수단과 반란이라는 험난한 해결책 없이도 자유주의적 계획이 무정부 상태를 초래할 위험 없이 어떻게 가능한지 보여줄 것이다.

홉스와 달리 로크는 입법권과 집행권을 **구분**하지만, 몽테스키외에 필적할 만한 권력 **분립**론doctrine of the separation of powers을 구축하지는 못했다. 오히려 로크는 집행권이 본질적으로 입법권에 종속된다고 주장한다. 그 이유는 무엇일까? 로크가 『통치에 관한 두 번째 논고』를 집필할 당시와 같이 (물론 『통치에 관한 두 번째 논고』가 출판된 이후는 그렇지 않지만) 주

---

1    로크, 『통치에 관한 두 번째 논고』, 제19장 참고.

권이 국왕에게 있는 한, 두 권력 사이의 비슷한 수준의 권력 분배는 상상할 수 없기 때문이다. 국왕이 주권자라면 반드시 두 권력을 모두 소유해야 하며, 적어도 집행권을 소유하고 있다면 입법에도 직접적인 지분을 가져야 한다. 따라서 자유주의적 계획은 왕의 주권 개념을 반박해야 했다. 그러나 절대 주권에 반대할 수 있는 것은 또 다른 절대 주권뿐이며, 이것이 곧 국왕의 주권에 반하는 국민의 주권sovereignty of the people이다. 국민의 주권 역시 절대적인 것으로서 사실 원칙적으로 국왕의 주권보다 권력 분립에 더 적합한 것은 아니다. 그러나 주권자인 국민이 직접 통치할 수 없고, 국민의 대표로 구성된 의회도 통치에 적합하지 않기 때문에 국민의 주권에 기반한 정권은 실질적으로 주권자 이외의 다른 권력이 필요하다. 적어도 로크의 동시대 영국 사람들은 그렇게 생각했다. 로크의 국민 주권론은 1688~1689년의 명예혁명 당시 대표제와 개혁된 입헌 군주제 간의 타협을 통해 실질적으로 표현되었다. 이 타협이 성립되고 무난하게 잘 작동하기 시작하자, 영국 정치는 거의 동등한 두 권력의 상호 작용에 의존하는 것으로 묘사할 수 있게 되었고, 타협을 가능하게 했던 절대 주권 및 정당성의 문제는 휴면 상태로 남았다.

몽테스키외의 사상은 인간의 원초적 상태나 정치적 정당성의 근거에 기초한 것이 아니다. 그것은 정치적 경험, 특히 몽테스키외가 멀리서 바라본 영국의 경험에 대한 해석에 기반한다. 권력 분립론은 몽테스키외에서 고전적인 표현을 찾을 수 있는데, 그것은 권력 분립론을 성립 가능하게 한 정당성의 원칙principle of legitimacy을 망각한 덕분이다. 몽테스키외의 '망각'은 이미 타협을 이룬 영국의 정치인들과 철학자들의 '망각'을 재현했을 뿐인데, 이는 권력 분립을 성립 가능하게 한 정당성의 원칙, 즉 국민 주권의 원칙이 미래에는 오히려 권력 분립론과 대립 관계에 놓일 수도 있다는 것을 의미했다. 이 두 사상 사이에 근본적인 유대 관계는 없다. 영국 왕정 체제하에서 자유주의의 조건인 민주적 정당성이 전혀 다른 상황에서는 오히려 그들의 적이 될 수도 있는 것이다. 따라서 몽테스키외의 사상은 국왕의 능동적 주권(명예혁명으로 종결)과 국민의 능동적 주권(프랑스 혁명으로 시작) 사이에서 정당성의 문제가 순간적으로 잊힐 수 있었던 자유주의의 다시 오지 않을 절묘한 순간을 대표한다.

몽테스키외는 정치적 문제의 핵심을 **권력**과 **자유** 사이의 갈등에서 찾음으로써 오늘날 우리가 자유주의를 정의하는 결정적인 언어를 확정한다. 그렇게 함으로써 그는 로크의 관점을 뒤집어 로크의 의도를 보다 효과적으로 수행한다. 몽테스키외는 자유의 기초가 되는 권리에서 출발하는 대신 자유를 위협하는 권력에서 출발하고, 권력의 기원에 대해 고민하는 대신 그 최종 효과에 대해 고민한다. 몽테스키외는 권력을 하나의 **사물**, 정확히는 그 기원과 종말인 인간 자신으로부터 분리될 수 있는 사물로 본 최초의 저자일 것이다. 그는 근대인이 '권력'이라는 단일 개념 아래서 인간이 서로에게 영향을 미치는 과정의 끝으로 우리를 안내한다. 반면 로마인들은 적어도 세 가지 형태로 정치권력을 구분했다. 아욱토리타스·포테스타스·임페리움이 그것이다.[2] 홉스는 나중에 인간의 모든 열정과 동기를 권력에 대한 욕망으로 축소해 문제를 단순화했다. "무엇보다도

---

2   아욱토리타스(auctoritas)란 현대 영어 authority의 어원으로서 고대 로마 사회에서 사람의 사회적 지위 및 영향력 등 종합적인 권위의 수준을 나타낸다. 정치 외적인 영역에서도 적용 가능하며, 당대 여성에게도 찾을 수 있는 개념으로 세 가지 권력 가운데 가장 연성적인 형태의 권력이다. 포테스타스(potestas)란 로마의 정무관이 가진 권력으로서 율령을 반포하고 필요시 강제력을 행사할 수 있는 공적인 권력이다. 임페리움(imperium)은 포테스타스의 가장 높은 단계로서 군 또는 도시 단위의 최고 권력을 지칭한다. 로마 왕정 시대에는 국왕의 소유였고, 공화정 시대에는 엘리트 정무관(집정관·독재관·법무관)들이 차지했으며, 마지막 제정 시대에는 황제가 단독으로 가지게 된 권력이다. _옮긴이

사람의 지능 간 차이를 일으키는 정념은 주로 권력·재물·지식·명예를 향한 욕망이다. 이 모든 것은 첫 번째, 즉 권력에 대한 욕망desire for power으로 환원될 수 있다. 재물·지식·명예는 권력의 여러 종류에 불과하다."[3] "따라서 나는 모든 인류의 일반적인 성향, 즉 권력에 대한 끊임없고 불안한 욕망, 오직 죽음으로만 끝나는 이 욕망을 첫째로 삼았다."[4]

몽테스키외가 홉스의 가르침을 수정한 내용은 다음과 같은 구절에 담겨 있다. "인류가 서로를 정복하려는 욕망에 기인한다고 보는 홉스의 관점은 합당하지 못하다. 정복과 지배라는 개념은 매우 복잡하고 수많은 다른 개념에 의존하기 때문에, 인류가 잉태한 최초의 개념이 될 수 없다."[5] 나아가 몽테스키외는 다음과 같이 말한다. "인류의 영속적인 경험에 따르면 **권력을 가진** 자는 이를 남용하기 마련이다."[6] 그렇다면 권력에 대한 욕망은 본질적으로 인간의 본성에 새겨진 것이 아니다. 권력욕은 자체적으로 발생하지 않으며, 개인이 이미 특정 권력을 부여받은 사회·정치 제도에 속해 있을 때만 과도하고 위험한 형태로 나타난다. 즉, 권력에 대한 욕망은 제도를 통해 태어나는 것이다. 따라서 적절한 제도적 조정을 통해 우리는 권력의 남용을 피할 수 있을 것이다. 그것이 어떻게 가능할까? 몽테스키외의 대답은 잘 알려져 있다. "권력의 남용을 방지하기 위해서는 **만물**의 본질상 권력이 권력을 견제해야 한다."[7] 인간의 본성은 충분히 유연하고 변형 가능해서 인간의 행위는 자신이 살고 있는 제도에 의해 대부분 결정될 수 있다. 그렇다면 홉스가 믿었던 것처럼 죽음의 공포를 통해

---

3    홉스, 『리바이어던』, 제8장.
4    홉스, 앞의 책, 제13장.
5    몽테스키외, 『법의 정신』, 제1권, 제2장.
6    몽테스키외, 앞의 책, 제11권, 제4장(강조는 필자).
7    몽테스키외, 앞의 책(강조는 필자).

근본적으로 반항적인 인간의 의지를 제압할 절대 권력이 필요가 없다. 분열을 무력화하고자 하는 절대 권력조차 한 권력이 다른 권력에 대항하는 방식으로 현명하게 분립하면 그 자체가 무력화될 수 있는 것이다.

홉스는 인간을 근본적으로 연대와 협력에 저항하는 존재로 보았기 때문에 자유주의자가 아니었다. 루소 역시 절대주의에 대한 증오에도 불구하고 자유주의 체제에서도 인간 본성과 사회생활 사이의 근본적인 양립 불가능성을 보았기 때문에 더 이상 자유주의자가 아니다. 종종 홉스를 회상하고 루소를 언급하는 것처럼 보이지만, 몽테스키외는 영국의 사례를 통해 권력과 자유 간의 현명한 조정, 즉 '권력의 분배distribution of powers'를 통해 인간의 욕망과 정치체의 요구 사항을 조화롭게 만들 수 있다고 확신했다.[8] 권력의 분배에 대한 설명은 "영국 헌법의 정신"이라는 제목으로 『법의 정신De l'esprit des lois』(1748) 제11권, 제6장에 나와 있다. 이하에서 간단히 살펴보도록 하자.[9]

여기서 주지해야 할 점은 몽테스키외가 입법권와 집행권이라는 **두 가지 권력**만을 실질적으로 고려하고 있다는 사실이다. 물론 그는 이 두 권력에 사법권을 추가해 일반적으로 권력을 세 가지로 구분한다. 그러나 사법권은 앞의 두 권력이 혼란스러운 체제에서만 진정한 정치적 중요성을 갖는다. "유럽의 대부분의 왕국은 첫 두 가지 권력을 가진 국왕이 세 번째 권력을 신하에게 맡기기 때문에 온건한 정부를 누리고 있다. 이 세 가지 권력이 술탄이라는 단 한 사람에게 집중되어 있는 튀르키예에서는 신민들이 가장 무서운 억압 아래 신음하고 있다." 몽테스키외가 본 영국에서

---

8    엄밀히 말해 몽테스키외는 『법의 정신』에서 권력의 분배(distribution)라는 표현을 쓸 뿐, 분립(séparation)이라는 표현은 쓰지 않는다. _옮긴이
9    이하 문단의 모든 인용은 몽테스키외, 앞의 책, 제11권, 제6장을 참조한 것이다. _옮긴이

는 사법권이 별개의 권력으로 존재하지 않고 "국민의 일부가 차출"[10]되어
이를 행사한다. 또한 그는 다음과 같이 말한다. "이런 제도를 통해 인류
에게 그토록 끔찍하게 여겨졌던 재판할 권리는 특정한 상황이나 직업에
귀속되지 않고, 사실상 보이지 않거나 존재하지 않게 된다. 그러면 사람
들은 재판관을 지속적으로 의식하지 않게 되며, 재판소는 두려워하되 개
인으로서의 재판관은 두려워하지 않는다"라고 말한다. 몽테스키외는 이
점을 매우 중요하게 생각해 두 페이지 뒤에 다시 한 번 이를 반복한다.
"위에서 언급한 세 가지 권력 중 재판권은 어떤 면에서는 거의 아무것도
아니다. 따라서 두 가지 권력만 남아 있다."

몽테스키외는 이 두 권력 간의 관계를 어떻게 생각했을까? 그는 먼저
집행권이 입법권에 종속되었다고 본 로크의 사상으로 돌아가 입법권은
'국가의 일반 의지'를, 집행권은 '그 일반 의지의 집행'을 의미한다고 보았
다. 입법권의 중요성에 관해서는 영국 철학을 반영하기도 한다. "자유로
운 나라에서 자유의 주체인 모든 개인이 스스로의 통치자가 되어야 하듯
이, 입법권은 국민 전체에 있어야 한다. 그러나 이것은 영토가 큰 국가에
서는 불가능하고 작은 국가에서조차 많은 불편을 겪을 수 있으므로 국민
이 일일이 스스로 행할 수 없는 것을 국민의 대표자가 대신 행하는 것이
적합하다."

이러한 표면적인 유사성에도 불구하고 강조점은 로크의 입장과 매우
다르다. 로크는 국민과 대표자 간의 연속성에 강조점을 두었으며 국민이
부여한 신뢰trust에 대표자가 충실해야 함을 주장했다. 반면 몽테스키외
는 이에 모순되지는 않지만 대표자와 국민을 **구별**하는 것이 무엇인지에
대해 보다 더 집중한다. 유권자에 대한 대표자의 충실함은 그들이 불충실

---

10  배심원 제도를 뜻한다.

할 경우를 상정하는 경우에만 가치가 있으며, 따라서 대표제의 주된 장점은 마치 국민이 '능동적인 결의'를 하지 못하도록 하는 것, 즉 이 '전적으로 불가능한 일'을 못 하도록 막는 것이라는 느낌을 갖게 된다. 몽테스키외가 보기에 국민은 대표자를 잘 선택할 수는 있지만 심의는 잘 못한다. 따라서 심의는 대표자에게 맡겨야 한다. 로크에서 몽테스키외에 이르기까지 주된 관심이 권력의 기원으로부터 권력의 행사 또는 기능으로 변하는 과정을 볼 수 있다.

집행권에 관해서는 여러 사람이 관리하는 것보다 한 사람이 관리하는 것이 기술적으로 더 용이하기 때문에 '군주의 손에 있어야 한다'고 주장한다. 그러나 군주의 정당성, 즉 권력의 근원에 대한 원칙은 논의되지 않는다. 몽테스키외의 관심은 다른 곳에 있기 때문이다. 가장 중요한 관심사는 당연히 두 권력 간의 관계이다. 여기서도 몽테스키외의 강조점은 로크의 강조점과 상반된다. 몽테스키외에게 있어 자유에 대한 위협은 집행권이 아닌 입법권에서 비롯된다. "집행부가 입법부의 침해를 제약할 권리를 갖지 않는다면, 입법부는 전제적despotic으로 변할 것이다. 왜냐하면 입법부는 원하는 권력을 스스로 만들 수 있기 때문에 곧 다른 모든 권력을 파괴할 것이기 때문이다. 반면 입법부가 집행부를 견제할 권리를 갖는 것은 적절하지 않다. 집행에는 자연적인 한계가 있기 때문에 그것을 제한하는 것은 쓸모가 없으며, 게다가 집행권은 항상 특정 사안에 대해 일시적으로 행사되기 마련이다." 물론 입법부는 법이 어떻게 집행되었는지를 조사할 수 있어야 하지만, 법을 집행하는 사람의 행위를 판단할 수는 없다. 법을 집행하는 사람은 '신성불가침'하기 때문이다. 마지막으로, 입법에 관한 한 군주는 판결을 내리지는 않더라도 적어도 판결을 '방지'할 수 있는 선택권이 있어야한다.

몽테스키외는 대표제에 기초한 체제에서 입법부는 대의적 정당성의 소유자로서 가장 자연스럽게 권력을 남용하려는 유혹을 받는다는 점을 분명히 인식했으며, 따라서 입법부를 견제할 집행부에 충분한 일관성을 보장하기 위해 예방 조치를 취해야 한다고 보았다. 모든 헌법 조항의 최종 목적은 두 권력의 힘을 거의 동일하게 만드는 것이다. 대표제의 정당성 원칙에 따라 집행부가 입법부에 엄격하게 종속되어야 한다고 몽테스키외 본인이 앞서 언급했음에도 불구하고 말이다.

그렇다면 이 두 동등한 권력이 서로를 마비시키지 않을까 하는 의문이 들 수 있다. 홉스는 두 개의 동등한 권력을 서로 반대편에 두는 것이 영구적인 전쟁을 보장하는 가장 확실한 방법이라 했을 것이다. 한쪽이 다른 쪽에 복종하지 않으면 두 권력의 갈등은 필연적으로 체제의 파멸을 가져올 것이기 때문이다. 몽테스키외는 그렇지 않다고 판단한다. "이 세 권력(상원을 포함)이 일견 휴면 또는 비활성 상태에 머무를 것이라고 볼 수 있다. 그러나 인간사가 필연적으로 움직이기 때문에 이 세 권력은 함께 움직일 수밖에 없으며 그 과정에서 조화를 이룰 수밖에 없다."

절대주의자들의 전형적인 반론은 누군가는 최후의 결정을 내려야 하며, 그 결정을 내리는 사람은 반드시 절대적인 주권을 누려야 한다는 것이다. 몽테스키외는 누군가가 결정을 내려야 한다는 데는 동의하지만, 반드시 **한** 권력이 내려야 한다는 것은 부정한다. **하나의** 결정은 **두** 권력이 합의해 내릴 수 있으며, 결정이 반드시 이루어져야 하기 때문에 두 권력의 개별적 의도와는 무관하게 결국 합의에 도달할 것이다. 이러한 체제의 진정한 주권자는 입법부도 집행부도 아닌 필요성이다. 사실 대부분의 결정은 두 권력 중 어느 측도 원하지 않았을 것이다. 심지어 몽테스키외는 '하원, 상원 그리고 국왕의 의지에 반해 통과된' '기적적인 법안'에 대해 이야기하기도 한다.

결정을 내려야 하기 때문에 두 권력이 합의할 수밖에 없는 상황이라면,

시민들에게 해가 되는 합의에 이를 가능성은 없는가? 시민들을 억압하고 전리품을 나누기 위한 합의에 이르지는 않을까? 몽테스키외가 제안하는 것은 두 권력 사이의 타협이 필연적으로 – 적어도 대부분의 경우 – 시민의 자유를 증진하는 방향으로 이루어진다는 것이다. 이 바람직한 결과에 대한 설명은 앞서 살펴본 『법의 정신』 제11권만큼이나 중요하지만 해설자들이 자주 간과하는 제19권에서 찾을 수 있다. 제11권 제6장이 권력 분립의 정태적 측면을 설명하는 반면, 제19권 제27장은 그 동태적 관계를 드러낸다. 이 장에서는 자유로운 정치 체제의 기능을 이해하기 위한 기본 개념인 **당파**party 개념을 소개한다.

그 나라〔영국〕에는 입법권과 집행권이라는 명확한 두 권력이 있고 모든 시민이 자신의 의지를 가지고 있으며 원하는 대로 자신의 독립성을 표현할 수 있기 때문에 대부분의 사람들은 이 두 권력 중 어느 하나에 더 큰 애정을 가지게 될 것이다. 대부분의 사람들은 일반적으로 둘 다에 동등한 애정을 보일 만큼 공정하지도 않고 균형 감각도 없기 때문이다.

집행권은 모든 관직을 좌우하기 때문에 큰 희망을 선사하면서 두려움은 전혀 야기하지 않을 수 있으므로, 그로부터 무엇이든 얻어낼 수 있는 사람들은 집행권을 지지할 것이다. 반면 딱히 얻어낼 것이 없는 사람들은 집행권을 공격할 것이다.

그곳에서는 모든 정념이 자유롭기 때문에 증오, 선망, 질투, 재물과 명예에 대한 야심 찬 욕망이 여과 없이 드러날 것이다. 만약 그렇지 않다면 영국은 더이상 힘없이 정념마저 사라진 병약한 환자의 상태와 같을 것이다.

**두 당파** 사이의 증오는 항상 **무력**하기 때문에 항상 지속될 것이다.

이 당파들은 자유로운 사람들로 구성되어 있는데, 어느 한 세력이 다른 세력에 비해 지나치게 우세해지면, **자유의 효과**effect of liberty에 따라 우세한 세력은 다시 낮춰질 것이다. 두 손으로 쓰러진 몸을 부축하듯, 시민들은 약해진 쪽을 끌어올리기 때문이다.

모든 개인은 항상 독립적이기 때문에 자신의 변덕과 상상에 이끌려 자주 당파를 바꿀 것이다. 모든 동지를 남겨둔 채 한 당파를 떠나, 적으로 가득한 다른 당파와 연대할 것이다. 따라서 이 나라에서 사람들은 우정의 법칙도 증오의 법칙도 잊어버린다(강조는 필자).

월폴Robert Walpole과 볼링브로크Henry St. John Bolingbroke 시대의 영국에 대한 매우 인상적인 묘사가 담긴 이 텍스트는 향후 두 세기에 걸쳐 발전할 대표제의 기능을 예언적으로 담고 있다. 이하에서는 이 텍스트를 간단히 분석해 보려고 한다.

입법권과 집행권은 각각 거의 동일한 힘을 가진 다른 권력과 대치하고 있기 때문에 당파가 필요하다. 그리고 그것은 권력이기 때문에 당파를 양산할 수밖에 없다. 권력이 둘로 나뉘는 것처럼 사회는 한 권력의 당파와 다른 권력의 당파로 나뉘게 될 것이다. 시민들은 각자 어느 한 측에 의해 대표되기를 원할 것이고, 심지어 집행부도 어떤 식으로든 대표자가 될 것이다. 시민들은 자신이 지지하는 세력을 통해 자신의 목적을 실현하려고 할 것이다. 그러나 그들의 의지는 일방적으로 영향을 미칠 수 없는데, 이는 최종적으로 상대 권력에 의해 존중을 받는 권력을 통해서만 실현될 수 있기 때문이다. 즉, 사회는 분열된 권력으로 대표되기 때문에 시민들은 서로에게 해를 끼칠 수 있는 힘이 없다.

하지만 어느 한 권력이 너무도 압도적인 지지를 받아 다른 권력과 이를 지지하는 소수의 시민들을 완전히 억압하는 상황이 발생하면 어떻게 될까? 몽테스키외는 그가 **자유의 효과**라 부르는 현상을 언급하며 이런 상황은 발생할 수 없다고 말한다. 그는 두 권력 중 하나가 사라지는 것처럼 보이면 시민들은 다른 권력을 지지할 것이라고 본다. 그러나 몽테스키외는 이러한 역학 관계가 반드시 작동할 것이라고 어떻게 확신할 수 있을까? 왜 그는 시민들이 최종적으로 두 권력에 대응되는 거의 동등한 수준의 두 개의 세력으로 나뉠 것이라고 생각하는 것인가?

시민들은 분명 어느 한 권력의 당파이며 자신들이 지지하는 권력으로부터 이득을 얻고자 한다. 그러나 무엇보다 이들은 두 권력과 구별되는 사회의 구성원이다. 따라서 한 권력이 너무 많은 이득을 취하면 이 권력의 가장 미온적이었던 지지자부터 차츰 위협을 느끼게 된다. 권력의 지지자로서가 아니라 사회의 구성원으로서 말이다. 사실 시민들에게는 두 가지 이해관계가 있다. 권력이 자신의 이익에 부합해야 하고 **동시에** 사회에 너무 큰 부담을 주지 않아야 한다는 것이다. 또한 시민들은 두 가지 감정을 가지고 있다. 자신들이 선호하는 권력이 자신들을 '대표'한다는 감정과 이와 **동시에** 이 권력이 자신들과 근본적으로 다르며 자신들을 이해하지 못하고 결국 배신할 것이라는 감정이다. 따라서 이 분리할 수 없는 두 가지 이해관계와 두 가지 감정의 필연적인 상호 작용으로 인해 시민들은 자발적으로 약한 권력을 돕게 된다. 시민들과 권력 간의 이른바 '이중 거래'는 대표제의 논리에 내재되어 있는데, 권력이 시민들을 대표하는 순간부터 시민들의 소외감은 권력을 향한 동일성의 욕구와 동시에 증가한다.

따라서 이러한 체제는 두 가지 측면에서 무력해진다. 권력의 분립으로 인해 시민들은 결국 서로에게 큰 권력을 행사할 수 없고, 동시에 시민들은 당파를 바꾸어가며 권력을 쉽게 무력화할 수 있다.[11] 시민들의 무력함과 권력의 무력함은 서로가 서로의 조건이 된다. 바로 이것을 몽테스키외는 **자유**liberty라고 부른다. 분열된 권력은 시민을 대상으로 많은 것을 할

---

11 　그만큼 충성의 대상을 바꿀 준비가 되어 있는 시민들이 항상 충분히 많다는 뜻이다.

수 없기 때문에 시민은 자유로운 체제가 추구하는 최고의 선인 안전을 느낀다. 동시에 소수의 시민에게 높은 자리를 주는 것을 제외하면 분열된 권력은 시민을 위해 해줄 수 있는 것도 딱히 없다. 따라서 시민은 '원하는 대로 자신의 독립을 표현'할 수밖에 없으며, 자신의 욕망을 정치 밖의 영역, 엄밀히 말하면 다른 사람에 대해 권력을 행사하지 않는 영역으로 돌린다. 이제 그는 돈을 벌거나 책을 쓰면 되는 것이다. 경제와 문화는 이와 같은 이중의 무력함이 해방시킨 대표적인 두 영역이다.

자유는 정치적인 것의 무력화를 통해 만들어진다. 그러나 이러한 자유가 비정치적이라고 말할 수는 없다. 자유란 권력을 무력화하는 정치 조직에 의해 조건 지어진 것이다. 따라서 자유로운 체제에서 시민들은 '원할 때마다 독립을 표현'한다. 여기서 자유와 독립이 같은 의미인 것처럼 보일 수 있다. 그러나 몽테스키외는 『법의 정신』 제11권 제3장 "자유는 무엇인가"에서 우리에게 다음과 같이 경고한다. "… 정치적 자유는 무한한 자유로 구성되지 않는다. … 우리는 독립과 자유의 차이를 끊임없이 머릿속에 각인시켜야 한다. 자유란 법이 허용하는 모든 것을 할 수 있는 권리이다." 이 중요한 대목에서 몽테스키외의 생각을 이해하려면 일견 모순되어 보이는 두 가지 주장을 조화시켜야 한다. 한편으로 자유로운 체제에서 시민은 독립적인데, 또 다른 한편으로 정치적 자유는 독립적인 것이 아니라 **법**이 허용하는 모든 것을 할 수 있다는 것이다. 그렇다면 법이 모든 것 내지는 거의 모든 것을 금지한다면 어떻게 될까? 이 모순에 대한 해결책은 몽테스키외의 법 개념에서 찾을 수 있다. 권력 분립에 기초한 자유로운 체제에서 법은 필연적으로 시민에게 많은 것을 '허용'하는 경향이 있으며, 이는 시민이 '독립적'으로 활동할 영역을 넓혀준다. 시민의 독립과 법에 대한 복종은 이처럼 조화를 이루게 된다.

각각의 시민은 자신이 지지하는 권력이 법을 통해 가능한 한 최대한의 이점을 얻기를 원한다. 그것이 다른 시민을 억압하는 결과를 낳더라도 말이다. 그러나 이 권력은 다른 권력을 고려해야 하며, 결국 이 다른 권력의 요구를 수용해야 한다. 그렇다면 법은 어떻게 만들어질 것인가? 그것은 두 권력과 두 집단 사이의 명시적 또는 암묵적 타협의 산물이 될 것이다. 양측 모두 원하는 것보다는 적은 것을 얻으면서 양측 모두의 이익을 극대화하는 법이 될 것이다. 독립적이라는 의미에서 이러한 형태의 자유는 모든 사람에게 이익을 극대화할 수 있도록 한다. 몽테스키외에게는 생소했을 가상의 사회를 상정해 보자. 이 사회의 강력한 한 집단은 교회의 지시에 따라 교육이 이루어지기를 원하고, 거의 동등한 힘을 가진 상대 집단은 교육에서 교회의 영향력을 완전히 배제하기를 원한다. 이 사회가 권력 분립을 지향하는 대표제를 채택하고 있다면 두 집단 중 어느 측도 원하는 법을 강요할 수 없을 것이다. 실현 가능한 유일한 타협은 각 집단이 원하는 유형의 교육을 받을 수 있는 자유를 갖는 것이다. 따라서 교육 기관의 한 부분은 교회에 의존하고 다른 부분은 완전히 독립적이 될 것이다.

이러한 체제에서 법은 누군가가 타인에게 자신의 의지를 강요하는 것을 금지하는 경향이 있다. 그러나 바로 이 점으로 인해 이 타인 역시 누군가에게 자신의 의지를 강요하지 못한다. 법은 개인이 자신의 의지를 타인에게 강요하지 못하도록 함으로써 개인의 독립을 제한하지만, 그 행위가 타인에 대한 권력 행사를 수반하지 않는 한 개인이 원하는 것을 할 권리를 보장함으로써 그의 독립을 보호한다. 즉, 법은 한 시민이 다른 시민에 대해 과도한 권력을 행사하는 것을 방지하는 데에만 효력이 있다. 따라서 몽테스키외가 생각한 자유로운 체제에서 '자신이 원할 때마다 독립을 표현하는 것'과 '법이 허용하는 모든 것을 행할 권리'는 점진적으로 동의어가 된다.

더 이상 서로에게 권력을 행사하지 않는 시민들은 서로 거리를 두고 따로 떨어져 사는 경향이 있다. 같은 장에서 몽테스키외는 이와 같은 국가에서 사람들은 서로에게 "동료 시민이라기보다는 동맹국에 가깝다"고 썼다. 놀랍게도 그는 자유로운 체제하에서 시민 간의 관계를 동맹하에 있는 독립 국가 간의 관계와 비교한다. 즉, 자유로운 체제하의 시민들은 일종의 자연 상태, 그러나 공포로부터 자유로운 상태에 살고 있다는 것을 이보다 더 명확하게 제시할 수는 없다. 따라서 권력 분립에 기초한 자유로운 사회는 가장 이상적인 자연 상태다. 시민들은 자연 상태의 불편함(전쟁과 공포로부터 해방)을 겪지 않으면서도 자연 상태의 장점('원하는 대로 행동')을 누리기 때문이다.

권력 분립론에서 중요한 것은 특정 권력에 대한 정태적인 정의보다는 시민 사회와 동등하지만 서로 다른 대표성을 지닌 두 권력 간의 관계에 대한 동태적인 설명이다. 사회와 분립된 권력 간의 상호 작용은 집행권과 입법권의 분리가 더 이상 추억에 불과한 시대가 도래해도 몽테스키외가 제안한 도식에 따라 전개될 것이다. 일례로 오늘날의 '내각제 정부'에서 두 권력 간의 혼동이 있을 수 있는데, 내각제 정부에서는 정부 수반(집행부)이 동시에 의회(입법부) 다수당의 수장이기 때문이다. 이 경우 두 권력은 더 이상 집행부와 입법부가 아니라 '다수당'과 '야당'이 된다. 물론 야당이 헌법상 다수당과 권력을 공유하는 것은 아니다. 이 점에서 몽테스키외가 묘사한 자유로운 체제와 현대 민주주의 사이에는 상당한 차이가 있다. 그러나 야당의 존재와 그들이 다음 선거에서 승리할 수 있다는 위협은 다수당이 권력을 남용하지 않고 적당하게 사용하도록 설득하기에 충분하다.

몽테스키외가 본 자유주의 체제의 핵심 기제는 의지 자체와 의지를 통해 이루고자 하는 행위를 분리하는 것이다. 다르게 말하면, 각자가 스스로 제어 불가능하게 원하는 행동을 하지 못하게 막는 것이다. 국민은 자신이 원하는 것을 할 수 없으며, 자신이 원하는 것을 해주기를 바라며 대표자를 선출할 수 있을 뿐이다. 그리고 대표자는 자신이 원하는 것을 할 수 없고 집행부가 원하는 것을 예민하게 의식해야 하며, 집행부 역시 입법부가 원하는 것을 진지하게 고려해야 하므로 자신이 원하는 것을 할 수 없다는 것이다. 주권을 무용지물로 만드는 이러한 의사 결정 기제는 홉스적 리바이어던의 절대 주권과 로크적 입법 기관의 절대 주권을 대체하게 된다. 이 기제는 아리스토텔레스가 『정치학』 제4권에서 설명한 고대 그리스 공화정의 심의deliberation와는 매우 다르다. 심의는 그 자체로 합리적인 활동이기 때문에 도시 국가의 심의부는 결정에 있어 타협과 중용의 필요성을 고려해야 했다. 그리고 타협의 지점은 심의를 통해 선택한 목적과 상황에 따라 결정되었다. 즉, 타협의 필요성을 인정하고 실제로 타협하지만 이 과정에서 심의가 주권적이지 않은 적은 없다. 몽테스키외의 자유주의 체제에서는 상황이 완전히 달라진다. 타협은 심의라는 주권에 의해 선택되는 것이 아니라, 두 권력의 욕망이 결합된 결과인 만큼 타협 그 자체가 결정의 주권이 되는 것이다.

우리는 이와 같이 의견이 크게 다르더라도 합의에 도달하는 것이 어떻게 가능한지 살펴보았다. 적극적으로 합의하는 것은 매우 어렵고 소극적으로 합의하는 것은 훨씬 쉽다. 내가 원하는 것과 당신이 원하는 것을 모두 달성할 수 없다면 우리 둘 다 원하지 않는 것을 달성하려고 하는 것은 어떨까? 두 권력이 서로에게 말한다. 나는 당신이 통치하는 것을 원하지 않고 당신도 내가 통치하는 것을 원하지 않다. 그렇다면 시민들을 두 권력으로부터 독립시키고 그들을 해방시키면 원하는 결과를 얻을 수 있지 않을까? 분립된 권력이 사회를 대표하면 시민들은 통치를 점점 덜 받게 되고, 이는 시민들의 자유가 점점 커진다는 것을 의미한다. 몽테스키외가 말하는 자유라는 단어의 의미는 다음과 같다. 자유란 내가 원하는 것을 하는 것이라기보다는 남이 나에게 하라는 것을 하지 않을 수 있는 것이다. 다르게 말하면, 내가 원하는 것을 하되 이 행동이 남을 제약하지 않는 선에서 하는 것이다.

몽테스키외를 통해서 비로소 사상적으로 완성된 자유주의는 대표제와 권력 분립이라는 두 가지 개념에 기초하고 있다. 대표제 개념에서 유일하게 정당한 권력은 통치받는 자의 동의에 기초한다. 이러한 체제에서는 경제와 사회 생활의 자발적인 상호 작용이나 전통에서 비롯된 시민 사회 내의 모든 권력은 대표성이 없기 때문에 본질적으로 정당하지 않은 것처럼 보인다. 따라서 이러한 권력은 느리지만 확실하게 약화되기 마련이다. 모든 정당한 권력은 정치 제도 또는 사회 구성원을 대표하는 국가에만 집중되어 있다. 한편 근대의 대표제 개념은 사회의 독립성을 보장하는 시민 사회 내 권력을 지속적으로 약화시키기 때문에 자연스럽게 시민 사회에 대한 국가의 권력이 지속적으로 증가하게 된다. 이것이 대표성의 역설이다. 대표로서의 권력은 자신이 대표한다고 주장하는 시민 사회를 필연적으로 지배하는 경향이 있다. 이런 의미에서 국가에 대한 사회의 의존도가 높아지는 것을 개탄하는 사람들의 주장은 옳다.

그러나 동시에 이 대표제 국가는 다수당과 야당으로 나뉘어 있기 때문에 법은 일반적으로 개인의 자유에 유리한 방향으로 형성된다. 필자가 앞서 언급했듯이 두 권력 간의 타협은 적극적이기보다는 소극적으로 훨씬 더 쉽게 이루어진다. 각 권력은 상대방이 원하는 것을 얻지 못하게 함으로써 권력을 행사하는 경향이 있기 때문이다. 따라서 시민의 '자유의 영역realms of liberty'이라고 불리는 것은 필연적으로 커질 수밖에 없다. 이런 의미에서 개인의 자유의 증진 또는 개인의 해방을 추구하는 사람들의 주장은 옳다.

따라서 오늘날의 자유민주주의 사회의 내부 움직임에는 본질적인 양

면성이 있다. 일부는 자유민주주의를 자유로운 사회를 가장한 전체주의 totalitarianism로 묘사하기도 하고, 또 다른 일부는 자유롭고 주권적인 개인이 자신의 재능을 통해 자연이 부여한 취향을 만족시킬 수 있는 인류 역사상 가장 만족스러운 사회로 묘사하기도 한다. 두 견해 모두 옳고 그름이 있다. 그 이유는 오늘날 우리는 덜 통치하는 국가에 의해 더 배타적으로 통치되고 있기 때문이다. 우리가 덜 통치받는다는 것은 어떤 의미에서 자연 상태에 더 많이 살고 있다는 뜻이다. 그리고 이 자연 상태는 아직 전쟁 상태는 아니지만 우리에게 적당한 안전과 번영을 제공하기 때문에 우리는 이 상태를 떠날 동기가 없다. 따라서 우리는 요소의 순서를 뒤집어 자유주의의 원래 계획을 달성했다. 애초에 대표제는 본질적으로(홉스) 또는 필연적으로(로크) 견딜 수 없는 자연 상태에서 벗어나 본질적으로 만족스러운 자연 상태에서 살 수 있게 하는 기발한 장치였다. 이러한 진단은 자유주의 사회를 '전체주의'라고 비난하는 이들조차도 이의를 제기하기 어렵다. 그들이 우리 사회에 분노하는 이유는 바로 이 만족에 도달한 상태 때문이다. 즉, 다툼과 반란, 놀람과 혼란은 모두 체제에 의해 흡수되는데 그럼에도 불구하고 우리는 일반적으로 만족을 느낀다.

그러나 약간의 의심은 여전히 이러한 만족감을 약화시킬 수 있다. 인위적이거나 제도화된 자연 상태가 정치적이라는 것은 결국 형용 모순이기 때문이다. 앞서 살펴본 바와 같이 몽테스키외가 영국인들은 서로에게 "동료 시민이라기보다는 동맹국"이라고 말했을 때 이 어려움을 조심스럽게 시사했다고 볼 수 있다. 이 문제는 다음과 같은 질문으로 공식화될 수 있다. 개인은 일차적으로 '시민 사회'의 독립적인 구성원인가, 아니면 '국가 state'의 신민인가? 그는 부르주아인가 시민인가? 호모 에코노미쿠스homo economicus인가 호모 폴리티쿠스homo politicus인가? 개인은 최우선적으로 '시장market'이라는 초국적 또는 전 세계적 공간에 속하는가, 아니면 '국가

nation'의 한정된 영토에 속하는가? 개인은 둘 다에 속한다고 우리는 볼 것이다. 그러나 이러한 대답은 자연 상태와 국가 간의 화해를 통해 자유로운 체제를 형성했음에도 불구하고 우리는 근본적으로 **분열**되어 있음을 의미한다. 자연인과 시민 사이의 경계선이 이제 우리 안에 있게 된 것이다. 이러한 분열을 설명하고, 그로 인한 불행과 부패를 고발하며, 이를 극복하고자 하는 것이 바로 몽테스키외와 자유주의의 가장 강력한 비판자인 장자크 루소의 임무이다.

## 제6장
# 루소, 자유주의 비판자

루소를 자유주의의 비판자로 보는 것은 시대착오적인 것인지도 모른다. 루소가 분노한 첫 번째 대상은 자유주의적이라고 할 수 없는 당시의 프랑스 정치 및 사회 질서였고, 두 번째 대상은 정치 체제와는 무관한 인간 '사회' 그 자체였다. 그러나 루소가 18세기 후반의 다른 모든 사람들과 마찬가지로 앙시앵 레짐을 비판했다는 사실이 우리를 잘못 인도해서는 안 된다. 루소의 눈에 절대 군주제는 이미 내부적으로 사형 선고를 받은 것이나 다름없었다. 그가 '절대주의absolutism'나 전제주의despotism를 향해 여러 번 칼을 겨누었다 해도 특별한 분노는 없었다. 더욱이 루소는 이전의 몽테스키외처럼 혁명이 곧 그것을 무너뜨릴 것이라고 확신했다. 루소에게 중요한 것은 군주제를 대체할 것이 무엇이냐는 것이었는데, 이미 프랑스에는 군주제를 대체할 그 무언가가 존재하고 있었고 이미 그것이 프랑스 사회를 크게 변화시키고 있었다. 프랑스는 더 이상 국왕의 절대 권력이 아니라 **의견**에 의해 통치되는 국가로 변한 것이다. 그렇다면 누구의 의견인가? 바로 사회의 의견, 즉 **여론**이다. **사회**란 무엇인가? 바로 불평등inequality이다.

루소가 보기에 국왕의 호의는 더 이상 인간의 신용과 지위를 결정하지 않았다. 국왕을 대체한 새로운 권위는 '파리Paris'라는 장소를 제외하고는 공식적인 지위도 직함도 없는 여론이었다. 여론이 형성한 신용은 어느 특정 개인으로부터 나온 것이 아니었지만 모든 사람이 인정하고 복종했다. 여론에 의한 신용은 재정적 의미의 신용과 직접적으로 관련이 있었는데, 신용은 부자에게 쉽게 귀속되었고, 역으로 어떤 이유로든 신용을 얻게 된 사람은 부자가 되었다.[1] 결과적으로 인간 간 서열은 권력, 신분, 재능 또는 재산 자체에 근거한 것이라기보다는 부를 유일한 측정 가능한 요소로 하는, 이 눈에 보이지 않는 신용에 근거해 매겨졌다. 루소가 상정한 사회는 개인이나 제도에 기인하는 권력이 아니라, 오직 불평등이라는 권력에 기인하는 사회이다. 사람들은 권력의 관점에 따라 '위에서' 또는 '아래에서' 서로를 바라보았지만, 이제 권력은 그 관점을 버리고 소멸해 버렸다. 권력의 관계에서 권력은 사라지고 '관계'만 남게 된 것이다. 단, 여기서 관계는 불평등하다. 따라서 루소에게 있어 사회의 정신은 곧 불평등이다.

그런데 이 모든 것이 자유주의와 무슨 관계가 있는가? 지금부터 살펴볼 테지만 매우 밀접한 관계가 있다.

자유주의의 근간은 시민 사회와 국가를 구분하는 것이며, 후자는 전자의 대표적 도구이다. 우선 시민 사회는 자급자족하는 경향이 있다. 그 안에서 구성원은 정치권력이나 다른 구성원의 통치를 받지 않으며 각 구성원이 곧 자신의 행동의 원천이다. 각자는 자신의 재능을 자유롭게 발휘해 스스로를 보존하고 가능한 한 가장 편안하게 스스로를 보존하기 위해, 항상 '더 나은 상태'를 추구한다. 또한 자신과 동등한 지위에 있는 사람들로부터 자신의 능력, 특히 지적 및 예술적 능력을 인정받기를 원한다. 반면

---

1   당시 수상이었던 자크 네케르(Jacques Necker)에 대한 대중의 높은 지지 덕분에 쇠퇴하던 프랑스의 군주제가 생명을 연장할 수 있었으며, 이를 예견했던 루소의 인식은 정확했다. 국왕이 '네케르 수상'이 있든 없든 더 이상 통치할 수 없었을 때, 군주제는 더 이상 존재하지 않게 되었다.

국가는 개인의 자기 보존 본능을 대변함으로써 각자가 자신이 생각하는 대로 안전과 행복을 추구하도록 보장하는 법을 공표한다. 여기까지가 원칙이다. 하지만 **실제로는** 어떻게 작동하는가?

우리는 이러한 체제에서 개인은 자신의 행동의 유일한 원천이라고 가정한다. 그는 자기 자신에게만 복종한다. 그러나 자신의 것으로 추정되는 이러한 행위의 동기 또는 목적은 무엇인가? 개인은 교육, 사업 및 만족을 위해 반드시 다른 개인과 관계를 맺는다. 그는 타인을 지배하거나 타인에 의해 지배받지 않고 그에게 의존한다. 원칙상 독립적이지만 사실상 서로 의존하는 이 개인들은 어떻게 서로 관계를 맺는가? 이 질문 자체에 답이 담겨 있다. 그들은 서로를 **비교**하게 될 것이다.

자기 자신을 타인과 비교하는 것은 사회 속 인간의 불운이자 원죄이다. 여기서 불운이라 함은 자기 자신을 타인과 비교하는 사람은 항상 불행하다는 것을 의미한다. 나보다 더 부유한 사람은 항상 있을 것이며, 설혹 내가 가장 부유하더라도 가장 잘생기거나 가장 똑똑하지는 않을 것이다. 나아가 원죄라 함은 자신을 타인과 비교하는 사람은 이미 타락했거나 곧 타락할 지점에 있다는 것이다. 최고가 되고 싶은 욕망은 그로 하여금 도덕규범이 금지하는 장난을 일상적으로 저지르도록 할 뿐만 아니라 타인에게 자신에 대한 좋은 이미지를 주기 위해 스스로에게 아부하고 타인에게 아부하게 한다. 이러한 개인의 외면은 결코 그의 내면과 조화를 이루지 못할 것이며 그의 삶은 영구적인 거짓말이 될 것이다. 더욱이 자신을 타인과 비교하는 것은 사실 역설적이다. 항상 비교를 하며 사는 사람은 타인과의 관계에서 자기 자신만을 생각하고, 정작 자기 자신과의 관계에서는 타인만을 생각하는 사람인 것이다.[2] 그는 **분열**된 인간이다.

---

2    Allan Bloom, "The Education of Democratic Man," *Daedalus* (Summer 1978) 참고.

만인에 대한 만인의 보편적 비교를 기반으로 하는 사회에서 비교의 결과를 중시하는 것은 어쩌면 당연한 일인지도 모른다. 권력, 신분, 재산, 재능 등 비교의 조건이 다양하기 때문에 이른바 '비교의 비교'를 가능하게 한다. 그리고 이 모든 것을 포괄하고 환산할 수 있는 불평등은 바로 돈의 불평등이다. 따라서 루소의 작품에서는 권력자보다 부자를 더 많이 비난하는 것이 중요하다. 그러나 루소에게 부자는 경제적 범주를 의미하지 않으며, 비교에 기초한 사회, 즉 더 이상 스스로를 **다스리지** 않는 사람들 사이의 불평등에 기초한 사회의 전형이다.

루소가 보기에 이러한 불평등과 불평등이 원인을 제공하는 동시에 결과를 낳는 모든 행위는 당시 프랑스 사회에서만 발견되는 것이 아니다. 루소는 그 사회에서 살았기 때문에 불평등과 그 결과가 당시 프랑스 사회에서 더 잘 드러난다는 것을 알고 있었을 수도 있다. 그러나 근본적으로 이러한 행동은 파리와 런던London, 에든버러Edinburgh와 나폴리Napoli에서 동일하게 나타나는 **근대** 사회에 사는 **근대인**의 행동이었다. 근대인은 **부르주아**가 되었으며 더 이상 **시민**이 아니었던 것이다. 부르주아와 시민 간의 대조, 그리고 타락한 인간 유형으로서의 부르주아에 대한 비판은 루소의 작품에서 처음 발견되고 가장 잘 표현된다. 따라서 영국의 자유주의 체제와 프랑스의 절대주의 체제 간의 차이는 부차적인 것이었다. 루소는 영국의 자유에 대해 호의적인 말을 하기도 했고, 모진 말을 하기도 했다. 중요한 것은 사회생활의 동기를 부여하는 정신이 두 나라에서 동일하다는 것이었다. 나아가 부르주아라는 동일한 인간 유형이 두 나라에서 두각을 드러냈다. 부르주아, 그는 자기 안으로 물러남으로써 자신이 추구하는 선과 공동선을 철저히 구별하는 사람이었다. 그러나 자신의 이익을 찾기 위해 다른 사람들이 필요했고, 그들에게 의존하면서 동시에 그들을 착취하려고 했다.

그러나 프랑스와 영국 사이에는 논쟁의 여지가 없는 차이가 있었다. 홉스와 로크는 자유주의 또는 부르주아 개인주의의 원칙을 공식화했고, 영국은 부르주아가 거주할 수 있는 정치 체제를 세웠으며, 이 체제가 매우 적합하다고 생각했다. 그러나 이러한 **정치적** 과제를 수행하기 위해서는 부르주아가 적어도 일정 기간 동안은 시민이 되어야 했는데, 루소의 시대에는 의심할 여지 없이 이 과제가 이미 끝난 상태였다. 영국인들은 일시적으로 시민의 짐을 스스로에게 부과했지만 결과적으로 부르주아가 되었다. 따라서 영국인들의 정치적·사회적 성격은 어느 정도 모호해졌고, 루소는 그들에 대한 정치적 판단을 내리는 것을 주저했다. 반대로 프랑스인들은 절대 군주제의 억압적인 통치 아래서 아주 명백하게 부르주아가 되었으며, 이는 그들이 시민이 되는 것을 성공적으로 막았다. (영국인들은 16세기와 17세기 초에 혼란스러운 방식으로 한동안 시민이었다고 볼 수 있다.) 따라서 프랑스 절대 군주제에서 근대 부르주아적 인간의 심리가 가장 완벽하게 발달하고 드러난 반면, 영국인들은 시민적 활력을 나타내는 특징을 일정 부분 유지했다. 나아가 두 사회에서 여성의 위치가 매우 달랐다는 점은 루소에게 이 사실을 곧 증명하는 것이었다.

루소는 그의 비판을 통해 우리에게 유럽 역사의 동질성, 즉 그가 '근대 민족modern peoples'이라고 부르는 것의 동질성을 보여준다. 유럽의 역사를 가장 잘 요약한 저자는 홉스이며, 시민을 결정적으로 부르주아로 대체한 홉스는 찬성의 대상이든 비판의 대상이든 루소에게 가장 중요한 근대 철학자였다. 프랑스의 정치체는 홉스의 처방에 따라 지속적으로 단절 없이 발전했다. 그러나 영국의 정치체는 로크의 수정에 따라 처방을 변경했다. 따라서 절대주의는 자유주의가 상상만 했던 부르주아를 탄생시켰다.

이제 루소 본인의 목소리를 들어야 할 때가 왔다. 사회의 선과 악의 계보를 통해 그가 근대 사회의 부르주아적 인간을 어떻게 특징짓는지 살펴보자.

여기서 자세히 설명하자면, **정부의 개입 없이도** 개인 간의 **신용**과 권위author-
ity의 불평등이 어떻게 불가피하게 발생하는지 살펴볼 수 있다. 같은 사회에 더
불어 살게 되는 순간, 인간은 서로를 **비교**하고 서로를 지속적으로 응대하며 사
용해야 하는 상황에서 차이를 발견하게 된다. 이러한 차이에는 여러 종류가 있
다. 일반적으로 부, 계급 또는 신분, 권력, 개인의 능력 등이 사회에서 개인을 구
분하는 주된 요소라면, 나는 이러한 다양한 요소 간의 조화 또는 갈등이 국가가
잘 구성되었거나 잘못 구성되었음을 나타내는 가장 확실한 지표라는 것을 증명
할 것이다. 나는 이 네 가지 유형의 불평등 가운데 개인적 자질이 다른 모든 것
의 근원이기 때문에 결국 모든 불평등은 **부**wealth로 **환원된다**는 것을 보여줄 것
이다. 왜냐하면 부는 인간의 **복지**에 가장 즉각적으로 **유용**하고 교환이 쉽기 때
문에 결국에는 나머지 모든 요소를 돈으로 살 수 있기 때문이다. ··· 나는 우리
모두를 집어삼키는 명성, 명예, 특권에 대한 보편적 욕망이 얼마나 우리의 재능
과 힘을 사용하고 비교하게 하는지, 얼마나 열정을 자극하고 배가시키며 모든
다른 사람을 **경쟁자**에서 결국에는 **적**으로 만드는지, 수많은 참여자를 같은 코
스에서 경주하게 함으로써 매일 얼마나 많은 역전 및 성공 그리고 재앙을 일으
키는지 지적하고 싶다.[3]

필자는 루소에게 가장 중요한 근대 철학자는 홉스였다는 점을 앞서 언
급했다. 두 사람의 관계를 여기서 간략히 살펴볼 필요가 있다. 두 사람의
근본적인 공통점은 유럽 민족의 모든 정치적 불행은 그리스도교, 더 정확
하게는 정치권력과 구별되고 경쟁 관계에 있는 그리스도교의 종교 권력
에서 비롯된다는 것이다. "이 '이중 권력'은 그리스도교 국가에서는 어떤
좋은 정치도 불가능하게 만드는 끊임없는 관할권의 갈등을 초래했다"[4]고

---

3    루소, 『인간 불평등 기원론』, 제2부(강조는 필자).

루소는 말한다. 그는 또한 이와 같이 말한다. "모든 그리스도교의 작가들 중에서 철학자 홉스는 악과 악에 대한 처방을 올바르게 본 유일한 사람이며, 독수리의 두 머리를 통일하고 정치적 통합으로의 완전한 복귀를 감히 제안한 사람으로서 이와 같은 정치적 통합 없이는 어떤 국가나 정부도 제대로 구성될 수 없을 것이다."[5] 그러나 그들의 합의는 여기서 끝난다. 홉스가 구축한 정치적 통일은 전제적이며 루소는 바로 뒤에 이는 "끔찍하고 거짓"된 것이라고 덧붙이기 때문이다.

루소는 전제주의 없이도 정치적·사회적 통합을 보장할 수 있다고 생각했는데, 이는 고대 그리스의 도시 국가(특히 스파르타)와 로마 공화정에서 그 가능성을 확인할 수 있었다. 전제주의가 없는 도시 국가에서 실제 시민들은 도시 국가라는 공동의 이익을 위해 긴밀하게 단결했던 것이다. 이와 같이 고대 그리스·로마의 시민들과 플루타르코스[6]의 영웅들을 비교했을 때 비로소 근대 부르주아의 경멸적인 인간상이 드러난다. 고대 그리스·로마 시민은 그의 애국심patriotism을 통해 자신의 이익과 도시 국가의 이익을 단일한 것으로 보았다. 그는 분열되지 않고 완전했으며, 완전했기 때문에 행복하고 도덕적이었다.

홉스는 고대 도시 국가의 명성에서 교회의 주장에 이어 영국 내전을 일으킨 두 번째 주요 동기를 보았다. 고전적 공화주의의 자유로운 시민상은 불복종의 정신을 불러일으키고, 불복종의 정신은 내전을 일으켰다(제3장 참조). 루소가 보기에 시민적 평화에는 두 명의 적이 있는데, 첫째는 자신의 영혼에 신의 은총을 영접했다고 느낀다고 믿는 열렬한 성경 독자

---

4    루소, 『사회계약론』, 제4권, 제8장.
5    루소, 앞의 책, 제4권, 제8장.
6    플루타르코스(Plutarchus, 46~119)는 『플루타르코스 영웅전』의 저자로 널리 알려진 기원후 2세기 고대 그리스 시대의 철학자, 정치가 겸 작가이다. _옮긴이

이며, 둘째는 자신의 가슴에서 새로운 에파미논다스[7]의 심장이 뛴다고 믿는 열렬한 플루타르코스 독자이다. 루소는 고대 그리스·로마 시대의 자유와 시민적 덕성이 개인의 자기 보존 욕구와는 상관이 없음을 기꺼이 인정한다. 시민에게 중요한 것은 개인의 보존이 아니라 도시 국가의 보존과 영광이었으며, 조국을 위해 죽는 것보다 더 영광스러운 일이 있었을까? 루소는 그의 유려한 문체를 통해 근대적이며 부르주아적인 홉스의 평화에 대한 의문을 제기한다. "오래전 그리스는 가장 잔인한 전쟁 속에서 번영했다. 사방에 피가 흐르고 온 나라가 시체로 뒤덮였다. … 약간의 동요는 영혼에 활력을 주며 종족을 진정으로 번영하게 하는 것은 평화보다 자유이다."[8]

루소가 홉스의 사상에서 특히 비판하는 것은 국가가 통제하는 '상부구조'가 아니다. 물론 루소는 절대주의에 대해서도 비판하며, 이 점에 관한한 루소는 자유주의자들과 동의한다. 루소가 비판하는 것은 오히려 개인주의적인 '하부구조'이며, 이는 자유주의와 절대주의를 포함한 모든 근대정치의 기초가 되는 것이다. 루소에게 근대적 인간의 조건은 모순적이다. 타인에 의존적이기에는 너무 독립적이고, 그렇다고 독립적이기에는 타인에 너무 의존적이다. 근대적 인간은 타인과 협력해야 하지만 오직 자신만을 생각한다. 홉스가 전제주의라는 대가를 치르고 국가의 절대적인 통제를 통해 극복한 정치권력과 종교 권력 간의 분열은 시민 사회에서 다시 발견된다. 그리스도교인와 시민 사이의 분열은 개인으로서의 인간과 사회 구성원으로서의 인간 사이의 분열로 나타난다. 다시 말하면, 그리스도

---

7    에파미논다스(Epaminondas, 기원전 410~362)는 그리스 도시 국가 테베(Thebae)의 장군이자 정치가이며, 테베를 이끌어 스파르타의 지배에서 벗어나 독립을 쟁취했다. _옮긴이

8    루소, 『사회계약론』, 제3권, 제9장.

교인과 시민 사이의 갈등은 개인과 사회 사이의 갈등이 된다.

이제 절대주의와 자유주의 그리고 루소의 사상을 각각 정의하는 세 가지 입장을 구체화할 수 있게 되었다. 절대주의와 자유주의는 개인이라는 동일한 중심 요소를 가지고 있다. 전자의 경우, 개인은 교만하고 반항적인 본성 때문에 외부에 있는 주권자의 권력에 의해서만 하나로 묶일 수 있다. 반면 자유주의에 따르면 개인은 절대주의가 생각하는 것보다 훨씬 덜 반항적이며, 자발적으로 평화로운 관계를 형성해 완전히 자급자족하지는 않더라도 적어도 절대적인 정부 없이도 지속적으로 유지 가능한 사회를 만들어낸다. 이러한 자신감의 토대는 각자의 개인적 이익 추구가 공공의 이익 증진으로 이어진다는 확신에 있다. 사적 이익과 공적 이익이 조화를 이루는 구체적인 분야는 바로 경제이다. 사적 이익을 추구하면 생산자는 자신의 노동 생산성을 높이고, 이러한 생산성의 증가는 사회에서 사용할 수 있는 가치의 양을 증가시켜 축적 본능이 발달하지 않은 사회의 부유층보다 축적 본능이 발달한 사회의 가난한 사람이 더 편안하게 살 수 있게 된다. 로크의 예에 따르면 영국의 평범한 농부는 미국의 인디언 왕보다 더 나은 삶을 살고 있다.[9] 개인의 축적 본능을 해방시키는 직접적인 경제적 효과와 더불어 그에 못지않게 중요한 간접적인 도덕적 효과도 있다. 몽테스키외의『법의 정신』의 핵심 주제 중 하나는 상업commerce의 발달이 두 가지 의미에서 관습의 이완으로 이어진다는 것이다. 한편으로는 상업을 통해 서로 다른 시민 사회의 구성원들이 서로를 알게 됨으로써 갈등과 전쟁을 낳는 편견이 점차 사라지고, 다른 한편으로는 상업이 본격적으로 보편화되면 정치권력의 강압적인 사회 개입이 권력 자체에 해를 끼치게 된다.[10] 몽테스키외에 따르면, 유럽에서 상업의 팽창은 군주들에게

---

9    로크,『통치에 관한 두 번째 논고』, 제5장. _옮긴이

"마키아벨리즘을 치료해야 할 의무를 부여"했다.[11] 과학·예술·상업의 발전은 평화·안보·자유의 진보와 일치했다. 이것이 근대 세계의 진화에 대한 자유주의적 진단이자 낙관주의 또는 진보주의의 기초이다. 루소가 겨눈 비판의 칼날은 바로 이러한 낙관주의 또는 진보주의를 향한 것이다.

루소는 다음과 같이 묻는다. 이러한 자유주의적 사회의 격언에 따라 사는 사람의 **영혼**은 어떻게 되는가? 모든 사람들은 서로 의존하는 동시에 서로와 경쟁하기 때문에 그들은 생존을 위해 격언에 따라 살아야 할 의무가 있다. 그들은 서로 의존하기 때문에 서로에게 해를 끼치지 않을 의무가 있다. 또한 그들은 서로 경쟁하기 때문에 그들은 선을 행하지 않을 의무가 있거나 적어도 서로에게 선을 행하고 싶지 않을 것이다. 그런 사회에서는 위대한 인간적 정념이 나타날 수 없다. 고대 그리스·로마 시민의 영혼에서 찾을 수 있는 동료 시민에 대한 적극적인 사랑과 적에 대한 적극적인 증오는 그들에게 활력과 웅장함을 선사했다. 반면 우리는 자기편애amour-propre가 근대인의 유일한 정념임을 알게 된다. 자기편애는 자신에 대한 진실된 사랑, 즉 자기애amour de soi가 아니며, 어떤 면에서는 그것과 상반되기도 한다. 자기편애는 오직 비교를 통해 존재하며, 자신이 스스로를 평가하는 만큼 다른 사람으로부터 인정받고자 하는 욕망이다. 모두가 동일한 자기편애를 가지고 있고 동일한 욕망을 경험하기 때문에 자기편애를 일삼는 사람은 필연적으로 불행해진다. 그는 결코 만족할 수 없다는 것을 알고 있으며, 다른 사람도 자기편애를 한다는 이유로 다른 사람을 미워한다. 자기편애는 결국 자신에 대해서는 비참함만을, 다른 사람에 대해서는 무력한 증오만을 양산한다. 그런 사회에서 인간은 자신이

---

10   몽테스키외, 『법의 정신』, 제20~21권 참고.
11   몽테스키외, 앞의 책, 제20권, 제20장.

미워하는 다른 사람의 시선을 위해서만 산다.

여기서 루소가 제시한 근대 사회 생활의 원리에 대한이 설명은 몽테스키외가 그린 영국 사회의 대한 간략한 스케치와 결코 모순되지 않는다는 점이 매우 중요하다. "영국에는 모든 정념이 억제되지 않고 나타나기 때문에 증오, 시기, 질투, 부와 명예에 대한 야심 찬 욕망이 끝없이 드러난다. 그렇지 않다면 영국은 병으로 인해 쇠약해진 사람처럼 힘이 없어 정념이 없는 상태와 같을 것이다."[12] 이처럼 몽테스키외는 이러한 도덕적 현상이 피상적이거나 우연적인 것이 아니라 영국의 사회생활의 기초를 구성한다고 본다. 이처럼 거의 동시대에 살았던 두 명의 위대한 철학자가 근대 생활의 원리를 매우 유사하게 설명한다. 그러나 몽테스키외가 매우 간결하고 냉정하게(자유를 위해 지불해야 할 대가이기 때문이다) 설명하는 반면, 루소는 기막힌 섬세함과 매혹적인 문체를 통해 자기편애의 모든 측면과 파급 효과를 고려하며 자기편애를 비판한다. 루소는 개인의 의지가 결코 원하는 것을 얻을 수 없는데 어떻게 자유에 대해 말할 수 있냐고 묻는다. 명령하는 것처럼 보이는 사람들이 실제로는 의견과 여론의 노예일 때, 한마디로 만인의 자유가 사실상 만인의 무력함일 때 어떻게 자유를 말할 수 있단 말인가? 몽테스키외가 인간 본성을 보호할 수 있는 정치 체제를 드디어 찾았다고 보았다면, 루소는 인간 타락의 제도화를 보았다.

여기서 자유로운 제도의 독창성 또는 안전에 대한 자연스러운 욕망에 일방적으로 사로잡히거나, 루소의 사회적 병폐에 대한 설득력 있는 설명과 위대한 인간의 이상향에 이끌려 몽테스키외와 루소 가운데 어느 하나가 옳다고 성급하게 결정하는 것은 현명하지 못한 일이다. 루소의 강점은 근대인의 영혼을 놀랍도록 설득력 있게 묘사하는 데 있다. 루소의 설득력

---

12    몽테스키외, 앞의 책, 제19권, 제27장.

은 근대 문학 전체를 통틀어 봐도 가장 강력한 것이며 심지어 근대인의 감수성sensibility마저 루소로부터 비롯된 것이라 볼 수 있다. 몽테스키외의 강점은 덜 눈부시지만 결코 설득력에서 밀리지 않는다. 결국에는 자유주의를 대체할 수 있는 바람직한 대안이 없다는 것을 보여주기 때문이다. 프랑스 군주제를 이상향으로 상정하는 절대주의는 더 이상 현실적인 가능성이 될 수 없었다. 지금까지 성공적이었던 이유가 곧 다가올 쇠락의 원인이었기 때문이다. 국왕은 자신이 통치하는 사회보다 지위가 너무 높았기 때문에 사회를 구성하고 동시에 분열시키는 다양한 중간 집단(귀족·의회·교회)의 권력을 상당 부분 무너뜨릴 수 있는 위치에 있었다. 국왕은 중간 집단과 무관하게 국왕에게 직접 복종하는 개인들로 통합된 사회를 만들 수 있는 위치에 있었다. 따라서 사회가 국왕 없이도 스스로를 하나의 통합체로 인식할 수 있는 가능성을 국왕 본인이 제공한 셈이다. 이 새로운 통합의 매개체는 바로 여론이었다. 게다가 홉스가 절대주의를 확립한 바로 그 원칙으로부터 절대주의가 필연적으로 소멸할 수밖에 없다는 것을 추론할 수 있다. 리바이어던의 존재 이유는 사회 구성원 간의 관계를 평화롭게 하는 것이었다. 여론을 통해 그 임무가 더욱 효율적으로 달성되면서 리바이어던은 불필요한 존재가 되었다.

이처럼 절대주의가 자멸하게 되면 어떤 정치 형태가 살아남을 수 있을까? 제국이라는 개념은 절대 군주제에 이미 흡수되었기 때문에 남아 있는 개념으로는 도시 국가가 있다. 유럽의 정치 질서가 종말을 맞이하고 계승의 문제가 제기될 때마다 고대 도시 국가 개념은 그 명성을 간직한 채 다시 등장한다. 앞서 살펴본 것처럼 르네상스 시대에도 그랬다. 당시에는 군주제가 신학-정치적 문제에 더 잘 대처할 수 있었기 때문에 결국 군주제가 승리했다. 18세기에 군주제의 소멸 가능성이 두드러지게 나타나자 도시 국가에 대한 논의는 다시 등장했다. 몽테스키외는 도시 국가의 가능성을 심각하게 받아들였지만 단호하게 거부했다. 그의 눈에 그리스 도시 국가와 로마는 위대했으며 여러 면에서 근대 유럽의 군주제보다 우월한 것이었다. 그러나 그들은 위대함을 성취하기 위해 매우 큰 대가를 치렀다. 고대 그리스·로마는 본질적으로 호전적인 정치체였으며, 전제주의하에서 억압받는 수준은 아니더라도 개인은 매우 가혹한 사회적 규율의 대상이 되었다.[13] 상업을 통해 새로운 삶의 방식을 습득한 근대인에게 이러한 비인간적인 제약은 견디기 매우 어려웠으며, 이러한 부담을 지는 것은 터무니없는 일이었을 것이다. 영국인들은 전제주의의 위험에서 벗어날 수 있는 근본적으로 새로운 수단을 발견했는데, 덕분에 개인은 전투를 앞둔 전사가 아닌 재화나 재능의 소유자가 되어 '원할 때마다 자신의 독립을 표현하는' 만족스러운 삶을 살게 되었다.

그렇다면 루소는 자유주의를 대체할 수 있는 대안으로 무엇을 제안했을까? 루소에게 고대 도시 국가라는 매력적인 선택지가 있던 것은 사실이었다. 그리고 필자가 언급했듯이 루소에게는 고대의 위대함이 근대인의 타락을 가늠하는 기준이라는 것 또한 사실이었다. 그러나 루소는 정말로 고대 도시 국가 또는 이와 유사한 새로운 정치 체제를 효과적이고 바람직한 가능성으로 제안하는가? 대답은 '아니오'이다. 그 이유는 두 가지이다. 첫째, 도시 국가의 부활은 불가능하기 때문이다. 군주제는 영토가 큰 대규모 국가를 세울 수 있지만, 고대 그리스·로마의 시민 정신은 이보다 훨씬 더 작은 영토를 가진 정치체를 필요로 했다. 그리고 더 중요한 두 번째 이유는 고대 도시 국가가 여전히 가능하다고 해도 더 이상 바람직하지 않다는 것이다. 루소가 보기에 고대 도시 국가는 신뢰할 만한 모델이

---

13   몽테스키외에 따르면, 근대 군주제는 관습(custom)이라는 브레이크에도 불구하고 구조적으로 전제주의로 치닫는 경향이 있다.

아니었기 때문이다.

이하 『사회계약론』의 한 구절을 보면 루소의 모호한 입장을 보다 확실하게 알 수 있다.

뭐라고? 자유는 노예의 도움이 있어야만 유지된다는 말인가? 그럴지도 모른다. 양극단은 통하기 때문이다. 자연 속에 있지 않은 모든 것은 문제가 있으며 시민 사회는 나머지 모든 것보다 특히 더 많은 문제가 있다. 다른 사람을 희생하지 않고는 자신의 자유를 지킬 수 없고, 노예가 완전히 노예가 되어야만 시민이 완벽하게 자유로울 수 있는 불행한 상황이 있을 수 있다. 스파르타의 상황이 그랬다. 당신과 같은 근대적 인간은 더 이상 노예를 가지고 있지 않지만 바로 당신이 노예이다. 당신은 그들의 자유를 당신의 자유로 지불한다. 당신은 그것이 더 나은 것이라고 자부하지만, 나는 그것을 인간적이라기보다 비겁한 것이라고 생각한다.

이 모든 것이 노예가 필요하다거나 노예를 가질 권리가 정당하다는 것을 의미하지 않는다. 앞서 나는 이미 그 반대를 증명했기 때문이다.[14]

즉, 고대 그리스의 도시 국가는 근대 자유주의 사회를 비판하는 기준이 되지만 자유주의를 대체할 수 있는 것은 아니다.[15]

그렇다면 루소가 제안하는 실증적 원칙은 무엇인가? 이것은 특히 민감

---

14  루소, 『사회계약론』, 제3권, 제15장.
15  이 대목에서 루소의 태도는 자기기만적인 측면이 있다고 볼 수 있다. 이런 유형의 자기기만은 자유주의에 대한 당시의 '반동적' 비평가들 사이에서 더 자주 볼 수 있는 것이기도 하다. 그들은 자유주의 사회를 그리스 도시 국가나 봉건제 또는 군주제하의 위대함과 대조하며 전자를 쉽사리 폄하한다. 그러나 현실적인 문제에 직면하는 순간, 그들은 서둘러서 그리스 도시 국가나 봉건제 또는 군주제로 돌아가자는 것은 아니라고 말한다.

한 질문이다. 루소에게 근대 사회는 인간을 악하고 불행하게 만들지만, 인간이 악하고 불행한 것은 자연스러운 것이 아니다. 따라서 근대 사회는 자연에 반하는 것이다. 좋은 사회란 오직 인간의 본성에 부합하는 사회여야만 한다. 이를 위해서는 인간의 진정한 본성을 발견해야 하는데, 이것이 바로 루소의 위대한 탐구이다.

우리 사회가 자연에 반하기 때문에, 또 우리 자신과 우리가 보는 사람들이 자연 상태의 인간이 아니기 때문에 루소의 탐구는 매우 어렵고 심지어 불가능할 수도 있다. 자연 상태의 본질을 추구한 작가들 중에서 최소한 지침을 찾을 수 있지 않을까? 근대 작가들 가운데 가장 위대한 사람은 단연 홉스이다. 그러나 모두가 더 많은 권력을 추구하고 우위를 점하는 데 열중하는 홉스의 '자연 상태'는 우리 사회의 현주소를 그대로 반영한 것이 누가 봐도 분명하다. 물론 우리 사회는 평화로운 반면, 자연 상태는 만인에 대한 만인의 투쟁을 조장한다고 반박할 수 있다. 그러나 평화로운 시기에도 우리의 정념은 전쟁 상태와 매우 유사하기 때문에 이 차이는 피상적인 수준에 머문다. 그리고 그들이 감히 전쟁 상태에 근접하지 않는다는 사실, 즉 무력한 상태에 갇혀 있음에도 계속 살아간다는 사실은 그들을 더 타락하게 만들뿐이다. 홉스가 폭로한 것은 문명화된 인간 마음의 심연이다.

그렇다면 해결책은 무엇인가? 인간의 얼굴에 씌워져 있던 관행과 인습의 베일을 하나씩 벗겨내고, 영혼의 가장 단순한 동작만을 찾아내어 마침내 "여기 인간 본연의 모습을 한 인간이 있다"고 말하는 것이다. 이것이 루소가 그의 두 번째 담론인 『인간 불평등 기원론』에서 취한 접근 방식이다.

모든 사회에는 관행과 인습이 있기 때문에 관행과 인습 나아가 사회 이전의 인간, 즉 원래의 고독한 개인에서 출발해야 한다. 그리고 인간은 사회의 발전을 통해서만 자신의 능력을 발전시키기 때문에, 이 원래의 고독한 개인은 오늘날 우리가 생각하는 인간이 아니라 **완전성**perfectibility을 부여받은, 즉 인간이 될 수 있는 능력을 가진 일종의 동물일 것이다. 필자는 루소가 왜 자연적 인간을 찾고자 이와 같은 탐구에 몰두한 이유를 제시하려고 한다. 유럽에서 가장 사교적이고 예의 바르며 인위적인 프랑스 사회가 불러일으킨 혐오감은 자연스럽게 루소를 정반대의 극단으로 몰아갔을 것이다. 그러나 이보다 더 중요한 지적이고 정치적인 이유가 있다. 우리가 앞서 살펴본 바에 따르면 홉스는 신학-정치적 문제에 직면하기 위해 두 가지 복종(인간의 법에 대한 복종과 신의 법에 대한 복종)에 선행하는 가상의 개인을 상정한 바 있다. 홉스는 이 가상의 개인을 통해 세속 권력과 종교 권력 사이의 갈등으로부터 마침내 해방된 정당한 국가를 재구성한다. 그러나 홉스가 추구하는 이 개체는 어차피 가상의 것이기 때문에, 굳이 여기서 탐구를 끝낼 이유가 없다. 오히려 전임자보다 더 깊이 탐구하는 데는 항상 좋은 이유가 있기 마련이다. 이 탐구는 가상의 인간이 더 이상 인간이기를 그만둘 때 비로소 끝에 도달할 것이다. 이것이 바로 루소가 도달한 지점이다.

자연적 '인간'natural man에 대한 루소의 새롭고 결정적인 정의는 엄청난 정치적 함의를 지닌다. 최초의 단계에서 자연적 인간은 사회적이거나 특별히 인간적인 동물이 아니다. 자연적 인간은 사회 밖에서 또는 그 너머에 사는 '인간'이다. 우리 사회뿐만 아니라 모든 사회, 심지어 상상할 수 있는 가장 좋은 사회도 인간 본성에 위배된다. 그렇다면 인간이 본질적으로 사회적이지 않다면, 즉 사회가 인간 본성에 위배된다면, 인간 본성에 부합하는 사회를 찾는 것이 정치적으로 무슨 의미를 가지게 되는가? 이것이 루소의 화두이다. 루소의 사상은 인간 본성이 정치적 논쟁에서 가장 첨예하게 논의되는 순간, 그리고 동시에 인간 본성이 사실상 제약과 기준으로서의 역할을 중단하는 그 역설적인 순간을 구체화한다. 이러한 이론적 모순은 정치적 행동의 새로운 가능성을 열어준다. 한편으로 불의한 사회 질서에 의해 억압받는 인간 본성이라는 개념은 모든 사회적 또는 정치적 불만에 존엄성을 부여하고, 다른 한편으로 이러한 인간 본성이 더 이상 실증적으로 정의될 수 없다는 사실은 모든 사회적 잘못을 바로잡을 수 있는 무한한 행동의 공간, 즉 엄청난 기회를 열어주는 것이다. 바로 이 시점부터 근대적 의미의 혁명이라는 것이 가능하게 된다.

필자가 필요 이상으로 혼란스럽게 루소를 설명한다는 반론이 있을 수 있다. 루소의 『사회계약론』은 정당한 정치 체제의 조건에 대한 매우 명확한 분석이 아닌가? 따라서 루소는 자유주의에 대한 실증적인 대안을 이미 제안하지 않았는가? 그렇지만 사회 계약의 동기를 부여하는 정신은 무엇일까? 우리는 앞서 개인이 분열되면 사회가 부패하고 인간은 불행해지며, 인간은 본질적으로 **완전**하고[16] 자급자족하기 때문에 행복하고 선한 존재라는 것을 보았다. 좋은 정치체란 이러한 개인의 완전성과 단일성 그리고 독립성을 보존하는 것이어야 한다. 하지만 그렇게 하는 것은 분명히 불가능하다. 그러나 할 수 있는 것은 각 개인과 정치체 간의 동일성identity을 심어주는 것이다. 그렇게 하면 정치체의 구성원 중 누구도 더 이상 자신이라는 존재와 정치체라는 존재를 구별하지 않게 되고 개인과 정치체는 하나가 됨에 따라 인간은 **완전**해질 것이다. 『사회계약론』에는 등장하지 않지만 이 계획을 간명하게 요약하는 루소의 다른 작품에 따르면, 모든 사람은 이처럼 구성된 국가에서 "고립된 인간이 혼자일 때만 느끼는 섬세한 감정"을 갖게 될 것이다.[17] 따라서 **일반 의지**는 모든 개별 의지

---

16    세상을 타인의 관점이 아닌 자신의 관점으로 바라보며 자신의 관점대로 행동하는 상태를 뜻한다. 아주 어린아이가 자신의 주변과 본능적으로 교감하는 것을 예로 들 수 있으며, 근대 사회를 살아가는 성인은 이미 타인을 의식하는 상태에 진입했기 때문에 절대로 이 완전한 상태로 되돌아갈 수 없다. _옮긴이

를 식별하는 원칙이자 기준이 된다. 또한 일반 의지는 모든 자연적 개인이 동일시하는 새로운 인공적 개인에게 존재감과 정당성을 부여한다. 권리와 의지에 관한 루소의 모든 분석은 단 하나의 목적, 즉 이러한 통합 및 동일성이 어떻게 확립될 수 있는지를 보여주기 위한 것이다.

이러한 국가는 자연적 개인이 **완전**하고 단일한 것처럼 그것이 **완전**하고 단일해야만 인간 본성에 부합한다고 말할 수 있다. 그러나 이러한 국가는 인위적이며 심지어 자연에 반한다고도 볼 수도 있다. 왜냐하면 이러한 국가는 "인간 본성을 변형시켜야 하며, 그 자체로 완전하고 고독한 존재인 개인을 더 큰 전체의 일부로 변화시킴으로써 이를 통해 각 개인이 자신의 삶과 존재를 받아들여야 한다. 나아가 인간의 체질을 강화하기 위해 이 또한 변형시킬 수 있어야 한다…".[18]

그렇다면 『사회계약론』의 가장 큰 어려움은 어디에 있는가? 그것은 국가의 본질과 기원이 상호 모순적이라는 사실에 있다. 앞서 살펴본 국가의 본질에 따르면, 국가는 개인과 정치체 간의 동일성을 실현하고, 개인의 자기 보존 본능과 정치체의 자기 보존 본능 간의 동일성을 실현한다. 즉, 국가의 기원은 **개인**의 자기 보존 본능에 있다. 이 점에 관한 한 루소의 관점은 로크의 관점과 매우 유사하다. 루소에 따르면 자연 상태의 특정 단계에 이르렀을 때, 각 개인은 더 이상 혼자서 자신의 생명과 재화를 보호할 수 없으므로, 일반 의지의 주권적 지시 아래 힘을 합쳐 자신의 생명과 재화를 보호해야 한다. 불안정한 소유물이었던 개인의 재화는 이제 공공질서를 책임지는 당국에 의해 보장되는 진정한 재산이 된다. 사회 계약은 **소유주** 간의 계약인 것이다. 그러나 바로 그 순간, 루소는 그전까지

---

17    루소, 『정치 경제 논고(Discours sur l'économie politique)』(1755).
18    루소, 『사회계약론』, 제2권, 제7장.

자기 보존에만 몰두했던 소유주가 환골탈태하듯 스스로의 본성을 변화시키고 자신의 자아를 새로운 공적 인격의 자아와 동일시하게 된다고 말한다. 로크적 인간만큼이나 확고한 소유주이자 철저한 부르주아였던 이 개인은 갑자기 가장 강경한 스파르타 사람보다 더 엄격한 **시민**이 되는 것이다. 루소의 『사회계약론』에서 발견되는 모든 모순점들은 바로 이 급진적인 개인의 변신에서 그 근원을 찾을 수 있다.

따라서 루소의 『사회계약론』은 구체적으로 실행 가능한 정치 체제에 대한 논의를 담을 수 없다. 한편으로는 로크의 가르침을 다루고 반복한다는 점에서 자유주의라는 항목 아래에 놓을 수 있지만, 다른 한편으로는 사회 통합social unity, 즉 각 개인의 이익과 의지가 모두의 이익과 의지와 동일시된다는 생각만이 유일한 지침이 되기 때문에 급진적으로 불확실한 미래를 예견하게 된다. 일반 의지가 실현되고 공익이 그 어떤 사익과도 합쳐지지 않도록 하는 유일한 방법은 공익을 모든 사익과 모순되는 위치에 두는 것이며, 나아가 공익이 **모든** 사익에 미치는 모순의 정도를 기준으로 공익의 실현을 측정하는 것이다. 모두의 통합은 모두의 억압을 통해 비로소 인식되는 것이다. 이런 의미에서 로베스피에르[19]가 자신이 루소의 사상을 실현했다고 생각한 것은 터무니없지 않다. 그렇다면 루소의 사상이 자유주의적이면서 동시에 로베스피에르적이라고 말해야 할까? 사실 둘 다 아니기 때문에 둘 다인 것처럼 보일 수 있다. 이를 이해하기 위해서는 재산에 대한 루소의 해석을 좀 더 자세히 살펴보아야 한다.

필자는 『사회계약론』에서 루소가 로크가 상정한 정치체의 기원을 받

---

[19] 막시밀리앙 드 로베스피에르(Maximilien de Robespierre, 1758~1794)는 프랑스 혁명기의 정치인이자 법률가이다. 프랑스 혁명을 주도한 혁명 정치가로 공포 정치(la Terreur)를 시행하다가 테르미도르(Thermidor) 반동으로 인해 반대파에 의해 숙청당했다. _옮긴이

아들인다고 말한 바 있다. 그러나 루소는 재산에 관한 한 로크와 전혀 입장을 공유하지 않는다. 재산에 대한 루소의 입장을 이해하려면 루소 스스로가 '가장 철학적'인 저작으로 간주하는 두 번째 담론으로 돌아가야 한다. 『인간 불평등 기원론』에서 루소는 재산권에 대한 로크의 개념이 피상적이라고 비판한다. 루소는 노동이 재산이라는 **개념**의 기원이라는 로크의 주장에는 동의하지만, 노동이 재산에 대한 **권리**, 즉 재산권의 기원이 될 수는 없다고 본다. 논쟁의 요지는 다음과 같다. 로크에 따르면 정당한 취득은 동의를 바탕으로 이루어지며, 노동을 통해 땅의 열매를 취득하는 사람은 '근면한 자'이며, 이에 반대하고 항의하는 한낱 '싸움꾼' 같은 사람들은 정당하게 무시해도 된다. 루소는 이 관점을 정면으로 비판하며, 노동을 통한 배타적인 취득 행위는 **강제로** 빼앗는 것에 불과하다고 대답한다. 당신은 무슨 권리로 내 소가 풀을 뜯고 있는 목초지를 폐쇄한단 말인가? 당신은 일하고 생산한다고 말하지만 그게 나와 무슨 상관인가? 나는 당신에게 그 무엇도 요청한 적이 없다. 로크의 정의에 따르면 노동은 무엇보다도 개인과 자연 간의 조용하고 고독한 관계이다. 반면 권리라는 것은 실질적으로 또는 암묵적으로 인간 간의 관계 및 언어의 교환을 전제로 한다. 따라서 루소에게 있어 노동은 재산권을 확립할 수 없다.

루소는 정치 제도가 구성되기 직전의 단계에서 자연 상태는 '가장 끔찍한 전쟁 상태'로 드러나며, 노동할 '권리', 강자의 '권리', 필요성의 '권리', 최초 점유자의 '권리' 등 숱한 갈등으로 특징지어진다고 말한다. 이러한 갈등을 해결하기 위해서는 법의 언어가 제정되어야 하며, 사람들은 **말해야** 한다. 그렇다면 누가 말할 것인가? 역설적이게도 이 상태로 인해 상대적으로 가장 큰 고통을 받는 사람들은 바로 부자들이다. 부자들에게는 보존 본능이 자신의 신체를 넘어 재산까지 미치기 때문에, 몸과 목숨만 가진 가난한 사람들보다 본능이 더 발달할 수밖에 없다. 따라서 부자들은 정치체의 기초가 되는 언어를 주도적으로 구사할 것이다. 그들은 '인간 정신이 고안한 가장 심오한 계획'을 실행할 것이며, 모든 사람들(특히 가난한 사람들)을 설득해 모두의 힘을 통해 모두의 재산(무엇보다도 부자의 재산)을 보호할 정치체의 구성을 제안할 것이다. 이처럼 불평등이 확립되고 인간의 불행이 보장되는 것이다.

재산은 인간 세계의 모순을 단적으로 드러낸다. 이 모순은 노동에서 비롯되며, 나아가 재산의 불평등은 원래 노동 능력의 차이에서 비롯된 것이기 때문에 힘의 불평등에 기초한다. 동시에 가장 힘이 세거나 가장 부유한 사람은 가장 의존적이기 때문에 역설적으로 가장 취약한 사람이기도 하다. 그의 존재는 그의 재산을 포함하므로 더 광범위하기 때문이다. 정치 제도는 부자들의 이러한 원초적 약점을 보완하기 위해 그들에게 항상 필요한 힘, 즉 가난한 사람들의 힘을 가져다주는 것을 목표로 한다. 법은 부자들이 가난한 사람들의 힘을 지속적으로 활용할 수 있게 하는 유일한 수단이다.[20]

이처럼 재산에 대한 루소의 입장은 양극단을 오간다. 한편으로 루소는 재산을 자유보다 더 '신성'한 것으로 정의하는데, 그 이유는 재산이 '방어하기 더 어렵기 때문'이다. 소유물은 자신을 방어할 손이 없기 때문에 그것을 소유한 개인보다 약하다. 그러나 다른 한편으로 루소는 재산이라는 제도에서 인류 최초의 강탈 행위를 본다. 사유 재산이 가능하다는 것은 모든 시민 사회의 궁극적인 토대가 결국 완전하게 정의로워질 수 없는 힘의 논리에 있다는 증거이기 때문이다. 따라서 법은 아무리 좋은 법이라

---

20  이것이 『인간 불평등 기원론』에 의해서만 사실이고 『사회계약론』에 따르면 더 이상 사실이 아니라고 주장하는 것은 의미가 없다. 『사회계약론』의 제1권의 마지막 주석과 더불어 『에밀』 제4권의 주석은 모두 『인간 불평등 기원론』의 논지와 일치한다.

도 모순적인 목적을 지니고 있다. 법은 강제력 외에는 아무런 근거가 없는 재산의 원초적 불평등을 개선하고 바로잡는 것을 목표로 해야 하지만, 동시에 이러한 불평등을 용인해야 할 수밖에 없는데, 이는 법이 보호를 가장 필요로 하는 '불평등한' 재산(즉, 가장 광범위한 부자의 재산)에도 강제력을 부여하기 때문이다. 따라서 법과 정치 제도의 주된 목적은 재산의 불평등을 시정하는 **동시에** 용인하는 것이다. 루소는 『에밀Émile ou de l'éducation』(1762)에서 이렇게 말한다. "이러한 불이익은 불가피한 것이며, 예외가 있을 수 없다"고 말이다.

루소 사상의 궁극적인 역설은 다음과 같이 정리될 수 있다. 한편으로 사회는 본질적으로 자연에 반하는 것이며, 다른 한편으로 사회는 구성원들에게 가능한 한 최대의 통합을 강요하고 각 개인을 공동체 전체와 동일시하는 경우에만, 즉 인간 본성을 변화시키는 한에서만 자연에 근접하게 된다. 사회는 인간 본성에 반하기 때문에, 인간에게 최대한으로 반할 때 비로소 사회는 인간에게 순응하게 된다.

물론 이와 같은 표현은 '모순적'이다. 그러나 모순되는 것이 인간의 본성이며, 이 표현은 인간의 내적 모순을 반영할 뿐이라고 덧붙이면 앞선 논의는 더 이상 모순적이지 않다. 인간은 근본적으로 본성에 의해 결정되는 것이 아니라 **자유**에 의해 결정되는 것이기 때문에 인간이 자신의 본성을 바꾸는 것이야말로 자연스러운 일인 것이다. 그리고 자유는 인간이 자신의 본성에 명령을 내리거나 본성을 변화시키는 힘, 즉 스스로에게 법이 되는 힘이다. 루소 정치사상의 놀라운 '모순'은 이처럼 인간에 대한 새로운 정의를 내린다. 인간의 본성은 본성을 갖는 것이 아니라 자유롭다는 것이다. 바로 이 점으로 인해 루소의 반자유주의 사상은 자유주의가 스스로를 구성하는 가상의 존재, 즉 개인에게 결정적인 내용을 제공하게 된다. 자유주의는 자연 상태라는 우회적인 수단을 통해 간접적으로 그 핵심

원리인 개인에 도달했다. 이와 같은 방식으로 도달한 개인은 그의 행동이 악으로부터 도망치고 생명을 보존해야 할 필요성에 의해 기계적으로 결정되었기 때문에 어쩌면 거의 '자유'롭지 않았다고 말할 수도 있다. 그러나 루소부터 자유는 개인의 내면에 즉각적으로 있는 것이며, 개인이 경험하고 필요하기도 한 **자율성**의 감정이 된다. 자유주의의 개인은 내적으로 자유롭지 않았다. 루소는 자유주의자는 아니지만 그의 개인은 자유롭다. 따라서 루소는 개인이 자기 자신을 인식하고, 인간이 스스로를 개인이라고 느끼거나 개인이 되려고 노력하는 데 필요한 가장 깊고 내적인 감정을 자유주의 사회에 제공하게 된다.

하지만 자유주의 사회에 필수적인 이 지극히 내적이고 즉각적인 자유의 감정은 자유주의 사회에서 위험이 되기도 한다. 인간이 자유이자 자율성이고 스스로 법을 만드는 존재라면, 자신을 비하하지 않는 한 더 이상 자연(또는 본성)으로부터 행위의 동기를 이끌어낼 수 없다. 루소가 제시한 자유에 대한 새로운 정의에 비해 자기 보존의 자연적 필요성에 기반한 기존의 자유주의적 자유는 한심하고 나약하며 심지어 저속해 보이기까지 한다. 본성에 의해 결정된 자유주의적 자유는 이미 더 이상 자유가 아니다. 그리고 오래된 자유든 새로운 자유든 동기 없이는 행동할 수 없기 때문에, 새로운 자유는 자신의 숭고함에 상응하는 동기를 찾게 된다. 혁명은 자유가 스스로 동기를 부여하는 행위, 즉 인간이 자신의 본성의 명령을 뛰어넘어 스스로를 고양하는 행위가 될 것이다.

루소와 함께 근대 정치사상은 논의의 절정에 도달함과 동시에 곤혹의 절정을 맞이하게 된다. 이 시점의 근대 정치사상이 자유주의에 반하게 되는 이유는 근본적으로 독립적인 개인들로부터 단일하고 불가분적인 정치체를 구성한다는 자유주의의 원초적 원동력과 논리를 끝까지 밀어붙였기 때문이다. 이는 당시의 근대 정치사상이 자유주의를 다른 사상으로 완전하게 대체하지 못했다는 의미이기도 하고, 동시에 자유주의를 향해 엄청난 위협을 가하고 있었다는 의미이기도 하다. 여기서 위협이란 자유주의가 충분히 통합하지 못하는 분산된 개인들을 대상으로 강압적이고 불특정한 통합을 강요하는 혁명의 위협이다. 또한 자유주의가 어둠 속에 방치하지만 결코 소멸하지 않는 불꽃같은 자유를 실현하는 혁명의 위협이다. 프랑스 혁명은 루소 사상의 리듬을 그대로 따라 진화한다. 프랑스 혁명은 1789년에 개인의 안전과 재산을 마침내 보장하는 것을 목표로 갑자기 등장하지만, 1793년에는 새로운 정치체의 절대적 통일성을 얻기 위해 이러한 안전과 재산의 보장에 반대하게 되며, 1794년에는 자신의 기반을 무너뜨리는 이와 같은 '자연에 반하는' 노력을 포기하고 재산 및 그 불평등과 화해하게 된다. 그러나 이러한 화해는 본질적으로 불안정한 상태로 남아 있는다. 혁명적 행위는 자연의 모든 결정 위에 자신을 올려놓음으로써, 앞으로 어떤 정치도 잊거나 성취할 수 없는 불확실한 '가능성'을 열어놓았다. 사실상 실현 불가능한 이 가능성은 인간의 정치적 본성을 새로운 요소, 즉 애매하고 통제 불가능하며 주권적인 **역사**라는 새로운 요소로 전환시켰다. 그리고 역사를 통제하기 위해 프랑스 혁명은 유럽에 매우 강력한 정치적 통합의 주체인 **국가**를 물려주었다.

루소에 이르러 근대 정치사상이 한계에 도달했다고 말하는 것은 루소 이후 더 이상 엄격하거나 독창적인 의미의 정치철학이 존재하지 않았다고 말하는 것과 같다.[21] 앞서 살펴본 것처럼 자연과 본성에 대한 개념이 소진되면 인간의 본성에 부합하는 최선의 정치 체제에 대한 질문은 더 이

---

21  '철학'이라는 개념은 '본성(자연)'이라는 개념과 분리될 수 없다. 후자가 무시된 후에도 인간은 생각하는 것이 본성인 만큼 분명히 계속 생각할 테지만, 이 생각은 철학과는 다른 것이다.

상 제기될 수 없다. 본성은 더 이상 기준이나 모델이 될 수 없는 것이다. 대신 역사와 자유라는 두 가지 다른 기준이 그 자리를 차지하게 된다. 프랑스 혁명 이후의 모든 정치적 고찰과 이론은 역사철학philosophy of history 안에서 발전하고 그것에 종속될 것이다.

자유주의 사상은 시민 사회와 국가를 구분하는 데 기반을 두고 있다. 루소는 이 구분이 가능한 이유는 두 용어의 기원과 토대가 두 용어를 통합하는 세 번째 용어에 있기 때문이라고 주장했다. 루소는 이 세 번째 용어를 가장 명확하게 드러낸 최초의 인물이며, 이 용어에 오래도록 남을 이름을 붙였다. 그 이름은 바로 '사회society'이다. 루소는 근대인이 본질적으로 정치체나 국가 또는 경제 공동체에서 사는 것이 아니라 무엇보다도 사회에서 살고 있다는 것을 인식하게 했다. 루소가 보기에 근대인은 동료 인간과의 관계에서 **불평등**의 관점을 채택하는 한 사회라는 층위에 살고 있다. 여기서 불평등은 특정한 경제적 또는 정치적 불평등이 아니라 추상적이고 도처에 편재하는 사회생활 전반의 불평등이다. 같은 맥락에서 루소는 추상적이면서도 마찬가지로 편재하는 **평등**이라는 정반대의 사상을 도출한다.

한 세기도 채 지나지 않아 토크빌이 근대 민주주의 사회를 평등에 대한 관념과 정념에 기반한 사회라고 설명할 수 있었다면, 그것은 프랑스 혁명과 루소의 '영향력'이 제 역할을 했고 새로운 사회가 실제로 이전 사회보다 '더 평등했기' 때문만은 아니었다. 루소가 관찰한 불평등이 토크빌이 묘사한 평등을 포함하거나 평등으로 이어지기 때문이기도 하다. 이제 사회를 특징짓는 불평등이나 평등보다 더 중요한 것은 인간을 양육하는 데 필수적이지만 눈에 보이지 않는 요소이자, 인간이 더 이상 서로에게 명령하지 않을 때 탈출의 대상이 되는 것, 바로 사회 그 자체이다.

# 제7장
# 프랑스 혁명 이후의 자유주의

필자는 지금까지 자유주의적 관점의 발전과 통합이 어떻게 신학-정치적 문제에서 비롯되었는지, 더 정확하게는 홉스가 본격적으로 초석을 다진 자유주의 사상을 통해 어떻게 신학-정치적 문제에 대응했는지를 보여주고자 했다. 루소는 태동기의 자유주의에 활력과 추진력을 부여하던 긴장감을 한계점까지 고조시킴으로써 자유주의의 첫 번째 주기를 종식시켰다. 19세기 전반에 등장한 두 번째 자유주의는 첫 번째 자유주의와 거의 닮지 않았으며, 루소와 프랑스 혁명으로 인해 그 최초의 형태로부터 분리되었다. 이 두 번째 자유주의의 임무는 어떤 의미에서 그동안 모두가 겪어야 했던 복잡한 사건과 감정 그리고 사상의 변화가 만들어낸 충격을 흡수하는 것이었으며, 이 모든 것은 '루소와 프랑스 혁명'이라는 표현으로 귀결되었다.

우리는 19세기의 자유주의가 프랑스 혁명의 결과뿐만 아니라 그 행위 자체를 – 물론 모든 행위는 아니더라도 – 받아들이고 승인한다는 점에서 출발해야 한다. 이 점은 중요하며 강조할 가치가 있다. 자유주의자라고 불릴 수 있는 버크Edmund Burke는 프랑스 혁명을 신랄하게 비판했지만 프랑스의 위대한 자유주의자 중 그 누구도 버크를 따르지 않았다.[1] 물론 그들은 혁명의 공포 정치 기간을 비판하는 등 혁명의 각 단계를 다르게 보았다. 그러나 근본적으로 그들은 지적으로나 감성적으로나 혁명가들의 편에 서서 앙시앵 레짐에 반대했다. 우리에게는 그들의 태도가 그저 놀라울 따름이다. 회고적 관점에서 보았을 때, '개인의 자유들'은 원칙상으로는 아니더라도 사실상 혁명 말기나 제1제국 시대보다 오히려 앙시앵 레짐하에서 더 잘 보장되었기 때문이다. 나아가 그들도 이 사실을 종종 인정하기도 했다. 오늘날의 프랑스 자유주의자들이 공유하지 않는 것처럼 보이는 그들의 친혁명적 열정을 어떻게 설명할 수 있을까?

가장 자명하게 보이는 설명은 설득력이 없지 않다. 앙시앵 레짐은 – 적어도 공식적으로는 – 자유주의가 대항하던 바로 그 원칙, 즉 국왕의 절대 주권과 가톨릭교회의 정치적 권력에 기반한 체제였다. 다른 한편으로 혁명가들과 제헌 의회의 의원들은 자유주의적 정책을 수행하고, 국민의 안보·권리의 평등·사유 재산을 진정으로 보장할 수 있는 대표제와 권력 분립에 기초한 정치체를 세우는 임무를 스스로에게 부여했다. 그러나 이것이 사실의 전부일 수는 없다. 결국 혁명의 경험은 대표제 원칙이 전제주의로 변질될 수 있다는 것을 입증했고, 나아가 소수의 사람들에 의해 국민의 주권이 몰수될 수 있다는 것을 보여주었다. 한마디로 자유주의적 정치 질서의 개념은 자유에 치명적인 위험으로 둘러싸여 있었다.

프랑스 혁명은 **어디**에서, 어떤 사회적 환경에서, 어떤 정치적 맥락에서, 어떤 인간 연대의 단계에서 일어났을까? 프랑스 혁명은 삶이 중단되고 제도가 파괴되었던 시민 사회에서 일어난 것이 아니며, 모든 정치적 행동과 예측의 원칙이 사실상 부재했던 국가라는 맥락에서 일어난 것도 아니다. 혁명가들은 마침내 사회를 적절하게 대표할 수 있는 국가를 건설하겠다고 주장했지만, 그들은 국가도 사회도 아닌 다른 곳에 속해 있었

---

1    Pierre Manent, "Burke ," *Les libéraux* (Paris, 1986) 참조.

다. 그들은 이 둘을 넘어서는 것을 목표로 삼았고, 이를 통해 인간에게 새로운 역할을 부여했다.

그러나 이 새로운 역할은 자유주의가 한 세기 반 동안 강조했던 시민 사회와 국가 간의 구분에 의해서만 가능한 것이었다. 자유주의적 인간은 자신을 소유주와 시민으로 나눌 수 있었지만, 결국 둘 중 어느 것도 될 수 없었다. 따라서 그는 소유주도 시민도 아닌 다른 **제3의 인간**이 되었다. 프랑스 혁명의 전개는 자유주의가 드러내지 않고 묵묵히 변형 중이었던 인간의 상황과 역할을 모두에게 명백하게 노출시키는 결과를 가져왔다. 여기서 필자는 프랑스 혁명이 그 자체로 자유주의적이었다거나 자유주의의 발전이 반드시 혁명으로 이어졌다고 주장하는 것이 아니다. 이와는 결이 다른 또 다른 문제가 있으며, 우리는 이를 위해 프랑스 혁명 이후 사람들이 느꼈던 감정을 살펴볼 필요가 있다.

프랑스 혁명 이후 19세기의 사람들은 더 이상 시민 사회나 국가 안에서만 살지 않았고, 보통 '사회' 또는 '역사'라는 다양한 이름을 가진 제3의 요소 속에서 살았다. 그 이름이 무엇이든 간에 이 요소는 가장 큰 권위를 누렸다. 이 '사회'는 '시민 사회'와는 다른 것이었다. 후자는 인간이 자발적으로 형성한 관계의 총체로서 자기 보존에 대한 욕망에 의해 변형되어 만들어진 것이지만, 전자는 명백한 자연적 기반이 없었다. 그 권위는 자연이 아니라 '역사', 즉 역사적 진화에 있었다.

17세기부터, 특히 18세기에 이르러 유럽인들은 과학·예술·상업의 발전 덕분에 개별적인 정치적 사건과 무관한 어떤 과정이 사회에서의 인간 상태를 변화시키고 있다고 느꼈다. 그러나 이 과정은 인간의 사회적 본성을 기술적으로만 개선하는 것으로 인식되었다. 즉, 인간은 자연 속에서 살기를 멈춘 것이 아니라 이러한 개선 덕분에 더 나은 삶을 살고 있었을 뿐이라고 본 것이다. 그러나 19세기에 이르면 이와는 완전히 다른 무언가가 작동하고 있다는 인식이 퍼지게 되는데, 이는 프랑스 혁명의 양측에서 다른 어떤 사상가보다 공통점이 많은 몽테스키외와 뱅자맹 콩스탕Benjamin Constant의 저술을 비교해 보면 알 수 있다. 프랑스 혁명 이전에 몽테스키외보다 '지식과 상업의 발전으로서의 역사'에 더 많은 권위를 부여한 저자는 없었으며, 몽테스키외만큼 인류의 안보와 자유를 위해 역사적 발전이 결정적이라고 주장한 사상가도 없었다. 그러나 몽테스키외는 콩스탕과는 달리 역사의 권위 아래 **살고 있다**는 느낌을 갖지는 않았다. 몽테스키외는 역사의 권위를 확립하기를 원했지만 그것을 느끼지는 못했다. 이 차이는 매우 중요하다. 역사를 바라보는 이 차이 때문에 콩스탕은 몽테스키외가 자신과 같은 말을 하고 있음에도 그 사실을 종종 인지하지 못했다.

이러한 느낌은 분명히 프랑스 혁명에서 비롯된 것이다. 더 정확하게는 프랑스 혁명이 적절한 정치 제도를 발전시키는 데 실패했다는 사실에서 비롯된 것이다. 따라서 프랑스 혁명은 새로운 정치체의 기초로 간주될 수 없었으며, 단순한 체제의 변경은 더더욱 아니었다. 하지만 이 두 가지는 그 당시까지 정치적 '혁명'에 대한 유일한 정의였다. 따라서 프랑스 혁명은 당시로서는 전례 없는 범위의 정치적 변화를 야기했으나 정작 이에 상응하는 안정된 정치적 결과는 없었으며, 나아가 종식이 불가능한 정치적 격변 또는 끝이 보이지 않는 불확실한 사건이라는 최초의 광경을 제공했다. 당시의 사람들이 혁명에 의해 드러난 제3의 요소, 즉 '메타 정치적' 요소 속에서 살고 있다는 느낌을 받았다는 사실은 곧 '사회'와 '역사'라는 개념에 부여될 당시의 종교적 해석을 통해 확인할 수 있다. 18세기는 종교에 매우 적대적이었고, 프랑스 혁명은 폭력적인 탈그리스도교화를 진행했지만, 19세기 전반은 사실 매우 '종교적'이었다. 여기서 필자는 프랑스 사람들이 유순하게 가톨릭교회에 다시 귀의했다는 말을 하는 것이 아니다. 그런 일은 일어나지 않았다. 그럼에도 불구하고 그들은 정치적·사회적 사건을 종교적 용어로 해석하기 시작했고, 정치적 고려와 종교적 고려를 분리할 수 없게 되었다. 이와 같은 경향은 19세기의 자유주의자뿐만 아니라 생시몽주의자, 샤토브리앙[2]과 키네Edgar Quinet, 토크빌과 미슐레Jules Michelet 등 거의 모든 프랑스 지성들에게 발견된다. 그러나 여기서 필자는 자유주의 사상가들만 고려하고자 한다. 필자가 말하는 세 번째 요소, 즉 정치를 결정하는 메타 정치적 요소는 그리스도교가 스스로를 '실현'하는 것을 의미한다.

그리고 실제로 인간이 '사회적 본성도 정치적 기술도 아닌' 제3의 요소 속에 살고 있다고 느낀다면, 자연과 예술과는 본질적으로 다르며 그 위에 존재하는 유일한 제3의 언어, 즉 종교적 언어와 같은 것에 호소하는 것 외에는 이 요소를 실재하는 것으로 생각할 수 없다. 동시에 여기서 중요한 것은 영혼의 구원이 아니라 사회에 대한 이해이기 때문에 앞서 언급한 지성들은 종교를 시대에 맞게 변형해서 그리스도교를 '세속 종교'로 만들었다. 샤토브리앙과 토크빌은 새롭게 태어난 시민적 및 정치적 권리의 평등을 복음의 최종적 승리로 보았으며, 이 성취는 아주 오랫동안, 아주 신비스럽게 연기되었다가 마침내 그들의 세기에 실현되는 것으로 생각했다.

이상의 오랜 경험 덕분에 이제 우리는 유연해졌다. 우리는 물속의 물고기처럼 '사회' 또는 '역사'라는 세 번째 요소 속에서 움직이며 심지어 '문화'라는 개념을 논란의 여지가 없는 것으로 간주하기도 한다. 결과적으로 오늘날 그리스도교인뿐만 아니라 무신론자들도 — 진정한 정치가 되기

---

2    프랑수아르네 드 샤토브리앙(François-René de Chateaubriand, 1768~1848)은 프랑스의 작가이자 정치가이다. 프랑스 낭만주의의 선구자 중 하나로 널리 인정받으며, 주요 저서로 『무덤 너머의 회상(Mémoires d'outre-tombe)』(1848~1850), 『아탈라(Atala)』(1801), 그리고 『그리스도교의 정수(Le Génie du christianisme)』(1802) 등이 있다. _옮긴이

에는 너무 종교적이고, 진정한 종교가 되기에는 너무 정치적인 ─ 이 세속화된 19세기 그리스도교의 다양한 내적 필연성을 보지 못할 위험이 있다. 그것이 이미 '제3의 인간'이 되어버린 우리의 극단적인 불안정성을 드러냄에도 말이다.

자유주의와 프랑스 혁명 간 관계의 두 번째 측면은 자유주의자들이 프랑스 혁명의 권위를 받아들이고 심지어 혁명적 종교를 고수하면서도 혁명의 정치와 종교를 구분한다는 것이다. 자유주의자들은 혁명에 의해 수반되었지만 결국 종교에 의해 작동할 수 없게 된 정치 제도를 이론적 및 실체적으로 정교화하기 위해 노력한다. 혁명 이후의 자유주의 프로젝트는 그것이 고수하는 세속 종교를 세속화하려는 욕망으로 정의내릴 수 있으며, 혁명 이후의 자유주의자는 그가 믿는 참된 신 앞에 선 무신론자로 특징지을 수 있다. 따라서 자유주의자들은 혁명에 비판적이기도 했으며 때로는 매우 가차 없는 비판을 했다. 현실 정치의 관점에서 보면, 그들은 앙시앵 레짐으로의 '복귀'를 요구하는 '반동 세력'이 아니라 혁명의 추종 세력에 가까웠지만, 동시에 혁명을 '지속'하고 '심화'시키고자 하는 세력에 대항해 혁명을 비판하기도 했다. 이와 같은 이중적 입장은 자유주의적 원칙에서 도출한 자유주의적 제도의 안정화를 사실상 불가능하게 만들었다.

제8장

# 뱅자맹 콩스탕과 대항의 자유주의

프랑스 혁명에 대한 자유주의의 이중적 입장을 가장 잘 나타낸 인물은 의심할 여지 없이 뱅자맹 콩스탕이다. 그는 한편으로 혁명을 지지하고 앙시앵 레짐에 반대했으며, 혁명의 원칙뿐만 아니라 덜 자유주의적인 일부 조치까지도 승인했다.[1] 반면에 그는 혁명기의 정치, 그리고 이후 제1제국 정치의 '정신' 또는 '관습'에 대해 매우 신랄한 비판자였다. 콩스탕은 혁명의 의미를 이렇게 생각했다. "우리가 목격하고 종종 희생자가 되기도 했던 그 투쟁과 수많은 사람들이 착수하고 지지했던 다양한 기치에도 불구하고, 그것은 근본적으로 세습제hereditary system에 대항하는 선거제elective system의 투쟁이었다. 이는 프랑스 혁명의 핵심적 문제이자, 세기의 문제이다."[2] 콩스탕 역시 인류 역사의 궁극적 목표인 평등에 기반을 둔 선거제의 편에 섰다. "인류의 완전성은 평등을 향한 것이 아니라면 아무것도 아니다. … 평등만이 진리, 즉 인간과 인간 그리고 인간과 사물 간의 관계에 부합한다."[3]

---

1    콩스탕은 프랑스 총재 정부(le Directoire) 주도의 프뤽티도르 18일 쿠데타(Coup d'État du 18 fructidor an V)를 승인했다. _옮긴이

2    Marcel Gauchet, "Préface aux écrits politiques de Benjamin Constant," *De la liberté chez les Modernes* (Paris, 1980), p. 31.

3    Gauchet, 앞의 책, p. 591.

평등이라는 개념은 더 이상 혁명 이전의 자유주의자들이 상상했던 가상의 자연 상태에서 설 자리를 잃었다. 콩스탕은 심지어 자연 상태와 같은 가설을 비웃었다. 평등은 이제 **역사**, 더 정확하게는 평등의 필연적인 진보로 이루어지는 인류 역사의 완성이라는 틀 속에 자리 잡게 되었다. 여기서 역사란 다양한 정치적·사회적·종교적 형태를 함께 설명할 수 있고 평등 증진의 관점에서 이를 이해할 수 있기 때문에 인류가 역사라는 개념을 통해 스스로를 변화시킬 수 있다는 것을 최초로 인지했다는 점에서 모든 것을 아우르는 통합적인 개념으로 볼 수도 있다. 그러나 콩스탕은 자연 상태 이론가들을 경멸하면서도 일정 부분 그들의 이론을 따르고 있다. 콩스탕이 "평등만이 진리에 부합한다"고 생각한다면, 그것은 자연 상태 이론가들이 평등한 개인이라는 가설에서 출발해야만 정치적 정당성이 가능하다고 보았기 때문이 아니다. 그렇다면 콩스탕은 선거제 또는 대표제라는 개념이 왜 더 이상 자연의 권위가 아닌 (인간이 완전성을 추구할 수 있는 영역인) 역사의 권위에 기초하고 있다고 생각하는 것인가?

앞서 필자는 자유주의 사상가들, 더 일반적으로는 혁명 이후의 자유주의 사상가들이 이러한 권위의 교체를 받아들인 몇 가지 이유를 제시한 바 있다. 콩스탕의 경우에는 매우 구체적인 정치적 이유도 있었다. 앞서 살펴본 것처럼 자연 상태에 대한 가설은 필연적으로 절대 또는 최고 주권이라는 개념에 기초한 정치체의 창설로 이어진다. 그러나 콩스탕은 프랑스 혁명을 통해, 정치적 자유는커녕 단순한 사회적 미풍양속을 유지하는 데 이런 절대 주권 사상보다 더 위험한 것이 없다는 것을 목격했다.[4] 반면 콩

---

4   도널드 그리어(Donald Greer)에 따르면 프랑스 혁명의 가장 잔혹한 공포 정치 기간에 반혁명이라는 죄명으로 처형된 사람의 수는 (정식 재판 없이 즉결 처형된 경우를 포함) 파리 수도권에서만 1만 7000명, 프랑스 전국적으로는 3만 5000~4만 명에 이른다. Albert Soboul, *Dictionnaire historique de la Révolution française*

스탕이 보기에 대표되어야 할 것은 더 이상 개인의 절대적인 자기 보존권이 아니라 시대에 따라 끊임없이 변화하는 이익과 속성 그리고 다양한 관계 속에서 구성된 개인의 복합적 이해관계이다. 그리고 대표되어야 할 것이 역사의 자발적인 움직임에 의해 초래되었다면, 대표자는 더 이상 절대적인 주권을 주장할 수 없으며 항상 진보하고 있는 사회에 봉사해야 한다. 여기서 콩스탕의 이러한 '역사주의historicism'가 의도하는 것은 바로 정당한 정치적 행동의 영역을 제한하기 위한 것이다. 만약 역사가 최고의 권위를 누린다면, 나아가 만약 역사가 활동하는 '자연적'인 영역이 시민 사회라면, 정치적 권위는 본질적으로 시민 사회에 종속된 위치에 놓이기 때문이다.

하지만 역사의 권위가 전제주의를 정당화하는 역할을 할 수도 있는 것 아닌가? "우리 사회가 도달한 역사적 사명을 완수하기 위해 X를 해야 한다"고 선언하는 정부에 과연 어떤 대답을 할 수 있을까? "이 사제들, 이 귀족들은 죄가 없지만 이들은 시대의 움직임을 방해하고 나아가 미래를 가로막기 때문에 죽어야 한다"[5]고 선언하는 당통Georges Jacques Danton에게 어떤 대답을 할 수 있단 말인가? 이 지점에서 콩스탕은 다시 자연이라는 개념을 끌어들인다. 그 어떠한 상황이라 할지라도 상황과 무관하게 권력에는 제약이 있어야 한다.[6] 따라서 콩스탕의 자유주의는 프랑스 혁명 이후의 자유주의가 흔히 그러했듯, 두 개의 불평등한 권위, 즉 역사라는 권위와 자연이라는 권위에 이중적으로 의존했다. 나아가 둘 중 하나의 권

---

(PUF, 2005), p. 1023. _옮긴이

5    샤토브리앙, 『무덤 너머의 회상』, 제9권, 제4장.

6    프랑스 혁명 이전의 자유주의자들이 주장한 바와 같이, 정부 권력의 범위를 인간 본성에 근거해 제한하는 것을 의미한다. 프랑스 혁명 이전의 자유주의자들은 신체의 자유 및 사상과 양심의 자유를 역사적 상황과 무관한 보편적 자유로 보았다. 즉, 권력의 범위는 역사적 상황에 따라 가변적인 것이 아니며, 변하지 않은 인간 본성에 따라 절대적으로 제약되어야 하는 것이다. _옮긴이

위가 상기되었을 때, 그것은 항상 정치권력의 범위를 제한하기 위한 것이었다. 이와 같이 이중적이고 불확실한 판단 기준은 콩스탕의 프랑스 혁명과 제국에 대한 논의에 불안정성을 노출시킨다. 필자는 이하에서 이 논의를 살펴보고자 한다.

필자는 주권 개념을 다룬 질문이 특히 민감한 것이었다고 위에서 언급했는데, 특히 루소로부터 영감을 얻고 프랑스 혁명이 구현하고자 한 국민 주권sovereignty of the people 개념은 더 없이 민감한 것이었다. 콩스탕은 국민 주권의 원칙을 완전히 받아들이고 심지어 루소의 언어를 반영하기까지 한다.

우리 헌법은 국민 주권의 원칙, 즉 개별 의지보다 일반 의지가 우위에 있다는 원칙을 공식적으로 인정하고 있다. 실제로 이 원칙은 논쟁의 여지가 없다. 하지만 우리 시대에는 많은 사람들이 그것을 흔들려고 하는 것이 사실이며, 일반 의지를 집행한다는 구실로 발생한 거대한 악과 수많은 범죄는 정부의 권위를 국민 주권이 아닌 다른 곳에서 찾고자 하는 논리를 강화하는 것처럼 보인다. 그럼에도 불구하고 이러한 논리는 그들이 사용하는 단순한 언어로 뒷받침되지 못한다. 마땅히 법은 모든 구성원의 의지의 표현이거나 일부 구성원의 의지의 표현이어야 한다. 만약 소수의 사람들에게만 이 의지 표현의 특권을 부여한다면 그 특권의 근원은 과연 무엇인가? 그 근원이 권력이라면 권력은 결국 그것을 취하는 자의 것이다. 따라서 권력은 권리를 구성하지 않는다. 만약 권력을 정당한 것으로 인정한다면 누구나 또 아무렇게나 권력을 취해도 똑같이 정당할 것이기 때문에 곧 모든 사람이 권력을 취하고자 할 것이다. 만약 소수의 권력이 모두의 동의에 의해 승인된다고 가정하면, 그 권력은 일반 의지가 된다.[7]

---

7    콩스탕, 『정치론(Principes de politique)』(Paris, 1980〔1815〕), 제1장(De la liberté chez les Modernes), p. 269.

이하에서 콩스탕은 국민 주권의 원칙이 논쟁의 여지가 없다는 것을 주장하면서도 그 현실적 적용이 위험할 수 있다는 것을 인정한다. 그는 다음과 같이 말한다.

우리는 모든 구성원의 의지가 가지는 권리, 즉 국민의 주권을 인정하지만, 그 정확한 성격을 이해하고 명확한 범위를 설정하는 것이 중요하다. 정확한 정의가 없다면 이론의 승리는 그 현실적 적용에 있어 재앙이 될 수 있다. 국민의 주권을 추상적으로 인정한다고 해서 개인에게 주어지는 자유의 양이 더 증가하는 것이 아니다. 주권이 가져서는 안 되는 재량을 주권에 부여한다면, 국민 주권의 원칙에도 불구하고 또는 심지어 그 원칙을 통해 자유를 잃을 수도 있다. 국민의 주권이 무한하다는 것을 주장하는 순간, 당신은 그 자체로 너무 커서 그 누구의 손에 맡겨지더라도 악이 될 수밖에 없는 권력을 만들어 인간 사회에 무작위로 던지는 것이다. 한 사람에게 맡기든, 여러 사람에게 맡기든, 모두에게 맡기든, 여전히 똑같이 악이라는 것을 알게 될 것이다. 그것은 인간이 감당하기에는 너무도 무거운 것이다.[8]

콩스탕에게 있어 국민 주권의 원칙은 긍정적인 측면보다는 부정적인 측면이 강하며, 권리의 원천이기보다는 오히려 비판의 대상이다. 이 원칙은 본질적으로 어떤 개인이나 집단도 모든 국민의 의지를 자신의 의지에 종속시킬 수 없다는 것을 의미하며, 다시 말해 모든 정당한 권력은 국민으로부터 위임받아야 한다는 것을 의미한다. 하지만 그렇다고 해서 위임받은 권력을 통해 마음대로 할 수 있다는 의미는 전혀 아니다. 콩스탕은 다음과 같이 말한다.

---

8    콩스탕, 앞의 책, p. 270.

인간이라는 존재의 일부는 필연적으로 개별적이고 독립적인 존재로 남아 있으며, 이는 권리상 마땅히 사회적 권력 밖에서 존재한다. 따라서 주권은 제한적이고 상대적인 존재일 뿐이다. 독립성과 개인의 존재가 시작되는 지점에서 주권의 관할권은 끝난다. 사회가 이 선을 넘는다면, 사회는 가진 것이란 숙청의 칼밖에 없는 폭군만큼 죄를 짓는 것이다. 사회가 그 권한의 범위를 초과한다면 그것은 개인의 쿠데타에 의한 강탈이며, 다수가 그 권한의 범위를 초과한다면 그것은 반드시 파벌을 만들어 권력을 남용하는 것이다. 절대 다수가 동의한다고 해도 모든 제약이 사라지는 것이 아니다. … 만약 사회가 어떤 한 사람을 억압하고자 할 때, 이 한 사람을 제외한 국가 전체가 동의한다고 해도 그것은 정당하지 않다.[9]

무제한적인 국민 주권이라는 위험할 정도로 잘못된 생각은 루소의 권위에 의존하는데, 콩스탕에게 루소의『사회계약론』은 "자유를 이야기할 때 항상 언급되지만 모든 종류의 전제주의를 정당화하는 조력자이다". 그러나 콩스탕은 곧이어 말한다. 정작 루소는 "자신이 만들어낸 엄청난 사회적 권력에 경악했고, 그런 괴물 같은 힘을 누구의 손에 맡겨야 할지 몰랐다. … 루소는 주권을 위임하거나 대리할 수 없다고 선언했다. 다르게 말하면 주권이란 결국 행사할 수 없다고 선언한 것과 같다. 그것은 그가 방금 선포한 원칙을 현실에서 파괴하는 것을 의미했다".[10] 콩스탕은 루소 자신도 국민 주권의 원칙이 현실적으로 적용될 수 없는 것으로 보았으므로 결국 거짓이라고 인정했다고 보았다.

콩스탕의 국민 주권 개념에 대한 비판은 반박하기 어려울 정도로 효과

---

9    콩스탕, 앞의 책, p. 271.
10   콩스탕, 앞의 책, pp. 272~273.

적이다. 그러나 원칙상 한 가지 어려움이 있다. 콩스탕은 루소 스스로가 선포한 원칙을 '파괴'했다고 말한다. 그렇다면 콩스탕의 주장은 과연 일관성이 있는가? 콩스탕 역시 국민 주권의 원칙은 '논쟁의 여지가 없는' 것으로 보았지만 동시에 인간 생활의 일부가 본질적으로 이러한 주권의 관할권에서 벗어난다는 점을 강조했다. 그렇다면 콩스탕은 과연 루소와 어떻게 다르단 말인가? 국민 주권이 논쟁의 여지가 없지만 본질적으로 제한적이라고 말하는 순간 콩스탕도 루소와 같은 이유로 모순을 범하는 것이 아닌가?

콩스탕이 보는 국민 주권은 부정적일 수만은 없다. 국민 주권을 부정적이거나 비판적인 해석을 극단적으로 밀어붙이면 엄격한 의미에서 무정부 상태를 의미할 뿐이며, 어떤 개인이나 집단도 다른 사람을 자신의 개별 의지에 복종시킬 권리가 없다. 그러나 국민 주권이라는 개념은 특정 정부를 비판하고 그 불법성을 보여줄 뿐만 아니라 새로운 정부를 세우는 긍정적인 의미도 가지고 있다. 그렇다면 인간 생활의 일부가 정당하게 국민 주권에서 벗어난다면 그것은 정치 질서 자체에서 벗어나는 것이다. 나아가 정치 질서는 동의에 기초하기 때문에 주권에서 벗어난 인간 생활의 일부는 결국 동의를 기반으로 하는 질서에서 벗어나 힘이 지배하는 질서로 돌아간다. 아마도 루소는 이와 관련해 다음과 같이 답했을 것이다. 콩스탕은 자유를 보존하기 위해 힘이 지배하는 자연 상태를 그대로 두어야 했으며, 자연 상태에 대한 성찰에 실패했기 때문에 이를 극복할 수 없었다.

자유주의에 대한 이와 같은 비판은 19세기 동안 지속되어 발전한다. 비판의 핵심은 일련의 사회적·경제적 관계를 **자연적**인 것으로 제시함으로써 사회의 관할권이나 국민 주권에서 벗어나지만, 이러한 관계는 국민의 의지나 동의에 의한 것이 아니기 때문에 결과적으로 무력에 기반을 두고 있다고 보는 것이다. 훗날 사회주의socialism로 불리는 이 사조의 한 종류는 다음과 같이 표현할 수 있다. 사회주의는 자유주의가 배제했던 영역 — 사회적·경제적 영역(즉, 기업의 영역)으로 — 국민 주권을 확장하는 과정이다.

콩스탕의 비판적 묘사가 적절한 것인가의 여부를 떠나, 원칙의 수준에서 보았을 때 콩스탕의 입장은 다소 위태롭다. 앞서 인용한 글에서 콩스탕이 프랑스 혁명의 불행을 국민 주권 **사상**이 아니라 혁명가의 영혼을 소유한 고대 그리스 도시 국가(스파르타)의 **이미지**에 기인한 것으로 보는 것이 더 적절하다. 그들이 선한 의도에도 불구하고 폭군이 되었다면 그것은 국민 주권의 논리를 맹목적으로 따랐기 때문이 아니라, 그들이 고대의 방식으로 자유를 생각했고, 고대인의 자유를 현대 프랑스에서 실현하고 싶었기 때문이다.

콩스탕의 변화하는 비판은 국민 주권과 고대의 자유를 동일시하는 혁명가들의 이중적 충성, 나아가 루소의 모호성을 드러내기도 하는 이중적 충성을 반영하는 것이라고 볼 수도 있다.[11] 그러나 비판의 주된 대상을 국민 주권 개념으로 보느냐 아니면 고대 도시 국가의 이미지로 보느냐에 따라 두 가지 매우 상반된 방향으로 논의를 전개할 수 있다. 전자의 경우, 자유주의가 어떤 식으로든 인정할 수밖에 없는 국민 주권의 위험성을 강조할 것이고, 결국 자유주의란 근대 정치의 가장 큰 악을 체제의 기반으로 삼는다고 보는 '반동적'(왕정복고적) 입장에 가까워지는 것이다. 반대로 고대 도시 국가의 이미지를 비판하면 이와 같은 악이 자유주의 정치의 기초와 무관한 것으로 인식함으로써 그것을 시대착오적인 것으로만 정의하게 된다. 프랑스 혁명과 제1제국 모두를 비판한 콩스탕의 비범한 능력은 이 두 가지 비판의 노선을 동시에 추구할 수 있다는 사실에서 비롯된다. 그는 둘 중 하나를 선택하지는 않았지만, 늘 후자를 강조했으며, 그렇지 않

---

11    이 책 제6장 참조.

았다면 그는 자유주의자가 되지 못했을 것이다.[12]

콩스탕은 '고대인의 자유'와 '근대인의 자유'를 어떻게 대조했는가? 콩스탕은 고대인의 자유에 대해 다음과 같이 설명한다.

고대 도시 공화국의 작은 영토는 정치적으로 말하자면 각 시민이 개인적으로 매우 중요하다는 것을 의미했다. 시민권의 행사는 직업의 일부였으며 모든 사람의 즐거움을 대변하기도 했다. 모든 시민들이 법을 만들고, 판결을 내리고, 전쟁과 평화를 결정하는 데 기여했다. 국가 주권을 행사하는 데 있어 개인의 몫은 결코 지금처럼 추상적인 가정이 아니었다. 각 개인의 의지는 실질적인 영향을 미쳤으며 그 의지의 행사는 생생하게 반복되는 즐거움이었다. 따라서 고대인들은 자신들의 정치적 중요성과 국가 행정에 직접 참여하는 권리를 보존하기 위해 사적 영역에서의 독립을 포기할 준비가 되어 있었다. 이 포기는 실제로 불가피한 것이었다. 국민이 가능한 한 폭넓은 정치적 권리를 누릴 수 있도록, 즉 각 시민이 주권의 행사에 있어 자신의 몫을 가질 수 있도록 하기 위해서는 평등을 유지해야 했으며, 재산의 증식을 막고, 시민 간 구별을 금지하며, 부와 재능, 나아가 덕성의 영향력마저 차단해야 했기 때문이다. 분명한 것은 이러한 제도가 자유를 제약하고 개인의 안전을 위태롭게 한다는 것이다.[13]

그리고 근대인의 자유는 다음과 같이 설명한다.

---

12  콩스탕이 직면했던 어려움은 오늘날 우리의 관심사이기도 하다. 전체주의는 프랑스 혁명의 공포 정치와 동일한 문제의식을 제기하기 때문이다. 다시 말해, 전체주의는 근대적 원칙이 한계에 부딪힌 결과일까? 아니면 그 반대로, 가장 극단적인 형태의 구시대적 지배 형태가 근대적 상황에서 가장 근대적인 모습으로 돌아온 것일까?

13  콩스탕, 『정복과 찬탈의 정신(De l'esprit de conquête et de l'usurpation)』(Paris, 1980(1814)), 제2부, 제6장(De la liberté chez les Modernes), pp. 182~183.

고대인들이 추구했던 자유가 사람들에게 가져다주는 장점은 본인들이 실제로 통치자의 대열에 속한다는 것이었다. 이것은 진정한 장점이었고 견고한 즐거움이었다. 자유가 근대인들에게 가져다주는 장점은 자신의 선택에 따라 누군가에 의해 대표되고, 자신이 그 대표성에 기여한다는 점이다. 대표성은 일종의 보장이자 안전장치이기 때문에 분명 장점이라 할 수 있다. 그러나 근대인의 자유는 즉각적인 쾌락이 덜하고 권력 행사의 즐거움도 포함하지 않는다. 근대인의 쾌락은 사색의 즐거움인 반면, 고대인의 쾌락은 행동의 즐거움인 것이다. 전자가 덜 매력적이라는 것은 논쟁의 여지가 없으며, 그것을 얻고 유지하기 위해 사람들로부터 지나치게 많은 희생을 요구할 수는 없는 것이다.

왜냐하면 이러한 희생은 참으로 고통스러운 것이기 때문이다. 문명의 진보, 당대의 상업적 발전, 다양한 민족 간의 폭넓은 의사소통은 개인의 행복 추구의 수단을 무한히 배가시키고 다변화했다. 근대인은 행복하기 위해 개인의 직업, 추구하는 사업과 활동 분야, 나아가 개인적 환상 등 모든 사적 영역에서 완전한 독립성을 유지하기만 하면 된다.

고대인들은 공적 영역에서 더 큰 만족을 얻고 사적 영역에서 상대적으로 적은 만족을 얻었기 때문에 정치적 자유를 위해 개인의 자유를 희생했을 때, 더 큰 것을 얻기 위해 더 작은 것을 포기한 것이다. 하지만 근대인들의 거의 모든 즐거움은 사생활에 있다. 권력에서 배제된 절대 다수는 공적 영역에 대해 아주 순간적인 관심만 가질 수밖에 없다. 결과적으로 근대인이 고대인을 모방하는 순간, 근대인은 더 작은 것을 얻기 위해 더 큰 것을 희생하는 셈이다.[14]

콩스탕이 고대인의 원칙보다 근대인의 원칙이 우월하다고 주장하는 것은 결코 아니다. 그는 단지 고대 도시 국가에서 인간 행복의 사회적·정치적 조

---

14    콩스탕, 앞의 책, p. 184.

건은 근대 국가에서 인간 행복의 조건과 근본적으로 달랐다고 말하고 있을 뿐이다. 서로 다른 두 종류의 인간 행복에 대한 가치 판단을 거부함으로써, 콩스탕은 고대를 모델로 한 정치 제도를 근대적 사회적·도덕적 상황에 적용하려는 시도를 비판한다. 콩스탕은 몽테스키외가 말했듯이 근대의 자유가 고대의 자유보다 인간 본성에 더 우호적이라거나, 고대의 자유가 '비인간적'이며 인간 본성을 잔인하게 변형한다고 주장하는 것이 아니다. 그는 단순히 고대의 정치를 근대 사회에 적용하는 것이 인간을 끔찍하게 고통스럽게 만든다고 주장하는데, 이런 시대착오적인 적용은 인간을 모순 속에서 살게 만들기 때문이다. 개인에게 전례 없는 고통을 가하지 않고는 '성찰'에 기반한 정치를 '행동'으로 옮길 수 없는 것이다.

시대착오에 대한 콩스탕의 생각은 취약한 동시에 강력하다. 우선 취약한 이유는 만약 시대착오가 고대 정치의 유일한 실패 요소라면, 이 실패가 영원히 지속되어야 한다는 것을 증명하는 것은 아무것도 없으며, 그것이 다시는 합리적인 정치 제도가 될 수 없다는 것을 증명하는 것도 아니기 때문이다. 오늘날 우리의 사회 상태와 모순된다고 해도 우리가 자발적으로 노력하고 변한다면 내일은 고대인의 정치를 적용할 수 있을지도 모른다. 그러나 시대착오적이라는 개념이 강력한 이유는 역사의 비가역성에 대한 주장보다는 이를 뒷받침하는 심리적 분석 때문이다. 고대의 삶은 한번 사라지면 다시는 돌이킬 수 없는 도덕적 조건에 기반을 두고 있었다. 그것은 정의상 되찾을 수 없는 어떤 **순수함**에 의존했던 것이다.

고대인들은 도덕적 생활에 있어 청춘의 단계에 있었지만, 우리는 성숙기 내지는 노년기에 있다. 우리는 항상 생각의 그림자를 우리 뒤에 매달고 있는데, 그것은 우리의 경험에서 비롯된 것이며 결국 열정이라는 것을 식히기 마련이다. 열정의 첫 번째 조건은 자기 자신을 너무 예리하게 관찰하지 않는 것이다. 그러나 우리는 바보가 되는 것을 두려워하고, 무엇보다 바보처럼 보이는 것을 두려워하기 때문에 가장 폭력적인 생각 속에서도 항상 우리 자신을 지켜보고 있다. 고대인들은 모든 문제에 대해 완전한 확신을 가졌지만, 우리는 거의 모든 것에 대해 미약하고 불완전한 확신만을 가지고 있으며, 그 불완전성에도 불구하고 헛되이 확신을 추구한다.

환상illusion이라는 단어는 그 어떤 고대 언어에서도 찾아볼 수 없는데, 그 이유는 사물이 더 이상 존재하지 않는 지점에서야 비로소 이 단어가 탄생하기 때문이다.[15]

인간이 자신과 삶을 관찰하거나 성찰하는 데 익숙해지면, 나아가 행동하는 습관을 버리고 나면 더 이상 고대인의 솔직함을 찾을 수 없다. 그는 교만해지고, 쉽게 흥분하며, 심지어 자신이 애국심이나 덕성을 추구한다고 스스로 확신할 수도 있다. 그러나 자신을 '신자'로 여기는 순간 그는 우스꽝스러움을 느끼고 다시 의심에 빠지기 시작한다. 프랑스 혁명과 제1제국에 대한 콩스탕의 분석에서 가장 독창적이고 귀중한 요소는 근대적 열정의 비정직성insincerity을 폭로하는 데 있다. 이 비정직성은 프랑스 혁명 당시 국민 공회가 자행했던 전제주의의 극도로 잔혹한 성격과 그 궁극적인 무력함을 모두 설명한다. "가장 보잘것없는 마을의 가장 보잘것없는 성인이 그를 상대로 배치된 공권력 전체에 성공적으로 저항했다."[16] 필자는 생쥐스트Louis Antoine de Saint-Just의 웅변 스타일에 대한 콩스탕의 비판보다 당대의 비정직성을 더 효과적으로 폭로하는 것을 알지 못한다. "프랑스 선동가들의 미사여구보다 더 호기심을 자극하는 것은 없다. 그

---

15  콩스탕, 앞의 책, p. 185.
16  콩스탕, 앞의 책, 제7장, p. 190.

중 가장 똑똑했던 생쥐스트는 지친 청중을 자극하기 위해 철저하게 계산된 짧은 문장으로만 연설을 했다. 따라서 그는 프랑스가 가장 고통스러운 희생도 감당할 수 있는 국가라고 생각했지만, 역설적으로 프랑스가 최소한 주의를 기울일 능력조차 없는 천덕꾸러기라는 것을 본인이 방증한 셈이다."[17]

콩스탕은 근대인과 그의 영혼에 대한 루소의 비판을 역으로 자유주의를 정당화하는 데 활용한다. 근대인이 본질적으로 독립성과 의존성 사이에서 분열되어 있고, 타인의 관심에 의해 정의되는 자아와 자신의 성찰에 의한 자아 사이에서 분열되어 있다면 – 즉, 대표성으로 점철된 세계에 살고 있다면 – 각 개인이 순진하고 관대하게 공공장소에서 자신을 있는 그대로 투영하는 순수한 정치적 행동의 세계는 이제 접근이 불가능하다. 따라서 근대의 사회 및 정치 제도는 이러한 내부적 분열과 '성찰'의 필요성을 인정해야 한다. 사회와 사회를 '대표'하는 정치권력 사이의 분열은 아마도 이러한 내부적 분열의 근원이며, 따라서 이 분열의 필연적인 표현이 된다. 엄밀히 말하면, 법은 '우리 모든 의지의 총합'이 될 수 없다. 우리는 우리가 진정으로 원하는 것이 무엇인지 결코 알 수 없기 때문이다. 따라서 법은 우리의 다양하고 심지어 모순적인 행동, 취향, 선택 가운데 이미 사회에서 실현된 것만을 반영할 수 있고 반영해야만 한다. 대표성은 이제 절대 주권의 독단적 구조를 구축하는 것과는 거리가 멀어지며, 향후에는 의심과 회의의 표현이 된다. 대표제 정부는 곧 회의주의skepticism를 제도화한 것이다. 제도화된 회의주의가 새로운 독단주의를 내포할 위험이 있다면, 콩스탕은 그것을 보지 못했다. 자유주의자들 중에서는 토크빌이 가장 먼저 이를 보게 된다.

---

17 　콩스탕, 『정치론』, 제2권(éd. E. Hofmann), p. 432.

회의주의에 기초하기 때문에 대표제 정부는 근대인의 자유, 즉 "개인의 직업, 추구하는 사업과 활동 분야, 나아가 개인적 환상 등 모든 사적 영역에서 완전한 독립성을 유지"하고자 하는 개인의 자유를 전적으로 인정한다. 그리고 이러한 회의주의가 제도화되려면 시민들에게 특정 의견을 강요하려는 국가나 사회의 세력으로부터 이를 공적인 영역에서 정치적으로 방어해야 한다. 따라서 대표제 정부는 근대인에게도 주기적으로 고대 시민의 상징인 토가toga[18]를 입도록 요구한다. 그러나 대표제 정부의 정치적 행동에 대한 궁극적인 정당성은 이제 여론, 즉 사적인 의견들이 모여서 만들어내는 외침으로 귀결된다.

결국 콩스탕의 정치적 입장은 근본적으로 **대항**opposition하는 것이며, 그의 지적 성향은 **비판적**이고, 그의 무기는 **아이러니**이다. 그의 모든 모순과 긴장을 고려했을 때 콩스탕의 자유주의는 야당에 속한 의회 연설가의 자유주의이다. 프랑스 사회의 모든 계몽된 사람들이 모이는 대의원chambre des députés[19]에서 그는 자체적으로 진화의 원칙을 가지고 있는 사회에 인위적이고 폭압적인 질서를 강요하려는 반동적 또는 혁명적 시도를 비난할 것이다. 이러한 질서를 제안하는 사람들은 중세 가톨릭교회나 고대 도시 국가의 복원에 의미를 부여할 수 있는 순수성과 정직성을 잃어버린 근대인들이기 때문에 이러한 질서가 더욱 억압적일 수밖에 없음을 콩스탕은 보여줄 것이다. 콩스탕의 아이러니는 "자신이 반박하고 있다고 믿는 의견에 오히려 물들어 있고", "스스로를 고대의 옹호자라고 선언함에도 불구하고 결국 지극히 근대적인 우리 세기의 사람들"이지만, "결과

---

18    고대 로마의 시민과 귀족 계급의 전통 의상. 여기서는 주기적으로 투표를 통해 선거에 참여하는 것을 의미한다. _옮긴이

19    나폴레옹의 몰락 이후인 1814년부터 1848년까지 부르봉(Bourbon) 왕정복고기와 7월 왕정기의 프랑스 하원에 해당한다. _옮긴이

적으로 신념의 힘도, 성공하리라는 희망도 없는" 반동적인 인간의 내적 모순을 드러낼 것이다.[20]

그러나 다시 그의 입장으로 돌아왔을 때, 달변가인 콩스탕은 곧 특유의 아이러니를 자기 자신에게 적용할 것이다. 반동적이거나 혁명적인 인간들이 정치에 있어서 정직하지 못하고 분열되어 있다면, 콩스탕 본인 역시 사랑에 있어서 정직하지 못하고, 종교에 있어서도 불확실하고 분열되어 있다는 것을 발견할 것이다. 자유를 옹호하며 맹렬한 연설을 통해 공적인 삶을 사는 동시에, 비통함으로 가득 찬 자전적 소설[21]을 쓰는 사적인 삶 사이를 오가는 이 아이러니는 뱅자맹 콩스탕의 '낭만주의romanticism'를 단적으로 드러낸다. 콩스탕은 샤토브리앙에서 빅토르 위고Victor Hugo에 이르기까지 프랑스 혁명 이후 자유주의가 직면한 난제에 대한 해답을 문학에서 찾으려는 정신적 운동의 초석을 놓았다. 간결한 문체를 구사할 줄 알았던 위고에게 낭만주의는 한마디로 '문학의 자유주의'였다. 이 운동은 정치적으로는 루소의 비판을 오히려 자유주의를 정당화하는 데 활용한 반면, 문학적으로는 자유주의적 아이러니를 루소에게서 영감을 받은 자서전[22]에 적용했다.

---

20  Gauchet, "Préface aux écrits politiques de Benjamin Constant," p. 605.
21  콩스탕의 자전적 소설 『아돌프』를 의미한다. 유럽 전역에 걸쳐 젊은 콩스탕에게 명성을 안겨준 작품이다. _옮긴이
22  루소의 자서전인 『고백록(Les Confessions)』(1782~1889)의 영향을 받은 샤토브리앙의 자전적 에세이인 『무덤 너머의 회상』을 의미한다. _옮긴이

제9장
# 프랑수아 기조, 통치의 자유주의

 콩스탕의 자유주의가 지닌 순수성은 우리에게 어려운 질문을 던진다. 자유주의가 본래의 영감에 충실하려면 영원히 대항적인 태도만을 견지해야 한다는 말인가? 자유주의는 항상 개인이 권력에 대항한다고 보아야 하는가? 심지어 처음부터 개인을 기반으로 설립된 정치 제도의 권력, 즉 자유주의조차 개인과 대립되어야 하는가?

 홉스는 신학-정치적 문제를 해결하고 교회와 국가로 상징되는 두 권력 간의 갈등으로 인한 재앙을 막기 위해 개인을 '발명'했다. 나아가 이 이중적으로 '논쟁적'인 개인[1]을 기반으로 절대주의를 확립했다. 이러한 절대주의에 대응하기 위해 로크와 루소는 홉스의 접근 방식을 더욱 발전시켜 이번에는 본질적으로 평화롭고 고독한 또 다른 개인을 발명했다. 이 개인은 전제주의 없이 재산과 자유를 보호할 수 있는 새로운 주권(로크의 경우에는 대표될 수 있고, 루소의 경우에는 대표될 수 없는)의 기초가 되었다. 프랑스 혁명의 경험을 통해 제약 없는 주권은 자유에 큰 위험을 초래한다는 사실이 입증된 후, 콩스탕은 이 원칙에 반기를 들고 대신 근본적으로 주권의 외

---

[1]　홉스적 개인은 고대 그리스의 인간 본성 개념 및 그리스도교의 은총 개념을 모두 부정한다. 이 책 제3장 참조.

부에 위치하며, 주권의 영향이 미치지 못하는 개인의 사적 영역을 주장했다. 콩스탕은 인간 본성이나 자연 상태에 대한 새로운 해석에 근거한 주장이 아니라, 역사에 근거한 주장을 펼쳤다. 그럼에도 불구하고 콩스탕이 상정한 개인은 계속해서 '논쟁적' 또는 '대항적' 역할을 수행했다. 콩스탕은 '자연적' 개인이 사회 질서에 대항하는 자유주의의 첫 번째 순간은 받아들였지만, 이 '자연적' 개인이 '극복'되고 – 어떤 의미에서 부정되어 – 국민 차원의 주권이 확립되는 두 번째 순간을 거부했다. 자유를 지키기 위해 그는 원초적 자유주의의 부정적이고 비판적인 첫 번째 순간을 받아들이되, 긍정적 또는 건설적인 두 번째 순간은 반대한 것이다. 따라서 자유주의는 본질적으로 긍정적이거나 건설적인 정치사상이 아니라 부정적이거나 비판적인 정치사상으로 인식되기도 했다. 이는 훗날 19세기와 20세기에 자유주의를 공격한 우파 사상가들의 단골 주제이기도 했다. 실제로 카를 슈미트Carl Schmitt는 "자유주의적 정치란 존재하지 않으며, 정치에 대한 자유주의적 **비판**만 있을 뿐"[2]이라 말했다.

이 비판이 우파에도 해당되지 않는다면 아마도 반박하기 어려울지도 모른다. 나아가 앞서 보았듯이, 콩스탕은 자유주의의 적들이 실제로는 순전히 비판적이거나 논쟁적이라는 점, 겉보기에 긍정적이고 건설적인 그들의 입장도 사실은 시대착오적이라는 점, 그리고 무엇보다 자유주의가 상정하는 개인주의에 진지하고 실현 가능한 대안을 제시하지 않는다는 점을 지적함으로써 이미 우파 사상가들의 비판을 반박한 바 있다. 자유주의에 대한 좌파 사상가들, 특히 마르크스주의자들도 스스로를 명백히 자유주의의 비판자로 생각했다는 점을 덧붙일 수 있다. 그들은 자유주의에 대항하기 위해 새로운 원칙을 제안하지 않았다. 그들은 단순히 자본주의

---

2    Carl Schmitt, *La notion de politique* (Paris, 1972), p. 117.

의 한 형태로서의 자유주의가 '스스로 모순'되며, 따라서 필연적으로 이 모순이 해소되기 위해 새로운 사회가 필요하다는 입장만을 견지했을 뿐이다. 이 새로운 사회에 대해서도 인간은 자기 자신 및 자연과 화해할 것이라는 사실 이외에는 별다른 내용이 없었다.

따라서 19세기 정치사상의 변화는 이와 같은 다소 이상한 비판적 순환을 특징으로 한다. 자유주의·반동주의·혁명주의라는 세 가지 기본적 정치적 태도는 각각 다른 두 가지가 '지나치게 비판적'이거나 스스로에 모순되는 '자기 비판적'임을 증명하기 위해 처음으로 정의되었다. 물론 각 진영에서는 더 이상 단순히 비판적인 수준에 머무르지 않고 긍정적으로 자신을 발견하려는 노력이 있었다. 반자유주의 및 반혁명 진영은 오귀스트 콩트Auguste Comte의 '실증주의'를 발견하고 '역행적'으로 보았던 다른 두 진영을 비판했으며, 사회주의 또는 혁명주의 진영에서는 프루동Pierre-Joseph Proudhon이나 후대의 페기Charles Péguy와 같은 작가들이 사회주의의 단순한 반자본주의적 정의를 대체할 수 있는 새로운 정의를 모색했다. 그리고 자유주의 진영에서 프랑수아 기조[3]는 자유주의의 비판적이고 대항적인 관행으로부터 벗어나, 자유주의를 구하기 위해 가장 분명하게 노력한 사상가라 말할 수 있다.

자유주의는 오랫동안 비판적이고 **대항적**인 입장에 있었지만, 기조는

---

3    프랑수아 기조(François Guizot, 1787~1874)는 프랑스의 정치가이자 역사가이며, 1848년 혁명 이전 프랑스 정치의 주요한 인물이었다. 그는 보수적 자유주의의 입장에서 부르봉가의 샤를 10세(Charles X)의 입법권 찬탈 시도에 반대했으며, 오를레앙(Orléans)가의 루이필리프 1세(Louis-Philippe I)가 주도한 1830년 7월 혁명 이후 자유주의적인 입헌 군주제를 옹호했다. 그 후 기조는 루이필리프 1세의 재위하에서 교육부 장관, 런던 주재 프랑스 대사, 외무부 장관, 그리고 최종적으로 프랑스 총리를 역임했으며, 1848년 2월 혁명의 발발과 루이필리프 1세의 퇴위에 즈음해 정계에서 은퇴했다. _옮긴이

자유주의가 **통치**하기를 원했다. 기조는 1820년대 초 베리 공작Duc de Berry 암살에 따른 반동으로 역설적이게도 대항적인 소수의 입장으로 몰렸을 때 그의 '통치의 자유주의'의 핵심을 표현했다. 당시 프랑스는 앙시앵 레짐을 재건하고자 하는 '초왕당파'[4]의 지배하에 있거나 적어도 그들의 영향을 크게 받고 있었다. 기조가 보기에 그들은 새로운 프랑스에 대해 아무것도 이해하지 못했고, 위험하기보다는 오히려 성가신 존재였다. 프랑스 사회는 정작 그들이 원하는 바에는 전혀 관심이 없었지만, 그들은 그러한 사회에 대한 권력을 강화하고자 했다. 그러나 그들은 국가와 사회의 구분을 기반으로 한 대표제하에서 '통치의 수단'에 대해 무지했기 때문에 목표를 달성하는 방법을 전혀 몰랐던 것이다. 권력과 사회 간의 관계는 근대에 이르러 거대한 변화를 거쳤는데, 이에 대한 명석한 분석은 기조의 저서 『정치적 사안에서의 사형 제도De la peine de mort en matière politique』(1822)에서 찾아볼 수 있다.

부르봉Bourbon 왕정복고 초기에는 사실 여부와 무관하게 무수히 많은 음모가 있었고, 정부는 이에 대응하기 위해 때로는 사형 선고를 내리기도 했다. 기조는 이러한 폭력적인 정책이 결국 목적을 달성할 수 없기 때문에 불합리하다는 것을 보여주려고 노력했다. 과거에는 정치권력을 위협으로부터 보호하기 위해서는 개인 또는 그의 가족을 무너뜨리기만 하면 되었다. 하지만 기조가 본 사회 권력이란 더 이상 그 어떤 개인에게도 귀속될 수 있는 성질의 것이 아니었다.

---

4    초왕당파(프랑스어로 ultraroyalistes 또는 줄여서 ultras)는 1815년부터 1830년까지 프랑스 부르봉 왕정복고기의 보수당파이다. 유일한 합법적 종교로서의 로마 가톨릭교, 그리고 전통적 계급 간의 위계질서를 강력하게 지지했으며, 국민 주권론과 부르주아지의 이익, 그리고 자유주의 및 민주주의 성향을 모두 거부하는 상류 사회의 귀족들로 주로 구성되었다. _옮긴이

그 어떤 당파를 파괴하기 위해 반드시 파괴해야 하는 저명한 지도자들은 어디에 있는가? 오늘날 영향력과 위험은 어떤 고유한 이름하에 집중되어 있는가? 이제는 이름을 가진 사람은 거의 없으며, 이름을 가진 사람조차도 더 이상 그렇게 중요하지 않다. 권력은 개인과 가족을 버렸고, 그동안 머물렀던 은신처에서 멀어졌다. 권력은 이제 사회 전체로 퍼져 나갔고, 특정 장소에서는 거의 보이지 않지만 모든 곳에 존재하며 빠르게 이동한다. 그것은 공공의 이익, 이념, 그리고 감정을 표방하는데, 이 모든 것은 어느 한 개인에게 귀속될 수 없으며, 심지어 이 모든 것이 순간적으로 한 개인의 운명에 달려 있다고 해도 그 개인이 충분히 대표할 수 없다. 만약 이러한 세력이 권력에 적대적이라면, 권력은 마땅히 이러한 세력을 찾아 처벌해야 한다. 그러나 과연 누구의 손이 이러한 세력을 움직인단 말인가? 권력은 누구의 머리를 쳐야 하는가? 오늘날에는 개신교 신자들과 가톨릭 신자들이 있을 뿐, 더 이상 콜리니나 마옌은 없다.[5] 오늘날 적의 죽음은 단지 한 개인의 죽음일 뿐이며, 그가 추종했던 당파를 약화시키지도 무너뜨리지도 않는다. 누군가를 제거함으로써 권력이 안심할 수 있다고 생각한다면 그것은 착각이다. 위험은 이 사람이 만든 것이 아니기 때문에 그대로 남아 있다.[6]

이러한 상황에서 사형 제도는 이제 위험하고도 시대착오적인 제도가 되었다. 그러나 기조가 보기에 ─ 그리고 이것이 기조의 두 번째 논점이다 ─ 정치적 사형 제도의 의미가 약화되었다고 해서 근대에 이르러 정치권력이 본질적으로 약화되지는 않았다. 오히려 근대인들은 이전보다 훨씬 더 많은 관심과 불안을 통해 권력 행위를 바라보고 있었다. 그리고 이러한 사회의 불

---

5   콜리니(Gaspard II de Coligny)는 개신교 세력인 위그노(Huguenot) 측의 수장이었으며, 마옌(Charles de Mayenne)은 가톨릭 신성 동맹 측의 장군이었다. _옮긴이
6   François Guizot, 『정치적 사안에서의 사형 제도(De la peine de mort en matière politique)』(Paris, 1822), p. 11.

안은 권력 자체의 성장에 기원을 두고 있었다. 기조는 다음과 같이 말한다.

자신의 노동조합에서 거의 벗어나지 않았고, 생각의 범위가 마을의 벽을 거의 넘지 않았던 부르주아는 이제 국가의 가장 중요한 문제를 논의하고, 가장 먼 곳에 있는 심의에 참여해야 한다는 것을 알고 있다. 국가 이성raison d'Etat 또는 **정치적 필요성**과 같은 단어들을 들었을 때 이전에는 그 의미를 이해하려고 노력하지 않은 채로 그 단어들의 권위를 받아들였다면, 이제는 걱정스러운 생각과 동요하는 감정부터 생기게 된다. 이 부르주아는 이전보다 마땅히 더 불안해야 한다. 이전에 통치란 더 높고 더 컸음에도 불구하고 일반 시민과 분리되고 제한된 영역에서만 이루어졌지만, 오늘날에는 모든 시민의 이익과 삶에 더 직접적이고 보편적으로 관련되어 있다. 통치하는 데 돈이 필요한가? 그렇다면 사회 구성원 모두에 돈을 요구해야 한다. 법을 만들어야 하는가? 이 역시 모두를 위한 것이다. 권력이 불안해하는가? 누구나 권력이 두려워하는 대상이 될 수 있다. 권력에는 더 이상 크고 작은 것이 없으며, 이제 권력은 국가 원수만큼이나 마을 치안 판사와도 연결되어 있다. 하나의 정치권력은 이제 모든 사람들에게 영향을 미치며 어디서든 그 행위의 동기를 찾을 수 있다. 통치의 조건과 국민의 성향이 달라졌다고 해서 놀라워할 이유가 있는가? 이러한 변화는 상호적인 것이며 서로 상응하는 것이다. 권력이 더 이상 사회에 대한 신비를 갖고 있지 않다면, 이는 사회가 더 이상 권력에 대한 신비를 갖고 있지 않기 때문이다. 권력이 도처에서 자신을 비판하는 사람들에 직면한다면, 이는 권력이 모든 곳에서 요구하거나 해야 할 일이 있기 때문이다. 권력이 자신의 행위를 정당화하도록 요구받는다면, 이는 권력이 모든 힘을 사용할 수 있고 모든 시민에 대한 권리를 갖고 있기 때문이다. 대중이 통치에 훨씬 더 관여하고 있다면, 정부도 이전과는 다른 대중을 통치하고 있다는 뜻이며, 이는 권력이 자유와 함께 성장하고 있기 때문이다.[7]

즉, 기조 사상의 핵심은 다음과 같다. 근대 정치의 발전은 사회에 대한 정치권력을 성장시킴과 동시에 정치권력에 대한 사회의 영향력 또한 성장시킨다는 것이다. 기조가 수립하고자 했던 대표제는 이 사실을 인정하고 제도화할 때에만 성립할 수 있다. **사회 내**에서 자신의 위치를 알고 있는 대표제는 이제 사회를 통치할 수 있는 수단을 모색할 줄 알아야 한다. 이미 사회에서 작동하고 있는 특정 이해관계가 그 통치 행위에 참여할 수 있도록 허용해야 한다. 이를 위한 수단은 단 하나, 그들이 정부에 참여할 수 있도록 하는 것이다. 기조는 1821년에 쓴 『프랑스의 현 상황에서 통치와 대항의 수단Des moyens de gouvernement et d'opposition dans l'état actuel de la France』이라는 글에서 다음과 같이 설명한다.

특정한 개인들의 우월성과 영향력으로 점철된 모든 통치의 수단으로부터 이익을 얻고 싶다면, 정부의 일부를 그들에게 넘겨주면 된다. 정부는 구두쇠가 금을 대하듯 권력을 대하면 안 된다. 권력을 한곳에 쌓아두기만 하면 곧 썩어버리기 마련이다. 통치의 기술은 권력을 장악하는 것처럼 보이는 것이 아니라, 존재하는 모든 것을 활용하는 것이다.[8]

기조는 정부가 사회를 적이 아닌 파트너로 간주하기를 원했던 것처럼, 사회를 대표하고자 하는 대항적 자유주의 세력에게 권력을 적이나 필연적인 장애물로 간주하지 말라고 가르치고 싶었다. 기조는 그의 자유주의적 성향의 친구들에게 통치의 고귀함을 설득하고, 권력이 사회의 하수인

---

7    Guizot, 앞의 책, pp. 84~86.
8    François Guizot,『프랑스의 현 상황에서 통치와 대항의 수단(Des moyens de gouv-
     ernement et d'opposition dans l'état actuel de la France)』(Paris, 1821), p. 271.

이어야 한다는 자유주의적 발상이 자신도 모르는 사이에 얼마나 정치적 역동성을 마비시키는 경향이 있는지를 보여주고 싶었다. 기조에게 있어 이 점은 당시 프랑스가 처한 정치적 상황의 부차적이거나 종속적인 요소 라고 생각하지 않았다. 프랑스를 통치할 수 없는 수준으로 끌어내리거나 불안정한 수준의 통치에 머무르도록 하는 주된 요인은 바로 정치권력을 본질적으로 종속적인 것으로 보는 자유주의적 신념 때문이었다.

〔오늘날의〕 권력은 진정 앞을 보지 못한다. 국민 주권론이나 귀족의 혐오에 대해서는 분명 위기감과 공포를 느끼는 것 같다. 그러나 훨씬 더 위험하고 다루 기 어려운 다른 개념에 대해서는 별로 긴장하지 않는다. 〔이 개념은 곧〕 정부란 본질적으로 하수인이며, 두 가지 조건하에서만 받아들여질 수 있다는 견해이 다. 첫째, 행동이 거의 없어야 하며, 둘째, 절대적으로 겸손하며 최소한의 책임 만 져야 한다는 것이다. 특히 새로운 프랑스의 친구들은 권력의 본질과 조건에 대해 잘 알고 있는 것이 좋을 것이다. 그들은 정부, 그것도 혁명의 정신을 계승 한 정부를 세워야 하기 때문이다. 그리고 성공하려면 전쟁을 위한 도구나 대항 을 위한 이론이 아닌 다른 무언가가 필요하다.[9]

정치권력이 본질적으로 종속적이야 한다는 생각은 국가와 시민 사회 간의 관계에서 필연적으로 발생하는 역동성을 과소평가한다. 그리고 이 러한 역동성은 불간섭(자유방임주의laissez-faire)이 정부의 최고 목표가 될 수 있다는 것을 부정한다.

나는 모든 것을 지배하려는 열정이 얼마나 비참하고 어리석은 것인지 누구보

---

9    Guizot, 앞의 책, pp. 162~163.

다 잘 알고 있다. 상업과 산업, 개인 활동과 사회의 주요 세력 간의 배치에 얼마나 많은 관용이 주어져야 하는지, 그리고 권위가 부적절한 방식으로 많은 것을 건드릴 때 얼마나 많은 것들을 망치는지 잘 알고 있다. … 하지만 질문은 여전히 답이 없는 채로 남아 있다. 자유방임이라는 원칙은 적용하는 방법에 따라 참이든 거짓이든, 일정 수준의 정보는 제공하지만 결국 지침은 주지 않는 모호한 원칙이기 때문이다. 튀르고[10]는 그 누구보다 이 원칙을 신봉했고, 그의 짧은 재임 기간 동안 가장 많은 판결 및 명령을 내렸으며, 가장 많은 이해관계를 다루었고, 가장 빈번하게 고유 권한을 사용한 장관이었다. 어쩌면 그에게는 선택의 여지가 없었는지도 모른다. 튀르고는 이 모든 문제와 더불어, 권위 자체의 모든 성가신 간섭을 폐지하기 위해 정확하게 자신의 권위를 사용했다고 볼 수도 있다. 그렇다면 지각력 있는 권력의 통치하에서는 이러한 필요성이 결여될 것이라고 생각하는가? 선을 추구하지만 진정 그 선을 행사할 기회를 찾을 수 없을 것이라고 생각하는가? 인간의 본질적 결함은 이런 식으로 소진되기에는 너무도 깊기 마련이다. 사회가 조금씩 완성될수록 더 많은 새로운 완성을 갈망하게 될 것이다. 공권력은 오로지 잘못을 억압하고 처벌하는 데만 전념할 뿐, 선을 추구하기 위해 결코 능동적으로 행동하지 않는다고 생각하는 것은 아닌가? 한편으로는 권력을 무장시키고 다른 한편으로는 마비시켜 사회와의 관계에서 권력을 훼손하는 것은 얼마나 황당한 논리란 말인가! 다시 생각해보기를 바란다. 권력은 이것에 동의하지 않을 것이며 사회 자체도 그렇게 하도록 허용하지 않을 것이다. 정부가 사회에 적합할 때, 사회가 정부의 통치하에서 살고 있다고 느낄 때, 정부가 진정으로 사회의 통역사이자 지도자라고 느껴질 때 …, 사회는 정부에 자신이 추구하는 선과 두려워하는 악으로부터의 보호를 요청할 것이며, 정부로부터 도망

---

10    튀르고(Anne Robert Jacques Turgot, 1727~1782)는 루이 16세(Louis XVI)의 재정 총감(Contrôleur général des finances)을 역임했다. _옮긴이

치기는커녕 정부의 개입을 요청할 것이다.[11]

따라서 정부가 사회생활에 개입하고 싶지 않더라도, 사회의 요구에 의해 개입하도록 강요받을 것이다. 기조는 전통적 자유주의자들과 달리, 시민 사회에 대한 국가 권력이 확장됨에 따라, 대표제 개념과 국가와 시민 사회 간의 구분이라는 것이 무너지고 있음을 인식한 최초의 사상가 중 하나이다. 권력의 이러한 확장은 오늘날 우리가 말하는 것처럼 권력의 전제주의적 또는 독재적 성향보다는 '사회적 요구'에서 그 근원을 찾을 수 있다. 기조의 자유주의적 성향이 이러한 발전을 호의적으로 바라보았다면, 사회에 대한 정부의 작용이 커진다는 것은 동시에 사회 자체의 힘이 커진다는 것을 의미했기 때문이다. 정부의 권력 수단은 결국 사회 속에 있다. 정부는 사회에서 자발적으로 형성되는 '우월성'과 '영향력'을 발견해 '공적'인 것으로 만들기 위해 늘 사회와 상호 작용하기 때문에, 사회 차원의 새로운 권력 활동이 있다고 해도 정부가 대표자의 역할을 포기하는 것이 아니다. 정부는 이러한 우월성을 완전히 드러내어 우월성을 갖춘 사람들에게 누릴 수 있는 모든 권한을 마땅히 부여해야 한다. 사회에 대한 정부의 권력과 권력에 대한 사회의 영향력이 커지는 이 두 가지 움직임은 결코 모순되지 않는다. 그것은 사회적·정치적으로 단일한 현상의 두 얼굴이며, 우월한 능력을 가진 개인들이 마땅히 누려야 할 권리에 따라 '공적인 권력'에 접근하는 것을 의미한다.

정치 생활이나 사회적 존재의 목적에 대한 이러한 개념은 프랑스 혁명의 의도나 자유주의 프로젝트에 반하는 것이 아니다. 프랑스 혁명은 사회에서 인간의 지위가 더 이상 출생이 아닌 '능력' 또는 '재능'에 따라 결정

---

11    Guizot, 『프랑스의 현 상황에서 통치와 대항의 수단』, pp. 172~174.

되기를 원했다. 문제는 기조가 자연적으로 타고난 우월성을 강조한다는 사실보다는 이 강조점이 내포하는 권력 개념과 관련이 있다. 기조가 보기에 권력은 본질적으로 자연적인 것이다. 기조는 바로 이 지점에서 대표제 정부를 수립하고 자유주의를 통치 이념으로 확립하기 위해 자유주의가 상정하는 정치권력의 핵심적 요소와 결별한다. 홉스의 사상을 앞서 살펴보면서 우리는 국가와 시민 사회의 구분과 관련된 정치적 대표 개념이 정치권력을 인공물로 생각한다는 것을 뜻한다는 점에 주목한 바 있다. 논의의 핵심은 (개인 간 능력의 차이에 따른) 자연적 불평등 자체를 부정하는 것이 아니라, 정치 제도를 구성하는 데 있어 자연적 불평등이 과연 고려되어야 하는지에 대한 근본적인 의문을 제기하는 것이다. 홉스는 자연적 불평등의 의미에 이의를 제기함으로써 정치 질서가 자연적 불평등의 최종 표현이 될 수 없다는 것, 즉 정치권력은 임의의 의사 결정에 그 근원을 두고 있으며, 그것은 결국 인위적artificial이라는 것을 입증한다. 기조는 이 주제, 즉 '자연 상태'에 대한 그의 해석을 다음과 같이 서술한다.

서로에게 종속될 필요성을 느끼지 않는 자유롭고 독립적인 사람들, 오직 이해관계와 공통의 의도로만 결속된 사람들을 생각해보자. 아니면 놀이에 참여하는 아이들을 생각해보자. 이러한 자발적이고 단순한 결속 속에서 권력은 어떻게 탄생할까? 자연스러운 만장일치로 과연 누구에게 흘러갈까? 아마도 가장 용감하고, 가장 영리하며, 자신이 권력을 행사하고 공동의 이익을 충족시키며 모든 사람의 생각을 성취할 수 있는 가장 유능한 사람이라고 우리를 설득하는 사람에게로 흘러갈 것이다. 만물의 자연스러운 진행을 뒤흔들 만한 외부적이거나 폭력적인 원인이 발생하지 않는 한, 용감한 사람이 지도하고 영리한 사람이 통치할 것이다. 자연의 법칙에 맡겨진 사람들 사이에서 권력은 우월함을 동반하고 드러내기 마련이다. 권력은 인정받음으로써 복종을 유도한다.

이것이 권력의 기원이며, 이외 다른 것은 없다. 평등한 존재들 사이에서 권력이란 결코 탄생할 수 없다. 진심으로 느끼고 받아들인 우월성은 인간 사회의 원시적이고 정당한 연결 고리이다. 이것은 사실인 동시에 옳으며, 유일하게 진실한 사회 계약이다.[12]

콩스탕의 '대항적 자유주의'에 고유한 색깔을 부여한 것은 자연의 권위와 역사의 권위 사이를 끊임없이 오갔다는 것이다. 이는 다시 말하면, 사회적·정치적 권력이 권리를 행사할 수 없는 사적 영역을 가지는 개인과 근대인으로서의 개인, 즉, '상업'의 발달로 인해 필연적으로 자신의 '쾌락'에 집착하게 된 개인 사이의 끊임없는 진동을 의미한다. 콩스탕의 이러한 진동의 결과는 회의주의, 자아의 내부적 분열, 잃어버린 순수성, 그리고 아이러니이다. 기조의 '통치의 자유주의'에 특별한 의미를 부여하는 것은 그가 역사의 발전과 인간 본성의 특성 사이의 화해를 주장한다는 점이다. 콩스탕이나 프랑스 혁명 이후 대부분의 자유주의자들과 마찬가지로 기조는 시민적 평등과 정치적 대표성에 기초한 정치 체제로 인류를 이끌어가는 유럽의 역사적 발전과 그 거스를 수 없는 권위를 믿었다. 사형 제도와 관련해 기조에게 시대착오라는 개념은 콩스탕과 마찬가지로 정치적 분석의 필수적인 도구였다는 것을 앞서 살펴보았다. 그러나 이 시대착오라는 개념은 콩스탕의 사상과 달리 기조의 사상에서는 덜 결정적인 역할을 맡는다. 기조에게 있어 역사의 권위는 자연의 권위와 일치하며, 역사적 진화를 통해 유럽 민족은 대표제 속에서 살게 되었고, 이 대표제만이 인간 본성의 모든 도덕적·정치적 요건을 충족시킨다. 궁극적으로 기조에게 권위란 콩스탕과 같이 '〔고대 민족과 대비되는〕 근대 민족'이나 '〔고대인

---

12    Guizot, 앞의 책, pp. 163~164.

과 대비되는) 근대적 개인'이 아니라 단순히 '사물의 본성' 또는 '인간의 본성'이다. 기조가 보기에 대항적 자유주의자들은 정치권력을 억누르고 제약해야 할 대상으로 간주함으로써 인간 본성을 잘못 판단하고 있는데, 인간이 권력을 존중하고 욕망하는 것은 자연스러운 일이며, 권력은 사실과 권리가 일치하는 '자연적 우월성'의 자연스러운 표현인 만큼 그 자체로 선한 것이기 때문이다. 콩스탕의 특징이 다른 사람 못지않게 자기 자신을 겨냥한 아이러니라면, 기조의 특징은 자신과 자신의 원칙에 대한 거만한 확신이다. 여기서 필자는 기조의 성격으로 잘 알려진 개인적인 거만함을 그의 사상에서 추론할 수 있다고 말하는 것은 아니다. 그러나 기조는 당대 자유주의자들의 비판적이고 아이러니 가득한 자세를 무기력하고 파국적이라고 보았고, 따라서 그의 거만한 입장은 이를 극복하려는 과정에서 자연스럽게 태어났다고 볼 수 있다. 그것은 부정보다 긍정의 우위를 보여줄 필요가 있다는 인식에서 자연스럽게 탄생한 것이다. 권력의 자연적인 고귀함을 강조하는 기조의 거만한 어투를 다음에서 볼 수 있다.

그렇다면 권력을 값싼 가격으로 고용한 한낱 하수인에 불과하다고 말하는 당신은 도대체 무엇을 하고 있는가? 당신은 권력의 존엄성과 권력이 모든 민족과 맺는 관계를 완전히 오해하고 있다는 것을 알지 못하는가? 국가가 자신의 부하들에게 순종하고 법률 사무원들이나 제정한 법을 따른다고 말한다는 것이 진정 국가에 대한 경의라고 생각하는가? 국가라는 것이 정녕 우월한 존재들이 더 숭고한 일에 자유롭게 기웃거리기 위해 열등한 인간들로 구성된 정부라는 것을 만들어 그들에게 의식주나 책임지게 하는 것인가? 이는 진실과 정의, 철학과 역사를 모두 무시하는 터무니없고 부끄러운 견해이다. 물론 진정한 우월성이 항상 모든 것을 지배하는 것은 아니며, 지배한다고 해도 그 지위를 항상 정당하게 사용하는 것은 아니다. 나아가 제도와 법률을 통한 일정한 보장은 반드시 있어야 한다. 한편으로는 거짓되고 나약한 우월성이 집권하는 것을 금지함과 동시에, 다른 한편으로는 가장 확실한 우월성이 집권 후 부패하는 것을 금지하는 보장 말이다. 그러나 이러한 사회적 조건이 반드시 필요하다고 해서 사물의 본질이 바뀌는 것이 아니다. 권력은 결국 우월성에 귀속되며, 따라서 우월성이 통치하는 것이 자연적이고 정당한 권력적 상황이다. 권력은 그 자체로 존재하는 것이 아니라 권력을 통해 존재한다. 권력은 자신의 힘으로 스스로를 창조하며, 사람들의 자유로운 동의를 얻기 위해 노력할 때에도 권력은 여전히 지배한다. 헌법적 권력은 억압적 권력보다 더 좋지도 나쁘지도 않다. 전제주의에서 자유로 넘어가는 과정에서 국가는 주인이 없어지지만, 그렇다고 해서 주인이 하수인으로 대체되는 것 또한 아니다. 권위를 훼손하지 않고 공동선을 위해 행동할 필요성을 받아들이는 지도자가 국가수반으로 남게 되는 것이다.[13]

필자는 앞서 루소와 프랑스 혁명 이후 역사의 권위가 자연의 권위로 대체되었으며, 모든 정치적 상황이 '역사철학'의 맥락에서 이해되었기 때문에 엄밀히 말해 더 이상 '정치철학'은 존재하지 않게 되었다고 언급한 바 있다. 기조의 사상은 역사철학의 범주 아래 놓일 수도 있지만, 기조에게 역사의 진화는 단순히 인간 본성을 그 완성으로 이끄는 것이기 때문에 역사철학에서 벗어나는 경향 또한 가지고 있다. 이런 점에서 기조의 역사철학은 정치철학에 종속되어 있으며, 결국 정치철학에 의해 완성된다고 보는 것이 타당할 것이다. 이 점에 대한 그의 모호한 입장은 기조가 실제로 「정치철학Philosophie politique」이라는 제목의 작품을 썼지만 완성하거나 출판하지 않았다는 사실에 의해 드러난다. 여기에는 상황적으로 여의치 않았던 기조의 개인적인 사정도 한몫을 했겠지만, 필자는 기조의 다른

---

13    Guizot, 앞의 책, pp. 166~168.

텍스트를 미루어 보아 다른 이유가 작용했다고 생각한다.

　문제의 핵심은 바로 주권이다. 기조는 콩스탕과 마찬가지로 국민 주권론에 비판적이었으며, 심지어 더 급진적으로 비판했다. 앞서 살펴보았듯이, 콩스탕은 국민의 주권을 엄격하게 제한해야 한다고 보았지만, 적어도 원칙적으로는 국민의 주권을 인정했다. 반면 기조는 그 어떠한 주권 개념도 거부한다. 주권을 사회적·정치적 권력을 한곳으로 모은 제도로 보든 개인으로 보든 말이다. 나아가 기조는 모든 개인이 스스로에 대해 가지는 개인의 주권마저 거부함으로써 심지어 자유주의 전통과 루소와도 결별한다. 기조는 다음과 같이 말한다.

　인간이 자기 자신에 대한 절대적인 주인이라는 것, 자신의 의지가 자신의 정당한 주권자라는 것, 그리고 그 어떤 순간과 그 어떤 상황에서도 자신의 동의 없이는 누구도 자신에 대한 권리를 가질 수 없다는 것 – 이 모든 것은 사실이 아니다.[14]

그리고 그는 또다시 말한다.

　개인을 독립적이고 개별적으로 고려했을 때, 개인은 오직 자신의 의지에 따라 자의적으로 의사 결정을 하지 않는다. 그의 의지는 그의 정당한 주권자가 아니다.[15]

---

14　François Guizot, 「정치철학(Philosophie politique : de la souveraineté)」, Pierre Rosanvallon(ed.). *Histoire de la civilisation en Europe* (Paris: Hachette-Pluriel, 1985), p. 366.

15　Guizot, 앞의 글, p. 367.

인간이 생각할 수 있는 유일한 주권자는 자신의 의지 또한 동의가 아니라, 권리·이성·정의·도덕과 같은 **규율**에 기반한 의지 또는 동의이다. 정치적으로 이것은 주권이 결코 그 자체로 존재하지 않고, 주권은 정치 질서의 원칙이라기보다는 목적이며, 정치적 행동에 의해 끊임없이 추구되어야 한다는 것을 의미한다. 현명한 결정으로 주권을 실현하는 것은 결국 정치적 행동에 달려 있는 것이다. 주권이라는 것은 불안정한 존재이며, 항상 의심스럽고 늘 쇄신되어야 하기 때문에 이처럼 정의로운 정치적 행동을 통해서만 존재할 수 있다. 그리고 주권을 추구하기 위해서는 어떤 정치 행위자도 주권을 마치 권리처럼 자신에게 처음부터 부여해서는 안 된다. 주권이 권리가 되면 결국 찬탈로 귀결되기 때문에 모든 정치 행위자는 주권을 추구하도록 **제약**constraint을 받아야 한다. 바로 이 지점에서 기조는 자유주의적인 대표제, 그리고 권력 분립의 필요성을 재발견한다.

이 법칙은 적극적으로 추구되어야 하는 것이기 때문에, 이를 발견하고 실천하는 것은 어려운 일이다. 그러나 어떤 개별적 의지, 어떤 독립적인 힘도 이 일을 하기를 꺼리기 때문에, 결국 해야만 하도록 제약을 받고 필요에 의해 끊임없이 이끌려야 한다. 그러므로 명령해야 하는 사실상의 주권은 그 품에 함께 모이기 위해 진리를 공통으로 추구할 의무를 서로에게 상호 부과할 수 있는 독립적이고 평등한 힘의 대결, 즉 노력의 결과여야 한다.[16]

기조의 정치사상의 토대는 개인이든 집단이든 인간 의지의 정치적 역할을 단호하게 거부하는 데 있다. 여기서 그는 근대 철학의 유구한 전통과 결별한다. 그러나 국가와 시민 사회의 구분은 의지의 창설적인 정치적

---

16    Guizot, 앞의 글, p. 343.

제9장 프랑수아 기조, 통치의 자유주의  **179**

역할을 전제한다는 것을 주목할 필요가 있다. 국가가 시민 사회의 도구가 되려면 그 근원이 있어야 한다. 이 근원은 자연에 있는 것이 아니라 — 그렇다면 국가와 시민 사회의 구분은 근거가 없을 것이기 때문이다 — 의지의 주권에서 찾을 수 있다. 오직 의지만이 자연에 없는 것을 창설할 수 있기 때문이다. 따라서 인간 의지를 신격화하는 근대적 태도에 대한 기조의 급진적인 비판은 국가와 시민 사회의 구분에도 근본적인 도전장을 던진다. 다음 글에서 기조는 의심의 여지 없이 말한다.

사회와 정부는 함께 태어나고 필연적으로 공존한다. 이 두 개체는 생각에서 조차 분리될 수 없다. 사회라는 개념과 사실은 정부라는 개념과 사실을 함축하고 있다.[17]

기조가 그의 「정치철학」 논고를 완성하지 못한 것은 그의 취향이 현실 정치에 초점을 맞춘 역사물이나 에세이를 쓰도록 이끌었기 때문만은 아니다. 그것은 아마도 인간의 정치적 본성에 대한 분석으로 시작했지만, 결국에는 기조가 상정하는 현실 정치의 토대가 되는 '국가와 시민 사회의 구분'이라는 핵심적인 명제에 의문을 품었기 때문일 것이다. 기조는 이러한 구분을 주장함으로써 정치권력의 일관성과 우월성을 강조했고, 국가와 시민 사회라는 두 권위를 변증법적으로 분석할 때는 '자연적 우월성'이라는 제3의 단일한 요소로 두 권위를 연결시키는 경향이 있었다. 그러나 근대 정치의 특수성에 대한 기조의 사상은 '국가와 시민 사회의 구분'이라는 명제에 기반했음에도 불구하고, 기조의 인간 본성에 대한 개념은 역설적으로 이러한 구분을 무너뜨린다는 사실은 여전히 남아 있다.

---

17    Guizot, 앞의 글, p. 333.

기조의 정치 경력에서 두 위대한 순간 사이의 놀라운 대조가 이제 더 명확해졌다. 사회와 정부 사이의 새로운 관계를 미묘하게 분석했던 1820년대의 기조와, 둘 사이의 균열이 커지는 것을 눈감고 있던 1840년대의 기조[18]는, 결국 역사가로서의 기조와 철학자로서의 기조의 내적인 분열을 연대기순으로 표현한 것이라고 볼 수 있다. 그가 그토록 완강하게 거부했던 당시의 선거 개혁은 기조에게 있어 대표제 사상의 자연스러운 발전이 아니라, 인간의 의지를 지나치게 강조하는 프랑스 혁명의 유물로서 무정부 상태의 잔여 증상임과 동시에 대항적 자유주의자들의 교리에 의해 연명하는 것이었다. 그것은 국가와 사회를 분리하는 간극, 즉 '역량'의 힘이 메워야 할 간극을 자의적으로 재확인하는 것에 불과했다. 기조에게 대표제 정부는 이 간극을 주제로 삼을 필요도 없고, '반성'할 필요도 없으며, 오히려 이 간극을 극복하는 것이 바로 통치이자 정부의 역할이라 믿었다. 행동의 유일한 지침은 사회가 원하거나 원하는 것처럼 보이는 것을 추구하는 것이 아니라, 사회의 '역량'을 집중하고 발전시키는 통치의 관점에서 정의롭고 선한 것을 추구하는 것이다.

한마디로 기조는 대표제 사상이 필연적으로 역사를 움직이게 하고, 사회를 변화시키며 정부로 하여금 영구적인 개혁을 목표로 하게 한다는 명제를 긍정함과 동시에 부정했다. 그는 혁명의 근원이 정치권력과 사회의 실질적 우월성 사이의 불일치에 있다고 보고, 대표제 정부의 임무는 이러한 우월성을 있는 그대로 드러내고 변화하는 대로 반영하는 것이라고 주장하며 자신의 명제를 긍정했다. 그러나 동시에 그는 대표자와 피대표자 사이의 갈등은 과거에 속하는 것이며, 대표제 사상을 통해 대표제를 현실

---

18  앞서 언급했듯이, 기조는 1840년대부터 루이필리프 1세의 정부에서 외무부 장관 및 총리를 역임했다. _옮긴이

에서 구현했기 때문에 이 갈등이 결국 사라져야 한다고 봄으로서 자신의 명제를 부정했다. 그는 이성이 '역량'을 분별할 수 있다면, 대표제는 의지의 자의성에서 벗어나 관리 가능한 것이 될 수 있다고 보았다. 물론 그러한 체제에서도 여전히 '변화'가 있을 것이지만, 몽테뉴Michel Eyquem de Montaigne가 말한 대로 "세계는 영원한 시소"이기 때문이지, 정권의 정당성이 그 어떤 '새로운 것'에 적응할 수 있는 능력에 의해 결정되는 것이 아니기 때문이다.

기조는 혁명을 '종식'시키거나 '정착'시킬 수 있다고 믿었다. 1848년은 기조의 정치가 실패한 해이자 그의 정치에 영감을 준 사상의 한계가 드러난 해였다.[19] 물론 수 년 전, 토크빌은 이미 기조의 오류를 감지했다.

---

**19** 유럽 전역을 휩쓴 1848년의 혁명을 의미한다. 1848년의 혁명은 본질적으로 민주적이고 자유주의적인 성격을 띠었으며, 낭만적 민족주의가 대두되며 낡은 것으로 간주되었던 군주제를 없애고 독립적인 민족 국가를 세우는 것을 목표로 했다. 프랑스에서는 기조가 이끌던 정부에 대한 대규모 시위로부터 시작되었으며, 최종적으로 루이필리프 1세의 7월 왕정의 몰락과 프랑스 제2공화국의 성립으로 이어졌다. _옮긴이

제10장

# 토크빌, 민주주의를 마주한 자유주의

혁명을 '종식'하고 '정착'시키는 것이 과연 가능한 것인가? 새로운 사회에 적합한 정치 제도는 어떻게 구성해야 하는가? 콩스탕과 기조와 마찬가지로 토크빌 역시 혁명이라는 주제에서 벗어날 수 없었다. 그러나 토크빌과 함께 이 질문들은 이제 완전히 다른 관점에서 제시된다. 대표제와 그 기초·조직·기능에 대한 질문은 더 이상 논의의 핵심을 차지하지 않는다. 콩스탕과 기조에게 핵심적인 문제는 바로 대표성, 즉 사회를 구성하는 특징과 의견의 총합이 어떻게 대표될 수 있도록 보장할 수 있는가에 관한 논의였다. 그들의 질문은 다음과 같다. 사회가 은폐하고 있는 '자연적 우월성'을 어떻게 발견해 정치권력에 참여하게 할 수 있을까? 그러나 토크빌에게 핵심적인 문제는 **무엇을 대표해야 하는 것인가**로 전환된다. 콩스탕과 기조에게 '사회'란 역사에 의해 주어진 것임과 동시에 자연에 순응하는 것이었지만, 토크빌에게는 완전히 새롭고 지극히 신비롭고도 중요한 과정의 결과물로 보였다. 새로운 사회의 특징인 **평등**은 더 이상 새로운 정권이 출생의 특권을 폐지하고 모든 사람에게 평등한 권리를 부여하기 위해 사용하는 단순한 '가설'이 아니다. 그것은 사회 및 정치 생활의 모든 측면, 인간 생활의 모든 측면을 파괴하는 무한히 능동적인 원칙이다. 새롭게 등장한 이 평등이라는 개념은 고정된 상태가 아니라 '조건의 평등equality of conditions으로 수렴'하는 과정이며, 그 결과는 예측하기 매우 어려운 것이 된다.

콩스탕과 기조 역시 '조건의 평등'을 유럽 역사의 축으로 인식했지만, 그들은 이 과정이 본질적으로 끝났다고 생각했다. 그러나 처음에는 국왕을 통해 귀족을, 그다음에는 혁명을 통해 유럽 최고의 국왕들을 무너뜨렸던 이 원칙이 왜 부유한 자, '능력 있는' 자, 또는 '자연적으로 우월한' 자의 발밑에서 갑자기 소멸한단 말인가? 토크빌은 콩스탕이나 기조처럼 평등의 발전이 근본적으로 정의로운 것이라고 확신했지만, 콩스탕처럼 열광하거나 기조처럼 평온한 만족감으로 평등을 바라보지 않았다. 토크빌은 평등을 생각하며 '종교적인 공포religious terror'를 느꼈다.[1] 토크빌이 본 당시의 사회적 조건은 인류 역사의 그 어느 곳과 그 어느 때보다 평등하며, 이 사실은 의심할 여지 없이 성찰할 가치가 있었다. 하지만 인류가 역사의 종말에 이르렀다고 믿거나 역사가 마침내 자연으로 회귀했다고 생각하는 이유는 무엇인가? 인류는 어디로 향하고 있단 말인가? 근대 사회의 전반적인 진화에 따른 이러한 두려움에 더해, 프랑스 정치사의 특수한 성격에서 비롯된 우려가 가중되었다. 프랑스에서는 파괴적이었던 혁명에 이어 끊임없는 쿠데타로 인해 비로소 평등이라는 개념이 자리 잡게 된 것이다. 이와 같은 불안정성은 프랑스인들이 자유주의 제도를 수립하고 운영하는 데 위험할 정도로 부적합하다는 인식을 심화시켰다. 늘 폭력적인 반란과 수치스러운 복종 사이에서 진동하는 프랑스인들은 권력을 경멸하는 방법만 알았지, 정작 권력을 통제하기에는 무력했던 것이다.

요컨대, 콩스탕과 기조는 그들이 살고 있는 사회를 **알고** 있었지만 토크

---

1    Alexis de Tocqueville, 『미국의 민주주의(De la démocratie en Amérique)』(Paris: Gallimard, 1961), Vol. 1, "Introduction," p. 4.

빌은 그렇지 않았다. **민주주의의 본성**을 발견하기 위해 그는 1831년부터 1833년까지 미국으로 여행을 떠났다. 민주주의가 '자연적 한계'에 도달한 것처럼 보였던 곳이 바로 미국이었기 때문이다.[2] 미국 민주주의의 특수성은 다음과 같이 요약할 수 있다. 미국인들은 "평등해지는 것이 아니라 평등하게 태어난다."[3] 결과적으로 민주주의적 평등은 이에 적합한 정치 제도를 만들어냈고, 그 유연성과 안정성을 입증했다. 뉴잉글랜드New England의 작은 마을에서 탄생한 민주주의의 원칙은 이제 광활하고 번영하는 미국을 움직이고 있었다. 프랑스에서는 경련을 일으키는 사회 운동으로 보였던 것이 미국에서는 관습과 제도의 조화로 발전한 것이다.

민주주의는 어떻게 이렇게 대조적인 두 가지 모습으로 나타날 수 있었을까? 토크빌은 우선 민주주의는 정치 제도의 조화가 아니라 조건의 평등에 의해 정의되는 사회적 상태라고 본다. 그리고 동일한 사회적 상태에서도 사람들은 '엄청나게' 다른 정치적 결과를 도출할 수 있다고 토크빌은 말한다.[4] 동시에 미국을 관찰하면서 토크빌이 배운 것은 조건의 평등이 모든 미국 사회 및 정치 생활의 근원에 있는 '창조적 원리'이며, 이 사회적 상태가 미국인의 생활의 모든 측면에 '엄청난 영향력'을 행사한다는 사실이다. 토크빌은 사람들이 동일한 사회적 상태로부터 '엄청나게' 다른 결과를 도출할 수 있으며, 동시에 이 사회적 상태는 생활의 모든 측면, 특히 정치 제도에 '엄청난 영향력'을 행사한다고 말했다. 이는 일견 모순처럼 보이는데, 한편으로는 민주적인 사회적 상태가 절대로 용인할 수 **없는** 정치 제도를 엄격하게 결정하고 – 예컨대, 귀족주의는 용인할 수 없다 – 다

---

2　　Tocqueville, 앞의 책, p. 11.
3　　Tocqueville, 앞의 책, 제2권, 제2부, 제3장, p. 108.
4　　Tocqueville, 앞의 책, 제1권, 제1부, 제3장, p. 53.

른 한편으로는 전제적일지 자유주의적일지는 국민의 신중함에 맡긴다는 점을 고려한다면 이러한 모순은 사라진다. 토크빌은 민주주의가 사회적 상태에 의해 먼저 정의된다고 주장하지만, 그렇다고 해서 민주주의를 정치적 '상부구조'와 본질적으로 구별되는 사회적 '하부구조'로 보는 것은 아니다. 토크빌은 민주주의의 부정적인 순간을 정의하고자 하며, 이는 곧 귀족주의와 더불어 조건의 불평등을 거부 또는 배제하는 것을 의미한다.

프랑스에서 민주주의는 귀족주의를 거부하거나 실제로 파괴해야 했다. 그러나 미국에서는 상황이 달랐는데, 토크빌이 강조했듯이 미국인들은 '평등해지는 것이 아니라 평등하게 태어나는' 존재였기 때문이다. 이것은 물론 사실이다. 그러나 귀족주의적 원칙을 부인하기 위해 귀족이 꼭 존재해야 할 필요는 없다. 귀족주의적 원칙을 거부한다는 것은 국민 주권이라는 상반된 원칙을 주장하는 것이다. 토크빌에 따르면 미국의 민주주의는 이 국민 주권의 원칙에 비추어 볼 때, 비로소 완전하게 이해할 수 있다. 즉, 미국에서의 삶의 모든 측면이 토크빌이 '국민 주권의 원칙'이라고 부르는 것에 의존한다는 것을 이해한다면 미국 민주주의의 핵심을 이해할 수 있게 된다는 것이다.

미국에서 국민 주권의 원칙은 사람들의 습관이나 지배적인 사상과 무관하게 고립된 교리가 아니며, 오히려 영미권 전체를 묶는 의견의 사슬에서 마지막 고리로 보아야 한다. 신은 각 개인에게 자신의 고유한 관심사를 돌보는 데 필요한 만큼의 이성을 주었다. 이 격언은 미국의 시민 사회와 정치 사회의 근간이 되는 위대한 격언으로, 한 가정의 아버지는 자녀에게, 주인은 하인에게, 마을들은 그 관리하에 있는 사람들에게, 지역은 마을에게, 주州는 지역에게, 연방은 주에게 이 격언을 적용한다. 이를 국가 전체로 확장하면 국민 주권의 원칙이 된다. 따라서 미국에서 공화국의 근간이 되는 창조적 원리는 인간 행동의 대부분을 통제

하는 원리와 동일하다.[5]

따라서 토크빌은 미국의 민주주의가 무엇보다도 하나의 사회적 상태
이며, 그것은 본질적으로 국민 주권이라는 정치적 원칙이라는 것을 발견
했다. 민주주의의 '사회적' 정의와 '정치적' 정의 사이에는 모순이 없으며,
두 정의는 서로 다른 두 가지 방식으로 같은 것을 지칭하는 것이다. 사회
적 상태가 민주적이라고 말하는 것은 어떤 시민도 다른 시민에게 복종할
의무가 없다는 것을 의미하며(물론 후자가 국민 주권의 대표자인 경우를 제
외), 어떤 시민도 다른 시민에게 '의존'하지 않는다는 의미이기도 하다. 국
민 주권이 지배한다는 것은 각 개인이 자신 또는 자신의 대표자에게만 복
종한다는 것을 의미한다. 사회적 상태는 민주주의의 부정적인 순간을 정
의하고, 국민 주권은 민주주의의 긍정적인 순간을 정의한다. 이러한 분석
은 근대 사회를 해석하는 데 있어 상당히 중요한 함의를 가진다. 이는 시
민 사회와 정치 제도의 구분은 근본적인 것이 아님을 의미하고, 둘 다 있
는 그대로의 존재일 뿐이며 공동의 프로젝트를 달성하기 위해서만 구별
된다는 것을 의미한다. 이 프로젝트는 그 자체로 사회적인 것도 정치적인
것도 아니며, '인간 행위의 대부분'을 포함하는 것이다. 따라서 토크빌은
미국의 민주주의를 보면서 자유주의 사상을 구성하는 기초적 범주에 의문
을 제기한다.

토크빌의 민주주의에 대한 생각은 본질적으로 시민적 질서나 정치적
질서에 속하는 것이 아니고 이보다 더 근본적인 것에 초점을 맞추고 있
다. 토크빌은 특정한 유형의 관계에 주목하는데, 그것은 역설적이게도 관
계의 부재에 의해 정의되는 인간들 간의 관계이다. 민주주의의 '극단적

---

5    Tocqueville, 앞의 책, 제1권, 제2부, p. 414.

결과'에 대해 그가 쓴 글은 다음과 같다.

가장 극단적인 형태의 민주주의를 볼 수 있는 곳은 바로 서부the West이다. 서부의 주에서는 마치 모든 것이 즉흥적인 운에 의해 결정되듯, 주민들이 그들이 사는 땅에 이제 막 도착했다. 그들은 서로를 거의 알지 못하며, 각 주민은 가장 가까운 이웃의 역사에 대해 무지하다. 따라서 미국 대륙의 서부는 유명 인사나 거대한 재산뿐만 아니라 교육과 정식성이라는 자연적 귀족natural aristocracy을 만드는 영향력에서도 벗어난다. 서부의 새로운 주에는 이미 주민들이 살고 있지만 아직 사회는 형성되지 않았다.[6]

여기서 중요한 단어는 **영향력**이다. 인간이 사회 속에서 살기 시작한 이래로 사회란 오직 영향력, 즉 인간이 서로에게 미치는 영향을 통해서만 유지되어 왔다. 이 영향력이 더 예리하고 다양할수록 사회는 더 문명화되고 인간은 자신의 능력을 더 많이 개발할 수 있다. 그러나 민주주의는 서로를 지배하지 않거나 서로에게 영향을 미치지 않는 평등한 개인들 위에 세워지기를 원하기 때문에 ─ 그리고 모든 영향은 자연스럽게 명령으로 향하는 경향이 있으므로 ─ 민주주의는 결국 인간을 서로로부터 분리시켜 공통의 연결 고리를 만들지 않은 채 서로를 나란히 수평선 위에 놓는다. 따라서 민주주의는 사회를 해체하는 경향이 있다.

이러한 두려움은 19세기 초 프랑스, 특히 토크빌이 태어난 귀족 사회에서 상당히 널리 퍼져 있었다. 자유주의자들은 반동주의자들에 비해 이러한 두려움에 덜 민감했다. 콩스탕이나 몽테스키외처럼 자유주의자들은 무역과 언론의 자유가 결합되면 사회적 일관성을 유지하기 위해 사람들

---

6    Tocqueville, 앞의 책, 제1권, 제1부, 제3장, pp. 50~51.

간의 충분한 이해관계와 의견의 교환을 보장할 수 있다고 생각했다. 또 일부는 기조처럼 귀족의 특권이 종식되면, 불평등이나 자연적 '우월성'이 스스로를 주장할 수 있는 충분한 여유가 생겨 사회를 하나로 묶을 수 있을 것이라고 생각하기도 했다. 토크빌의 독창성은 그가 반동주의자들의 진단을 받아들이고 심지어 그것을 더욱 극단화하면서도 콩스탕만큼이나 그리고 기조보다 훨씬 더 자유주의적인 입장을 견지했다는 사실에서 비롯된다. 토크빌은 미국과 프랑스를 비교하면서 서로 다른 민주주의의 두 순간을 엄격하게 구분한 반면, 당시의 반동주의자들과 자유주의자들은 이것을 혼동했기 때문에 두 세력의 인식은 모두 일방적인 수준에 머물렀다. 반동주의자들은 한 개인이 다른 개인과 분리되는 부정적인 순간만을 보았고, 자유주의자들은 한 개인이 다른 개인과의 관계를 자유롭게 결정하는 긍정적인 순간만을 보았기 때문이다.

민주주의 국가에서 사람들은 서로 분리되어 있기 때문에 각자가 자신의 사적인 세계로 물러나 동료 시민에게 무관심한 경향이 있다. 그러나 이렇게 분리된 사람들은 그럼에도 불구하고 같은 사회에 살고 있으며, 그들의 공동 관심사를 돌봐야만 한다. 그러면 결과적으로 두 가지 중 하나가 일어날 것이다. 첫 번째 경우는 전통적인 방식으로 이러한 공동의 이익을 감독하는 국가가 존재하는 것이며, 이 경우 시민들은 질서를 유지하는 한 기꺼이 자신의 책임을 국가에 넘길 것이다. (프랑스인들은 왕정이 이런 방식으로 공동의 이익을 관리하는 습관에 빠져 있었다. 따라서 왕정이 무너지고 서로 평등해진 이후, 그들은 이 책임을 새로운 중앙 정부에 맡겼고, 중앙 정부는 왕정에 비해 훨씬 더 약해졌기 때문에 그들 또한 더욱 유순해졌다.) 두 번째 경우는 이러한 중앙 집권적 국가가 없는 대신, 평등한 개인은 스스로 공동의 일을 처리해야 할 의무가 있으며, 이를 위해 사생활을 일부 포기해야 하는 경우이다. 그리고 오직 자유주의적인 제도만이 평등한 사람들을 함께 일하게 할 수 있기 때문에, 이 두 번째 경우의 시민들은 자유주의적인 제도를 세우고 운영할 것이다. 이것이 바로 미국에서 일어난 일이다. 소규모 이민자 공동체에서 필요에 의해 자치self-government의 습관이 탄생했으며, 사람들은 민주적인 인간에게 반드시 필요한 결사association의 기술을 배워야 했다.

반동주의자들은 새로운 태어난 평등이라는 개념이 사회적 연결 고리를 끊는다는 것을 알게 되었고 자유의 확산에 대항해 일어났다. 그러나 완전히 다른 방식을 통해서지만, 자유만이 이러한 연결 고리를 새롭게 재구성할 수 있었다. 자유주의자들은 자유와 그것이 내포하는 제도가 평등에 기초한 새로운 사회에 필요하다는 것을 이해했지만, 이 새로운 국가가 정작 사람들에게 자유를 얼마나 덜 추구하게 하는지, 나아가 얼마나 많은 사람들에게 형식적인 자유에 만족하도록 부추기는지는 보지 못했다. 기조가 그랬듯, 당시의 자유주의자들은 기조가 본인의 이름으로 통치할 때만 사회가 자유주의적인 제도를 찾았다고 생각할 위험이 있었다. 콩스탕이 올바르게 보았듯이, 정치적 자유는 시민으로서의 역할을 추구하는 사람보다 개인으로서 안전과 쾌락을 추구하는 사람에게 덜 필요하다. 그렇다면 사람들이 자발적으로 서로를 외면하는 사회에서는 오직 자유만이 사람들이 서로를 만나고, 공동의 과제를 수행하고, 세상이 자신이나 가족보다 더 크다고 느끼도록 의무감을 부여할 수 있다. 토크빌이 프랑스의 신구 체제의 공통적인 폐해인 행정적 중앙 집권을 맹렬히 비판한 것은 양체제가 프랑스인 개개인에게 잘못을 저질렀기 때문이 아니었다. 그것은 바로 중앙 집권화가 안전과 쾌락을 추구하는 개인으로서의 세속적 역할을 승인하고 모든 사람들을 그 수준에 머물도록 했기 때문이다.

관계의 부재, 독립성, 무관심 또는 고독에 대해 말하는 것만으로는 민주적인 인간의 삶을 특징짓기에 충분하지 않다. 이러한 표현은 비록 틀린

것은 아니지만 정태적이고 부정적인 것이다. 왜냐면 실제로 관계의 부재는 새로운 형태의 관계에 자양분이 될 수도 있기 때문이다. 독립성이 새로운 형태의 의존을 낳고, 무관심이 새로운 열정을 낳고, 고독이 새로운 사교성을 낳는 것처럼 말이다.

조건의 평등은 국민 주권의 원칙과 결합해 각자가 다른 사람, 관념 및 사물에 대한 최종적 판단을 내릴 수 있다고 설득한다. 그리고 모든 사람은 자연적으로 이러한 결론에 이르게 된다. 그러나 민주주의의 경우, 법은 '자연'이라는 의미에 추가적인 권위를 더한다. 민주주의하의 법은 많은 사람들이 완전히 믿기를 주저하는 것, 즉 자신이 다른 사람에 비해 못지않고 대등하다는 것을 말한다. 나아가 법은 통치에 있어 각 개인에게 다른 그 누구와 비교해도 적지 않은 몫을 부여함으로써 이를 증명한다. 그러나 각자가 자기 자신에게 평등을 속삭이고 법이 평등을 선포하지만, 실제 사회는 끊임없이 이 평등을 부정한다. 어떤 사람은 나보다 더 부유하거나 더 힘이 세며, 또 어떤 사람은 나보다 더 현명하거나 더 똑똑하다는 평판을 받고 있기 때문이다. 따라서 사회의 현실과 법과 개개인의 공통된 소망 간의 모순은 모든 사람의 가슴에 엄청난 정념을 불러일으킨다. 바로 평등을 향한 정념이다. 사회의 현실이 법과 개개인의 소망에 부합할 때까지 그것은 결코 멈추지 않을 것이다.

그러나 이러한 정념의 유일한 원천이 평등을 향한 의지라고 생각해서는 안 된다. 민주적인 사람은 다른 모든 사람과 평등해지기를 원할 뿐만 아니라, 어쩌면 가장 중요한 것은 자신이 다른 사람과 같다고 **느껴야** 한다는 것이다. 토크빌은 그의 대표작 『미국의 민주주의De la démocratie en Amérique』(1961) 중 "민주주의가 어떻게 하인과 주인의 관계를 수정하는가"라는 장에서 이를 명확하게 보여준다. 하인과 주인을 연결하는 관계보다 일견 더 불평등한 관계는 없다. 그러나 사회가 귀족 사회에서 민주 사회로 변화하는 과정에서, 이 관계는 그 의미와 내용에 변화가 생긴다. 평등이라는 이념이 법에 새겨지고 여론에 의해 주장되는 순간부터 주인과 하인은 서로 다른 눈으로 자신의 위치를 바라보게 된다. 한 사람이 다른 사람에 복종한다면, 그것은 민주주의에서 복종의 유일한 정당성을 가진 계약 때문이어야 한다. 물론 이것은 법적으로만 유효할 뿐, 실제로는 허구라고 간주할 수 있지만, 이 허구를 통해 하인과 주인이 그들의 관계를 고려한다는 사실은 변함이 없다. 이런 식으로 두 사람 간의 관계를 설정하는 '정신'이 바뀌게 된다.

> 부 또는 가난, 권력의 행사 또는 복종의 여부가 우연히 두 사람 사이에 큰 거리를 만들더라도, 여론은 사회의 통념에 근거해 두 사람을 같은 수준에 가깝게 만들고, 실질적으로는 불평등함에도 불구하고 일종의 허구적인 평등을 만들어낸다.[7]

따라서 이러한 사회에서 인간 간의 불평등은 마치 우연처럼 보이며, 본질적인 것은 인간 간의 평등과 유사성이다. 인간의 유사성에 대한 직관적인 감정은 일견 모순되는 것처럼 보이지만 실제로는 그렇지 않은 두 가지 결과를 불러일으킨다. 인간은 서로 비슷하다고 느끼는 한, 다른 사람의 고통, 특히 신체적 고통에 매우 민감하다. 나를 닮은 사람과 나를 동일시하는 것은 쉬운 일이다. 그런 사회에서는 연민이라는 감정이 새로운 중요성을 갖게 될 것이며 관습은 더욱 온순해질 것이다. 그러나 동시에 같은 이유로 인해 인간은 서로에게 점점 더 낯선 존재가 될 것이다. 실제로 사회에서 서로에게 영향을 미치고 의미 있는 유대를 형성하는 것은 인간 간의 차이를 통해서이기 때문이다. 차이가 우연한 것으로 간주되는 순간,

---

7    Tocqueville, 앞의 책, 제2권, 제3부, 제5장, p. 189.

인간은 더 이상 이 우연에 불과한 것을 더 이상 사활적으로 추구하지 않는다. 예를 들어, 하인은 더 이상 자신과 자신이 제공하는 용역을 동일시하지 않게 된다. 차이는 미래에 얼마든지 바뀔 수 있는 역할이 되며, 나아가 다양한 다른 역할과 양립할 수 있는 가능성 또한 열려 있다. 이러한 사회에서 개인은 항상 역할이 가변적이라고 인식할 때만 비로소 일하고, 사랑하고, 생각하고, 기도하는 등 자기 자신을 드러낸다.

따라서 민주적 사회는 서로 닮기를 원하고 서로를 닮았다고 느끼지만, 동시에 서로가 반드시 다르다는 것을 알고 있는 사람들이 모인 곳이다. 이들의 '구별'은 '차이'를 통해 분명해진다. 나아가 이러한 차이는 인간이 필연적으로 경쟁을 하는 존재라는 사실과 더불어 사회의 실질적 불평등을 통해 인식할 수 있게 된다. 이러한 경쟁에 직면한 민주적 인간은 두 가지 전략 중 하나를 선택할 수 있다. 첫 번째는 자신을 경쟁자의 수준까지 끌어올리고 가능하면 경쟁자를 능가함으로써 불평등을 줄이는 것이다. 토크빌은 이것이 미국 상인merchant의 태도라고 말한다. 어떤 상인이 경쟁자를 자신과 동등하다고 생각한다면, 경쟁자가 더 부유하고, 더 진취적이며, 더 성공할 수 있다는 사실은 용납할 수 없는 일이 된다. 몽테스키외가 이미 관찰했듯이 '상업은 평등한 자들의 직업'이다. 그러나 동시에 미국 상인은 '서로 닮았다는 감정'에 의해 자신이 뒤처지는 것을 허용하지 않는다. 그는 자기 자신과 다른 상인을 엄격하게 구분하고, 시장의 객관성을 인식하며, 상대방과 자신 사이의 불평등은 철저한 우연으로서 '받아들인다'. 여기서 이 우연은 그냥 받아들이는 것이 아니라, 극복해야 할 운명으로 받아들이는 것이다.

민주적 인간의 두 번째 전략은 '서로 닮았다는 감정'에 완전하게 사로잡혀서 자신보다 더 운이 좋은 경쟁자를 자신의 수준으로 낮추거나, 더 운이 좋아지는 것을 방지함으로써 불평등을 줄이는 것이다. 이 두 가지 행동 모두 민주 국가와 양립할 수 있지만, 결국에는 후자가 채택될 가능성이 더 높다. 왜냐하면 경쟁을 받아들인다는 것은 불평등을 받아들임과 동시에 거부하는 매우 취약한 심리 상태이기 때문이다. 민주적 사회에서 여론은 인간이 서로 닮았다는 감정에 젖어 불평등을 본질적으로 우연한 것으로 여기고, 결국 자연스럽게 불평등을 부정하는 방향으로 기울게 된다. 불평등을 '본질적으로 우연한 것'으로 간주하는 것은 이미 원칙적으로 불평등을 부정하는 것이기 때문에, 불평등을 부정하는 영혼의 일부가 자연스럽게 우위를 점하게 되는 것이다.

불평등에 대한 부정, 서로 닮았다는 감정, 평등에 대한 열정, 이 모든 것을 내버려두면 우리는 과연 어디로 향하게 될까? 그리고 언제든 다시 불거질 수 있는 나와 타인의 구별은 어떻게 극복할 수 있을까? 토크빌에 따르면, 평등과 유사성을 상징·보장·실현하는 것을 사명으로 하는 **중앙권력**central power이라는 **제3자**를 통해서만 가능하다. 이 권력은 "모든 시민들보다 필연적으로, 그리고 논쟁의 여지 없이 우위에 있기 때문에 그들의 시기심을 자극하지 않으며, 모든 시민들은 자신들이 국가에 양도한 모든 특권을 동등하게 박탈당하고 있다고 생각"[8]하기 때문이다.

조건의 평등은 두 가지 상반된 행동을 낳는다. 첫째는 미국의 상인처럼 '영웅주의'까지 갈 수 있는 적극적인 경쟁의 추구이고, 다른 하나는 프랑스인의 특성인 '내 이웃이 특권을 행사하지 못하도록' 중앙 정부가 보장하는 경쟁의 거부이다. 토크빌에게 후자의 경향은 사회적으로 민주적인 국가에서 일반적으로 더 강하게 나타나기 때문에 그는 전자의 경향, 즉 적극적인 경쟁의 추구를 일반적으로 '민주적' 특성이 아닌, 특이할 정도로 '미국적'이라고 묘사한다.[9]

---

8    Tocqueville, 앞의 책, 제2권, 제4부, 제3장, p. 302.

그렇다면 민주주의의 본질이 가장 잘 실현되는 곳은 과연 어디일까? 미국일까, 프랑스일까? 프랑스인들이 민주주의의 이점을 누리지 못하고 자유주의적 제도가 제 기능을 발휘하지 못하는 것은 앙시앵 레짐과 프랑스 혁명의 공통된 유산인 중앙 집권화 때문일까? 아니면 미국인들이 민주 국가의 귀결인 자연스러운 중앙 집권적 경향을 겪지 않아도 되는 것은 미국 역사와 관습의 특수성 때문일까?

어쨌든 토크빌은 민주주의가 모든 자유 가운데서도 가장 중요한 사상의 자유에 가하는 위협을 목격했고, 그 장소는 바로 미국이었다. 이 위협은 미국의 정치 제도에서 비롯된 것이 아니었다. 미국의 정치 제도는 이미 세계에서 가장 자유주의적인 것이었다. 오히려 그것은 민주적 사회에서 인간의 사고 자체가 겪는 변화에서 비롯된다. 모든 사고의 조건은 지적 교류, 즉 한 사람의 생각이 다른 사람의 생각과 서로 영향을 주고받거나 마찰을 일으키는 것이다. 일반적인 사고 행위는 내가 읽은 저자나 나의 대화 상대가 진실을 말하고 있을 가능성이 높다고 보며, 따라서 이에 따라 세상에 대한 나의 해석을 바꿀 수 있고, 나아가 내 삶을 바꿀 수 있다고 가정한다. 하지만 민주적인 국가에서는 어떻게 될까?

〔미국에서〕한 사람의 생각이 다른 사람의 생각에 미치는 영향력은 필연적으로 매우 제한적일 수밖에 없다. 시민들이 모두 어느 정도 비슷해지고, 매우 가까운 곳에서 서로를 보며, 동료들 중 그 누구도 서로를 논쟁의 여지가 없이 위대하다거나 우월하다고 인정하지 않기 때문이다. 따라서 진실 여부를 결정하는 데 있어서는 가장 확실하고 접근하기 쉬운 자신의 판단에 의존한다. 따라서 파괴되는 것은 특정한 사람에 대한 신뢰뿐만이 아니다. 미국에서는 그 어떤 사람의

---

9    Tocqueville, 앞의 책, 제1권, 제2부, 제10장, p. 421.

말을 그 어떤 것에 대한 증거로 받아들이는 것에 대한 폭넓은 불신이 있다. 그래서 각자는 자기 자신에만 의존한 채 세상에 닫혀 있으며, 이를 토대로 세상을 판단하고자 한다.[10]

그러나 다른 사람의 말을 듣지 않는 것은 독립적인 개인 활동으로 이어지는 것이 아니라 실제로 그 조건을 파괴하는 것이다. 약하고 고립된 민주적 인간이 어떻게 진정으로 자신에게 의미를 부여할 수 있을까? 그가 다른 사람만큼이나 괜찮은 사람인 것은 사실이지만 다른 사람도 그와 마찬가지로 괜찮은 사람이다. 그가 믿을 것은 자신뿐이지만 정작 자신이 매우 영리하다고는 믿을 수 없다. 결과적으로 그는 자신도 다른 사람도 신뢰하지 않고, 그들이 함께 구성하는 제3자만을 신뢰하게 된다. 따라서 그는 대중을 신뢰한다.

사람들이 서로 비슷한 수준의 통일성에 가까워질수록 … 대중을 더 쉽게 신뢰하게 된다. … 평등의 시대에 사람들은 서로 너무 닮아서 다른 사람을 신뢰하지 않지만, 이 같은 유사성 때문에 대중의 판단을 거의 무한히 신뢰하게 된다. 왜냐하면 그들은 모두 동일한 지적 수단을 가지고 있기 때문에 다수의 편에서 진리가 발견될 것이라고 생각하는 것이 불합리하지 않다고 여기기 때문이다.[11]

그리고 토크빌은 다음과 같이 결론을 내린다.

미국만큼 정신의 독립과 진정한 토론의 자유가 부족한 나라를 알지 못한다.[12]

---

**10**   Tocqueville, 앞의 책, 제2권, 제1부, 제1장, p. 12.
**11**   Tocqueville, 앞의 책, 제2권, 제1부, 제2장, p. 18.

『미국의 민주주의』 제2권의 말미에서 토크빌은 민주적 시민을 위협하는 '새로운 전제주의new despotism'의 모습을 묘사할 때, '프랑스'의 특징인 행정적 중앙 집권, 그리고 '미국'의 특징인 여론의 비생산적 힘을 결합해 설명한다.[13]

여기서 우리는 이 '새로운 전제주의'의 한 가지 특징에 주목해야 한다. 바로 새로운 전제주의의 온화함이다. 앞서 살펴본 바와 같이, 민주적 인간은 폭력에 공포를 느끼며 고통받는 사람과 즉시 스스로를 동일시한다. 즉, 중앙 권력이 폭력적이고 잔인한 조치를 피할수록 – 권력을 쥐고 있는 민주적 인간은 그런 조치를 자연스럽게 받아들이지 않을 것이기 때문에 – 시민들은 그만큼 유순해질 것이다. 중앙 권력은 본능적으로 잔인함을 피할 뿐만 아니라, 신체적 고통이든 도덕적 고통이든 모든 명백한 고통의 상황으로부터 시민들을 보호하는 임무에 자발적으로 헌신하게 될 것이다.[14] 법의 목표는 거의 전적으로 고통의 기회를 줄이는 데 있을 것이다. '온화한 전제주의'라고 말하는 것은 아마도 부정확한 표현일 수 있다. 민주적 인간은 '온화함의 전제주의' 속에서 살아가게 된다.

몽테스키외에게 자유주의의 가장 큰 장점은 무역과 지식의 발전, 권력의 분립과 더불어 바로 인간의 고통을 덜어준다는 점이었다. 루소는 이미 이 점에 대해 우려를 표명한 바 있다. 루소는 몽테스키외를 겨냥해 이렇게 썼다.

**지식이 인간을 온화하게 만든다.** 모든 글에서 인류에 대한 사랑이 살아 숨 쉬는 심오하고 숭고한 작품을 쓴 저명한 철학자는 이렇게 말한다. 이 몇 마디로 덕

---

12  Tocqueville, 앞의 책, 제1권, 제2부, 제7장, p. 266.
13  Tocqueville, 앞의 책, 제2권, 제4부, 제6장.
14  Tocqueville, 앞의 책, 제2권, 제4부, 제6장.

분에, 그것도 장광설 하나 없이, 그보다 지식의 유익함을 더 역설한 사람은 아무
도 없을 정도이다. 지식이 인간을 온화하게 만드는 것은 사실이다. 그러나 가장
훌륭한 덕성인 온화함도 때로는 정신을 취약하게 만든다. 덕성은 항상 온화하
지 않다. 악에 맞설 때 엄격함으로 무장하는 법을 알고, 범죄에 대해서는 분노를
불러일으키기 때문이다. 브루투스[15]는 온화한 사람이 아니었다. 그러나 누가 그
에게 덕성이 부족했다고 말할 수 있단 말인가? 반대로 불도 열도 없고 선과 악
에 대한 무관심 속에서나 온화한, 비겁하고 유약한 영혼들이 있다. 지식을 좇는
사람들이 추구하는 온화함이란 바로 그런 것이다.[16]

루소는 근대인의 '무관심'을 혐오했으며 이에 대해 두 가지 상반된 태도
를 취했다. 루소는 한편 모든 인간적 감정을 시민적 덕성의 가혹한 요구에
종속시켰던 '브루투스'나 '스파르타 여성'을 칭찬했다. 그러나 또 다른 한
편 루소는 육체적 고통을 향한 '연민'에서 근대 사회를 특징짓는 개인 간
의 분리를 극복할 수 있는 유일한 감정을 보았다. 연민만이 우리 자신을
고통받는 타인과 동일성을 느끼게 하고, 적극적인 온화함만이 개인주의
적 사회를 특징짓는 무관심의 온화함을 극복할 수 있다. 토크빌은 민주적
국가와 사회가 자연스럽게 연민에 의해 움직이는 경향이 있음을 관찰했다.
   루소가 몽테스키외에게 그랬던 것처럼 토크빌도 이러한 경향에 반기
를 들며 '가혹함'이나 심지어 '잔인함'을 찬양했을까? 그것은 니체의 선택
일지 모르지만 토크빌의 선택은 아니다. 토크빌은 단 한 순간도 '가혹함'

---

15  왕정 시대 로마의 마지막 왕이자 폭군인 타르퀴니우스 수페르부스(Tarquinius
    Superbus)를 제거하고 로마 공화국을 세운 루키우스 유니우스 브루투스(Lucius
    Junius Brutus)를 가리킨다. _옮긴이
16  Jean-Jacques Rousseau, "Réponse à Bordes," Œuvres complètes (Paris: Gallimard,
    Bibliothèque de la Pléiade, 1964), T. III, p. 72.

에 의존하는 것이 온화함의 과도한 발달에 대한 해결책이 될 수 있다고 제안하지 않는다. 토크빌은 평등과 더불어 서로 닮아가는 영향력이 커짐에 따라, 이러한 발전이 인간의 인격을 타락시킬 위험이 있다는 것을 관찰하고 정치적 자유political freedom를 신장시킬 것을 요구한다. 정치적 자유만이 인간을 자기 자신에게서 벗어나 공동체의 세계에서 살게 하고, 자신의 미덕과 악덕을 판단할 수 있는 지혜를 제공하며, 오직 정치적 자유만이 인간을 평등하면서도 서로 다른 존재로 볼 수 있게 해준다는 것이다. 토크빌에게 자유주의는 더 이상 자유와 평등의 필연적이고 조화로운 발전에 머물지 않는다. 자유주의는 평등 그 자체가 아니라, 평등에 대한 **정념**에 대항해 자유를 지키기 위한 투쟁의 칼을 갈아야 한다. 그러나 투쟁의 결과는 불확실할 것이다. 진정한 자유는 민주주의의 **기술**에 속하는 반면, 평등은 민주주의의 **본성**에 속하기 때문이다.

민주주의의 본성과 기술 간의 구분은 '평등한 사회적 상태'로서의 민주주의와 '자유주의적인 정치 제도'로서의 민주주의 간의 구분을 통해 경험적으로 표현된다. 이는 평등하고 무력한 자연 상태가 대표제 정부라는 지극히 인위적인 구조물의 기초가 되는 태동기의 자유주의 사상의 인식을 반영한다. 그러나 이러한 구분은 우리에게 후자를 재고해야 할 의무를 부여한다. 자유주의의 구도에서 자연 상태는 정치 제도의 창설 동기와 조건을 제공하지만 정치 제도의 창설과 동시에 그 역할은 소멸한다. 자연 상태는 정치적 행동을 **전제**하며, 주권에 의해 극복될 운명에 처해 있다. 그러나 민주주의라는 현상은 토크빌로 하여금 자유주의가 가정하는 본성(자연)과 기술의 관계를 재고하게 만들었다.

국민 주권의 원칙은 모든 사람이 자신 또는 자신의 대표자에게만 복종할 것을 요구한다. 이러한 복종의 유일한 정당한 조건은 인간이 절대적으로 독립적이어야 한다는 것이다. 그러나 사회의 구성원으로서 인간은 필연적으로 이러한 독립성을 위협하는 불평등이나 영향력에 노출되어 있다. 따라서 민주주의의 첫 순간, 즉 부정적인 순간은 이러한 영향력을 파괴해 민주적 인간이 마침내 주권적 자율성 속에서 자신의 독립을 선언하고 자유롭게 결정할 수 있는 노력으로 구성된다. 따라서 민주주의의 첫 순간은 인간이 마침내 자유로운 정치체에서 자유롭게 자신을 구성할 수 있는 진정한 자연 상태를 구성하려는 노력이다. 다만 그렇다고 민주주의가 '자연 상태로의 회귀'를 지향한다는 것이 아니다. 민주주의는 자연 상태를 달성함으로써 자신을 발견하기를 원하는데, 민주주의는 자유롭고 평등한 개인을 기반으로 자신을 발견하기를 원하기 때문이다. 민주주의의 자연적인 첫 순간은 유일하게 정당한 사회를 만들기 위한 조건, 즉 자신의 창조를 위한 조건을 만드는 순간이다.

토크빌에게 민주주의라는 현상은 자유주의가 정당한 정치 질서의 전제라고 여겼던 것이 실제로는 적극적으로 추구되고, 창조되고, 건설되어야 한다는 것을 보여 주었다. 자연 상태는 인류 역사의 시작이 아니라 오히려 그것의 완성 또는 아마도 그 전망이 된 것이다. 자유주의 프로젝트는 '자연적' 평등에 기반을 두고자 하기 때문에 결국 일종의 역사를 구성한다. 그것은 '자연적' 평등을 인위적으로 확립하기 위한 인간의 노력과 발전의 역사이며, 최종적으로 주권을 통해 철저하게 이성적이고 의식적인 방식으로 정당한 정치 질서를 구성하는 역사이다. 나아가 자연은 쉴 새 없이 불평등, 영향력, 의존성을 만들어내기 때문에 이 '첫 순간'은 결코 사라지지 않는다. 이 '첫 순간'은 민주주의의 본성이자 통주저음이다. 나아가 이 '첫 순간'은 인간이 동시에 주권자이자 신민이 되는 인류의 프로젝트 안에서 살게 하기 때문에 민주적 인간에게 '역사' 속에 살고 있다는 감정을 선사한다.

# 결론

　이 책이 토크빌로 끝날 수 있는 이유는 자유주의의 지성사가 토크빌로 끝났기 때문이 아니라, 그가 자유주의적 사회의 문제를 가장 광범위하고 심오한 방식으로 탐구했기 때문이다. 그러나 토크빌이 그토록 탁월하게 묘사한 저항할 수 없는 역사적 발전의 원동력은 결코 직접적으로 언급되지 않는다. 굳이 찾는다면 '복음주의적' 평등의 장기적인 영향 때문이라는 토크빌의 표현을 발견할 수 있다. 그러나 민주주의에 대한 토크빌의 분석은 실제로 우리를 다른 길로 인도한다.

　민주주의 프로젝트는 인간을 이상한 위치에 놓는다. 민주주의는 인간에게 가장 고귀한 주권을 부여하는데, 인간은 이 주권에 입각해 사회적 본성에 의해 생성된 모든 불평등을 자연적 평등으로 줄여야 하며, 인간이 서로에게 가하는 모든 영향력을 없애야 한다. 동시에 이 주권은 매우 겸손한데, 되찾은 자연적 자유로 인간이 과연 무엇을 할지 모르기 때문이다. 결국 주권은 이를 무시한다. 만약 주권이 인간이 자유롭다는 것을 인정한다면, 주권 그 자체가 특정 의견 또는 세력의 힘일 뿐이라는 것을 인정해야 하기 때문이다. 인간은 세계의 잠재적 주권자이지만, 이 세계가 '자연적' 상태로 환원되면 주권이 다시금 주권자가 될 것이며, 이 주권의 본성은 예측할 수 없는 창조적 자발성 속에서 펼쳐질 것이라고 생각한다.

따라서 민주주의 프로젝트는 인간이 자신을 절대적으로 인식하지 못한다는 가정과 자신을 절대적으로 알고 있다는 가정 모두를 전제한다. 민주주의 프로젝트는 사회의 깊은 곳 어딘가에서 인간은 절대적으로 '존재'하며, 역사의 어느 지점에서 절대적으로 '존재할' 것이라고 가정한다. 인간은 참인 동시에 숨겨져 있다homo verus et absconditus.[1]

홉스의 작품에서 보았듯이, 이 민주적 장치는 자유주의 또는 근대 프로젝트의 기원에서부터 확립되었다. 가톨릭교회라는 단일 종교 기관의 권력에서 벗어나기 위해서는 인간의 삶을 선이나 목적의 관점에서 생각하는 것을 포기해야 했는데, 이는 필자가 '한 차원 더 높다'고 표현한 교회의 '영향력'에 취약할 수밖에 없었기 때문이다.[2] 따라서 정치체의 권력은 더 이상 '자신이 제공하는 것을 명령하는 선'(은총에 대한 아우구스티누스의 정의)의 권력으로 간주될 수 없으므로, 인간은 스스로를 창조함으로써만 자신을 이해할 수 있게 되었다.

인간의 자기 창조self-creation에 대한 생각은 자기 자신이 스스로 만든 작품의 후손이 되고자 하는 근대인의 이른바 프로메테우스적 야망을 특징짓는다. 종교인들은 이러한 근대인의 태도를 한결같이 '주제넘는다'고 질책하고, 나아가 인간이 신의 속성을 빼앗았다고 주장하기도 한다. 그러나 홉스의 표현대로 "고독하고, 가난하고, 지저분하고, 잔인하고, 짧은" 삶을 사는 존재에게 주제넘는다는 비판은 타당하지 않다. 실제로 우리가

---

1    지은이는 구약 성경에 등장하는 신학적 개념인 '숨겨진 신'을 뜻하는 데우스 압스콘디투스(Deus absconditus)에 빗대어 근대인을 특징을 설명하고 있다. 이 개념은 인간의 이성만으로는 알 수 없는 신과 신의 본질을 의미한다(구약 성경, 이사야서 45:15 참조). _옮긴이

2    앞서 살펴보았듯이, 교회는 현실 세계의 선과 목적을 뛰어 넘어 사후 세계의 구원을 약속하기 때문이다. _옮긴이

파악하고자 하는 근대인의 사상적 동기는 오히려 정반대의 성격을 가진다. 그것은 실로 겸손한 것이며, 사후 세계의 질서에 대해 알고 있다는 놀랍도록 주제넘는 가정에 반대하는 것이다. 결국 '교만의 자식들'을 복속하는 존재는 바로 리바이어던인 것이다.

그렇다면 인간은 어떻게 스스로를 창조할 수 있을까? 물론 그는 스스로의 창조의 기준이 될 그 어떤 '의견'도, 그 어떤 '선에 대한 개념'(즉, 선의 이데아)도 알지 못한다. 왜냐하면 어떤 기준을 따르는 것은 그가 탈출하고자 했던 종교적 억압을 다시 연출하는 것에 불과하며, 결국 '어느 개인의 의견'을 강화할 뿐이기 때문이다. 그래서 그는 스스로에게 묻는다. 어떤 사회나 종교를 떠나 단순히 인간으로서 나는 어떤 모습일까? 내가 나 자신에 대한 의견이 없다면 나는 과연 어떤 모습일까? 나는 과연 무엇을 해야 하는가? 그는 '순수한 자연'이 되어 '자연 상태'에서 살 것이다. 그는 인간 본성 그 자체일 테지만, 그렇다고 해서 아직 완전한 인간은 아닐 것이다. 인간이 되려면 인간 본성이 스스로를 정의하거나 스스로 표현할 수 있어야 한다. 그리고 이 행위에는 홉스가 정치체의 효율적인 원인이자, 주권의 기원으로 간주했던 창조의 원동력이 포함되어 있다.

이 주권의 정의는 각 사상가가 자연 상태를 어떻게 해석하느냐에 따라 달라진다. 그러나 그 핵심은 동일하다. 주권을 '창조'함으로써(인간이 스스로를 창조할 수 없다면, 적어도 **자신의** 주권은 창조할 수 있기 때문이다) 인간은 스스로를 둘로 나눈다. 그는 주권의 저자이자 주권의 신민이다. 주권은 인간의 본성을 표현하고 반영하며, 선과 악의 규칙을 결정하거나(홉스) 도덕적 존재를 창조함으로써(루소) 인간이 무엇인지에 대한 정의를 내린다. 인간은 본성과 주권 모두 속에서 살아간다. 자연과 주권은 서로를 참고하면서 결합하고, 인간의 범위를 좁히며, 따라서 종교의 초자연적인 주장에 더 이상 취약하지 않게 된다. 종교는 더 이상 주권의 승인을 필요로

하는 인간의 본성에 호소할 수 없다. 또한 인간의 주권에 호소할 수도 없는데, 주권은 스스로는 아무것도 결정할 수 없으며, 기껏해야 저자가 승인한 관습을 수립할 수 있는 정도이기 때문이다. 근대적 인간의 이러한 분열 또는 이중성은 어떤 목적도, 어떤 선도 더 이상 인간 행위의 동기가 될 수 없다는 것을 의미한다. 자연이 주는 것을 자연이 명령할 수 없고, 주권이 명령하는 것은 주권이 줄 수 없다.

따라서 자신의 손으로 스스로를 창조할 수 없는 인간은 자신을 분열시킨다. 자신의 본성을 통해 주권을 생성하고, 자신의 주권을 통해 자신의 본성을 창조하거나 재창조하도록 한다. 자신을 창조해야 하는 '자연 상태' 또는 '사회'를 전제하면서, 그는 '정치체' 속에서 살기 때문에 항상 이미 창조된 존재라 볼 수 있다. 국가의 주권을 통해 자신의 주권을 주장할 때, 그는 자신의 본성과 사회의 법칙이 되는 명령을 내리기 때문에 매 순간 자신을 지속적으로 재창조해 나간다. 그는 대표자와 피대표자의 상호작용 속에서만 존재하기 때문에 결국 그는 자신이 실제로는 없는 곳, 또는 자신이 스스로를 가정하거나 전제하는 곳, 자신이 스스로의 저자인 곳에서만 진정으로 존재하게 된다.

인간의 본능적인 욕망은 이 이중성을 하나로 통합하는 것이다. 인간은 자신이 살고 있다고 생각하는 곳에서 살고 싶어 한다. 인간은 자연 속에서 자신을 생각하며 자연이나 사회가 자급자족하고 그 안에 법칙이 내재되기를 원한다. 그러나 실제로 인간은 법이 가능한 한 적게 명령하기를 원한다. 인간은 보다 더 자유로운 개인이 되고 싶은 것이다. 그런 다음 인간은 법 안에서 자신을 생각하고 법이 자급자족하기를 원하며, 법 이외에는 아무것도 명령해서는 안 된다고 본다. 그러나 실제로 인간은 사회에서 명령이나 영향을 최대한 받지 않기를 원한다. 인간은 보다 더 평등한 개인이 되기를 원하는 것이다. 점점 덜 통치를 하는 국가에 의해 더욱 배타적으로 통치되는 사회적 기제 속에서, 인간은 자신의 본성에서 비롯된 선을 타인과 주고받을 수 있는 능력이 점점 더 떨어지게 된다. 이것이 바로 토크빌이 두려워하는 바이다.

따라서 근대 역사의 동기는 두 가지로 보인다. 첫째는 종교의 정치적 권력에서 벗어나고자 하는 자연스러운 욕망이고, 둘째는 이 첫 번째 욕망을 충족시키기 위해 인간이 고안한 기제에서 벗어나고자 하는 또 하나의 자연스러운 욕망이다. 후자의 프로젝트가 자연스럽게 전자의 프로젝트를 계승한다고 가정하는 것이 타당하더라도, 근대 역사의 발전에서 각각의 프로젝트가 미치는 영향력을 구별하는 것은 어려우며, 정치적 및 사회적 영향의 측면에서 보았을 때는 아예 구별할 수 없는 정도이다. 더 정확하게 말하면, 굳이 구별하려는 노력은 오히려 구별을 더욱 불가능하게 할 뿐이다. 자연과 법 가운데 어느 하나를 강조하는 순간, 다른 하나는 필연적으로 약화되고 그만큼 정치체의 가용 자원이 줄어들게 된다. 자연과 법, 사회와 국가, 피대표자와 대표자 사이의 나타난 모든 진보의 끝은 결국 그럼에도 불구하고 구별이 존재하며 그것이 극복될 수 없음을 의미한다. 이러한 구별에 대한 본질적 의도는 오직 자연 내에서만 그 동기를 찾되, 자연에 대한 절대적 주권을 행사하는 법을 만드는 것이다. 따라서 근대 정치는 법을 더 독특한 주권자로 만들고 자연을 더 자유롭게 만들지만, 자연과 법이 서로를 견제하는 데만 몰두하게 만들기 때문에 둘 다 약해지는 결과를 낳는다.

근대 프로젝트는 자연이 규범을 만드는 입법적인 존재이거나, 선은 스스로가 주는 것을 명령한다는 '이교도적pagan' 생각을 거부하고, 자연과 법을 엄격하게 분리하고자 한다. 자연과 법의 엄격한 분리는 모순적이기 때문에 지속적으로 유지될 수 없지만, 그럼에도 불구하고 근대인은 그것을 지향한다. 자연이나 법, 사회나 국가는 각자 서로가 제공하지 못하는 것을 제공하기 위해 존재하기 때문에, 어느 한 요소의 실패는 곧바로 다른 요소의 성공을 약속한다. 루소의 사상은 근대 프로젝트의 모순점이 바로 근대 프로젝트를 확장하는 동기가 되는 독특한 역학 관계를 완벽하게 보여준다. 루소는 인간의 본성과 인간의 법을 분리해 극단적으로 밀어붙였을 경우, 결국 전혀 인간적이지 않은 인간 본성 개념으로 이어진다는 것을 보여줌으로써, 자연과 법을 분리하는 것이 불가능하다는 것을 역설했다. 나아가 루소는 '자연적 인간'을 이미 사회적 또는 '법적'인 인간으로 제시했던 선배들을 비판하기 위해 인간이 비인간적인 토대로부터 출현한 가상의 역사를 재구성함으로써 자연이나 법이 줄 수 없는 것을 '역사'를 통해 이룰 수 있음을 시사했다. 그리고 자유를 인간의 진정한 본성으로 정의하고, 나아가 인간을 스스로 법을 부여하는 존재로 정의함으로써 루소는 겉보기에 해결 불가능해 보이는 이 문제가 어쩌면 해결될 수 있다는 확신을 불러일으켰다. 이로써 루소는 자연과 법의 분리를 엄격하게 보존함으로써 이를 완전히 극복하는 정치체를 건설하고자 하는 의지를 불러일으킨 것이다. '혁명'은 인간에 대한 새로운 정의에 부합하는 정치적 사업이며, 근대적 인간은 이제 행동을 통해 그 진실을 증명할 것이다.

유럽에서 한 세기 반 동안 국가는 '역사'와 '혁명'이라는 두 가지 약속을 구체화할 수 있는 정치 형태였다. 독일에서처럼 국가는 자연과 법, 사회와 국가 사이의 구분을 가리는 '역사적' 또는 '문화적' 정의를 스스로에게 부여하기도 했고, 프랑스에서처럼 국가는 혁명에 의해 세워지기도 했다. 모든 역사를 폐기한 후, 프랑스 사람들은 국가 주권에 의해 공화국의 법이 공포되는 순간 시민이 되었다. 국가라는 개념을 구성했던 이 두 거대한 지적 및 정서적 기반은 오늘날 사라졌다. 공산주의Communism는 유럽인들이 혁명에 걸었던 희망에 치명적인 타격을 입혔다. 국가 사회주의National Socialism[3]는 유럽의 국가 개념에 대한 자신감을 철저하게 파괴했다. 따라서 시민 사회와 국가는 국왕·혁명·국가의 보호 없이 다시금 적나라한 갈등에 직면하게 되었다. 따라서 선지자들[4]로부터 멀어진 우리는 적어도 첫 질문이 자연과 법의 문제라는 것을 알고 있었던 17세기와 18세기의 사상가들에게서 유럽의 수수께끼에 대한 열쇠를 찾아야 한다.

그들이 한때 정치체를 보호하기 위해 대항해야 했던 그리스도교는 오늘날 시민 사회와 국가만큼이나 약하다. 그러나 오늘날의 약한 상태에도 불구하고, 그리스도교는 한때 우리에게 강요했던 자연과 법의 분리를 추구하도록 여전히 우리를 이끌고 있다. 서구의 국가들을 종교 없는 사회로 밀어붙였던 그리스도교는 3세기에 걸친 '가속화된' 역사 속에서도 마치 아무 일도 없었던 것처럼, 지쳐 있지만 여전히 주권적인 모습으로 우리 곁에 남아 있다.

---

3    히틀러의 극우 성향 정당 국가 사회주의 독일 노동자당(Nationalsozialistische Deutsche Arbeiterpartei)의 핵심 이념으로 흔히 나치즘(Nazism)으로 불린다. _옮긴이
4    공산주의의 레닌(Vladimir Lenin)이나 파시즘의 무솔리니(Benito Mussolini), 히틀러와 같은 20세기의 이데올로그들을 의미한다. _옮긴이

## 옮긴이 후기

 자유주의란 무엇인가? 자유주의를 어떻게 이해할 수 있을까? 오늘날 자유주의라는 단어는 듣는 사람마다 서로 다른 의미를 떠올리게 하는 개념이다. 누군가에게는 인간으로서 마땅히 가지는 권리의 보호로부터 출발해 보다 폭넓은 자유를 향한 역사의 진보를 의미하며, 또 누군가에게는 시장이라는 열린 공간에서 개인 간의 자유로운 경쟁과 교환을 통해 상호의 이익을 도모하는 사상으로 이해되기도 한다. 어떤 이는 자유주의를 '민주주의'의 동의어로 쓰기도 하고, 또 어떤 사람은 서구 열강이 역사적으로 팽창과 침탈을 정당화하기 위해 사용했던 전략적 담론으로 보기도 한다. 자유주의라는 낱말에 대한 이와 같은 혼란은 비단 한국에서뿐만이 아니다. 자유주의가 태동한 유럽과 미국에서조차 자유주의는 사실상 '모든 것을 의미하는 단어all-purpose word'[1]로 간주되기도 하며, 나아가 언어의 오용abus de langage[2]을 우려할 만큼 개념적인 논쟁을 많이 불러일으키는 낱말이다. 이와 같이 수많은 얼굴을 가진 자유주의를 대상으로, 지은이인 피에르 마낭은 과연 어떻게 또 어떤 '결정적 순간들'을 살펴본다는 것인가?
 우리는 마낭의 시도를 여러 층위에서 읽을 수 있다. 우선 자유주의에

---

1　Judith Shklar, "The Liberalism of Fear," Stanley Hoffmann(ed.), *Political Thought and Political Thinkers* (Chicago: University of Chicago Press, 1998), p. 3.

2　Catherine Audard, *Qu'est-ce que le libéralisme?: Ethique, politique, société* (Paris: Gallimard, 2009), p. 11.

대한 하나의 서사적narrative 정의[3]로 읽는 것이다. 이 서사는 다음과 같다. 우선 자유주의는 공동체로부터 벗어난, 자연 속의 추상적인 개인이라는 개념으로부터 출발한다. 이후 국가는 그 개인에게 권리라는 것을 부여하고 양심의 자유를 보장하게 된다. 이렇게 더 이상 국가의 손길이 닿을 수 없는 영역, 즉 시민 사회가 창설되는 순간, 근대인이 탄생한다. 이 과정에서 기존에 군주가 단독으로 가지던 주권은 이제 국가의 수많은 개인, 즉 국민이 차지하게 되며 자유주의는 민주주의와 결합한다. 이 국민 주권이라는 새로운 원칙은 대표제를 통해 제도화되며, 국민의 대표들 간에는 권력의 분립을 통한 상호 견제를 유도함으로써 권력의 남용을 방지한다. 하지만 단 한 명의 군주가 행사하던 주권이 모든 국민에게 민주적으로 분산되는 순간, 국민의 의견 또는 여론이라는 것이 곧 시민 사회를 넘어 국가를 실질적으로 지배하게 된다. 이 여론은 그 어떤 폭군보다도 전제적인 면모를 보이기도 하며, 자유주의가 애초에 보장하고자 했던 개인의 권리와 자유를 위협하기에 이른다. 이렇듯 자유주의는 그 내재적 논리에 의해 태생적으로 불안정하며, 근대인은 숙명처럼 이 불안정성과 대립하며 이를 극복하기 위해 살아간다.

이와 같은 접근을 통해, 우리는 자유주의의 본령은 정치적인 것이며, 이 정치적인 자유주의는 곧 근대 정치의 발전을 관통하는 원칙을 의미한다는 것을 알 수 있다.[4] 사실 여기까지만 해도 충분히 설득력 있는 자유주

---

3    여기서 주목할 것은 마낭은 "자유주의란 X이다"라는 규정적(stipulative) 정의를 시도하지 않는다는 점이다.

4    프랑스의 또 다른 정치학자인 피에르 로장발롱(Pierre Rosanvallon) 역시 자유주의의 의미를 살펴본다는 것은 근대의 역사를 특권적 위치에서 고찰하는 것으로 본다. Pierre Rosanvallon, *Le libéralisme économique: Histoire de l'idée de marché* (Paris: Seuil, 1979), p. I.

의의 한 지성사로 읽힐 수 있다. 그러나 마낭의 본질적인 화두는 바로 이 자유주의 서사를 관통하는 메타적 서사, 즉 신학-정치적 문제[5]에 있으며, 이 두 번째 층위의 독서는 우리에게 보다 깊은 문제의식을 던져준다. 마낭은 자유주의의 또 다른 이름인 근대 프로젝트가 바로 유럽의 뿌리 깊은 전통, 즉 그리스도교와의 갈등과 투쟁을 통해 형성되었다고 본다. 여기서 그리스도교란 무엇을 의미하는가? 그리스도교는 하나의 종교이자 인간의 본성부터 삶의 최종 목적까지 규정한 하나의 완전하고 종합적인 세계관Weltanschauung을 의미한다. 마낭에 따르면 근대 프로젝트는 교회의 세속적 권위에서 탈출하기 위해 바로 교회의 세계관 자체를 부정하는 움직임이다. 교회의 세속적 권위는 리바이어던으로 대표되는 시민적 권위로 대체되었고, 이 과정에서 그리스도교가 규정한 구체적인 선善, 즉 천 년 넘는 시간 동안 유럽 곳곳에 자리 잡은 그리스도교적 윤리와 행위 규범은 정치의 무대에서 퇴장하게 된다. 그러나 이와 같이 전통의 권위를 제거한 근대인은 스스로가 주권자이자 신민으로 분열되며, 스스로가 스스로에게 명령하기 때문에 절대적인 선의 개념을 상실한 채 목적을 잃게 되었다. 의견과 여론에 의한 지배와 이것이 내포하는 폭력은 이러한 근대성의 필연적인 병리적 증상이며, 이와 같은 근대인의 분열과 이중성의 극복은 자유주의가 당면한 최대의 과제이다.

세심한 독자는 이미 느꼈을 테지만, 마낭은 이처럼 비판적인 시각에서 자유주의의 역사를 바라본다. 물론 우리는 이러한 마낭의 관점이 인권의 창설과 전 지구적인 수준에서 개인의 자유와 평등의 지향으로 수렴하는

---

5    신학-정치적 문제는 독일 태생의 유대계 정치철학자인 레오 스트라우스(1899~1973)가 평생에 걸쳐 천착한 주제이다. Leo Strauss, *Gesammelte Schriften*, Vol. 3, ed. Heinrich Meier (Stuttgart: J.B. Metzler, 2001), p. 8. 마낭은 제2장의 각주에서 밝히듯, 스트라우스의 영향을 강하게 받았다.

근대 프로젝트의 성과는 보지 않고 그 그림자만 지나치게 과장한다고 비판할 수 있다. 그럼에도 불구하고 우리는 마낭의 시도에 주목할 필요가 있다. 마낭의 지성사가 지니는 강점은 우선 정치사상으로서의 자유주의를 비판적으로 이해할 수 있는 일관된 이론적 맥락을 제공한다는 것이다. 3세기가 넘는 근대의 역사에 걸쳐, 모든 사상가의 이름이 동일한 무게를 지닐 수는 없으며, 우리는 선별을 해야 한다. 마키아벨리부터 시작해 토크빌까지, 서로 다른 시공간을 살아간 여덟 명의 정치사상가들과 대면하며 자유주의라는 단일한 주제에 대한 그들의 이론적 기여와 한계를 간결하게 조명하는 마낭의 시도는 오늘날에도 다른 곳에서 찾아보기 어려울 정도로 탁월하다.[6]

나아가 더 깊은 층위에서, 우리는 '전통'과 '근대' 간의 갈등은 비단 한국을 포함한 비서구 문명권만의 문제가 아니라, 어떤 맥락에서는 서구 문명의 본령인 유럽을 포함한 전 지구적인 문제, 즉 근대의 문제라는 사실을 깨닫게 된다. 앞서 살펴보았듯이, 자유주의는 신체와 양심의 자유와 같은 인간의 기초적인 권리와 이의 연장선에 있는 재산권의 보장이라는 제약을 제외하면, 인간 행위에 대한 그 어떠한 규범적인 처방을 내리지

---

**6**   물론 마낭의 선택이 모두의 기준을 만족시키지는 않을 것이다. 미국 제헌 헌법의 수용 논쟁을 담은 『연방주의자』와 더불어 정치경제학의 지평을 연 영국의 애덤 스미스(Adam Smith)와 존 스튜어트 밀(John Stuart Mill)과 같이 우리에게 상대적으로 익숙한 영미권 자유주의의 역사는 다루지 않고, 프랑스 혁명을 자유주의의 주요 분기점으로 보며 상대적으로 덜 알려진 프랑수아 기조를 포함한 것은 특이하다고 볼 수도 있을 것이다. 그러나 마낭의 선택은 오히려 자유주의가 영미권에 한정된 현상이 아님을 증명하며, 보다 보편적인 근대의 일환으로 이해되어야 한다는 것을 의미한다. 아울러 마낭의 접근과는 전혀 다른 맥락에서 쓰였지만, 최근에 발행된 또 하나의 우수한 자유주의 지성사로 래리 시덴톱(Larry Siedentop)의 『개인의 발명: 양심과 자유, 책임은 어떻게 발명되었는가?』, 정명진 옮김(서울: 부글북스, 2016)을 꼽을 수 있다.

않는다. 즉, 자유주의는 본질적으로 소극적 사상negative doctrine이기 때문에, 그 자체로는 실증적인 도그마dogma를 구성할 수 없다.[7] 따라서 자유주의 사회에서 "사람이라면 마땅히 X를 해야 한다"와 같이 선善의 개념에 입각한 윤리적 관념은 그것이 아무리 오래된 전통에 기반한 것일지라도 언젠가는 도전받을 수밖에 없다. 이 경우 누군가는 해방감을 느끼고, 다른 누군가는 혼란을 느끼며, 또 다른 누군가는 무엇을 느껴야 할지를 모르거나 심지어 아무런 관심이 없을 수 있다. 여기서 핵심은 모두가 공동체로서 공유하는 선의 개념은 더 이상 없다는 것이다. 왜냐하면 모두가 어떤 선의 기준을 따르는 순간, 그들이 탈출하고자 했던 종교적 (또는 전통적) 억압을 다시 연출하는 것에 불과하며, 이는 결국 다시 '어느 개인의 의견'을 강화할 뿐이기 때문이다.[8]

그렇다면 우리는 어떻게 해야 하는가? 마냥이 신정주의의 부활과 중세로의 회귀를 주장하지 않듯이, 과거로의 회귀는 더 이상 가능하지도, 또 많은 면에서는 바람직하지도 않을 것이다. 만인의 평등과 인류의 삶, 자유 그리고 행복의 추구를 명시한 1776년 미국의 「독립선언문」과 세계 최초로 보편적 인권의 개념을 담은 1791년 프랑스의 「인간과 시민의 권리 선언」에서 확립한 자유주의적 원칙들은 수많은 개개인에게 존엄성을 부여했으며, 근대 사회가 이룬 가장 눈부신 성과 중 하나이기 때문이다. 그렇다면 중요한 것은 오늘날 우리가 누리는 자유가 어떻게 만들어졌는지를 이해하는 것이며, 그 명과 암을 고찰하고, 나아가 어떻게 하면 우리가 당면한 근대의 문제를 해결할 수 있을지에 대한 창의적인 논의를 활성화하는 것이다. 이것은 한국적인 맥락에서도 유효하다. 자유주의적이고

---

7  Audard, *Qu'est-ce que le libéralisme?*, p. 734.
8  201쪽 참조.

민주주의적인 헌법을 가진 대한민국과 대한민국의 모든 시민은 이미 자유주의의 역사에 참여하는 구성원이다. 그것은 정도전의 『조선경국전』이 우리의 소중한 유산이듯, 몽테스키외의 『법의 정신』역시 오늘날 우리의 사고방식을 만든 유산임을 뜻하며, 나아가 홉스와 로크, 루소와 토크빌의 정치사상은 더 이상 한낱 외국의 사상이 아니라 온전히 우리의 사상이라는 것을 의미한다. 이데올로기가 휩쓴 20세기라는 막 다른 길을 뒤로한 채, 어쩌면 우리는 본격적으로 전 지구적인 자유주의의 시대를 맞이하고 있는지도 모른다. 이러한 측면에서 마냥의 화두는 우리에게 많은 것을 시사하며, 우리는 더욱 확장된 외연을 통해 오늘을 이해하며 내일을 고민할 의무가 있다.


2024년 8월
독일 프랑크푸르트에서
송지민

# 참고문헌

Bloom, Allan. 1978. "The Education of Democratic Man," *Daedalus* (Summer).

de Chateaubriand, François-René. *Mémoires d'outre-tombe.*

Constant, Benjamin. 1816. *Adolphe,* 2nd. ed.

_____. 1980(1814). *De l'esprit de conquête et de l'usurpation* (Paris)

_____. 1980(1815). *Principes de politique* (Paris).

Dante Alighieri. *La Divina Commedia: Inferno.*

Gauchet, Marcel. 1980. "Préface aux écrits politiques de Benjamin Constant." *De
    la liberté chez les Modernes* (Paris).

Guizot, François. 1821. *Des moyens de gouvernement et d'opposition dans l'état
    actuel de la France* (Paris).

_____. 1822. *De la peine de mort en matière politique* (Paris).

_____. 1985. "Philosophie politique : de la souveraineté." Pierre Rosanvallon(ed.).
    *Histoire de la civilisation en Europe* (Paris: Hachette-Pluriel).

Hegel, G. W. F. 1807. *Phänomenologie des Geistes.*

Hobbes, Thomas. 1651. *Leviathan.*

Kantorowicz, E. H. 1957. *The King's Two Bodies* (Princeton).

Lefort, Claude. 1972. *Le travail de l'oeuvre: Machiavel.*

Locke, John. 1689. *Second Treatise of Government.*

Machiavelli, Niccoló. 1513. *Il Principe.*

de Maistre, Joseph. 1819. *Du Pape* (Lyon).

Manent, Pierre. 1984. "Le totalitarisme et le problème de la représentation politique."
    *Commentaire,* No. 26.

_____. 1986. "Burke." *Les libéraux.*

Mansfield, Jr., Harvey C. 1989. *Taming the Prince: The Ambivalence of Modern
    Executive Power* (New York).

Montesquieu, Charles-Louis de Secondat, Baron de. 1748. *De l'esprit des lois.*

Rousseau, Jean-Jacques. 1755a. *Discours sur l'économie politique.*

_____. 1755b. *Discours sur l'origine et les fondements de l'inégalité parmi les hommes.*

_____. 1762. *Du Contract Social ou Principes du droit politique.*

_____. 1964. "Réponse à Bordes." *Œuvres complètes* (Paris: Gallimard, Bibliothèque de la Pléiade).

Schmitt, Carl. 1972. *La notion de politique* (Paris).

Soboul, Albert. 2005. *Dictionnaire historique de la Révolution française* (PUF).

Strauss, Leo. 1958. *Thoughts on Machiavelli.*

Tocqueville, Alexis de. 1961[1835]. *De la démocratie en Amérique*, Vol. 1 (Paris: Gallimard).

# 찾아보기

인명은 성(last name), 이름(first name)의 순서대로 나열하되, 관용에 따른 예외적
표기도 있다.

지은이
## 피에르 마낭
### Pierre Manent

정치학자. 프랑스 고등사범학교를 졸업했고 콜레주 드 프랑스에서 사상가 레몽 아롱
(Raymond Aron)의 조교를 지냈다. 사회과학고등연구원(EHESS)의 레몽 아롱 사회정
치연구소 소장을 역임했다. 주요 저서로는 『근대 정치의 탄생(Naissances de la politique
moderne)』(1977), 『토크빌과 민주주의의 본성(Tocqueville et la nature de la démocratie)』
(1982), 『인간의 도시(La cité de l'homme)』(1997) 등이 있다.


옮긴이
## 송지민

고려대학교 정치외교학과를 졸업하고, 프랑스 소르본대학교(Sorbonne Université)에
서 정치철학 석사학위를 받았다. 현재는 파리와 프랑크푸르트에 거주하며 프랑스 계몽
주의와 유럽의 자유주의를 연구하고 있다.

한울아카데미 2548

# 자유주의 지성사
근대의 자유를 만든 결정적 순간들

지은이  피에르 마낭
옮긴이  송지민
펴낸이  김종수
펴낸곳  한울엠플러스(주)
편집  김우영

초판 1쇄 인쇄  2024년 10월 21일
초판 1쇄 발행  2024년 11월 22일

주소  10881 경기도 파주시 광인사길 153 한울시소빌딩 3층
전화  031-955-0655
팩스  031-955-0656
홈페이지  www.hanulmplus.kr
등록  제406-2015-000143호

Printed in Korea.
ISBN  978-89-460-7548-1  93160 (양장)
      978-89-460-8346-2  93160 (무선)

# 페더럴리스트 페이퍼스 새 번역판

미국의 독립선언문, 헌법과 함께
미국 역사에서 가장 권위 있는 문서

**1995년 최초로 전문번역판을 출간하고
28년 만에 번역을 새로 하고 주석을 대폭 보강해 다시 출간하다**

**"통치학을 밝히는 새로운 빛이자 천부 인권에 대한 완전하고 공
정한 논의이며 새헌법에 대한 가장 명확하고 설득력 있는 설명"
_조지 워싱턴**

지은이
**알렉산더 해밀턴,
제임스 매디슨,
존 제이**

옮긴이
**김동영**

2024년 1월 22일 발행
신국판
720면

필라델피아 헌법회의에 참석해 헌법의 제정을 주도한 알렉산
더 해밀턴과 제임스 매디슨, 그리고 대륙회의 의장을 지낸 존
제이가 새헌법의 비준을 가장 반대하던 뉴욕주 시민들에게 새
헌법을 설명하고 반대자들의 억지주장을 논파하기 위해 신문
에 익명으로 기고한 글들의 모음집이 『페더럴리스트 페이퍼
스』이다. 발표 당시에는 푸블리어스(Publius)라는 필명이 사
용되었다.

이 글들은 하나하나 헌법에서 제안된 정부 구조에 대한 철학
이나 동기를 분명하게 설명하고 헌법안 반대자들(안티-페더
럴리스트)이 내세우는 주장의 비합리성을 지적해 논파하고 있
다. 설득력 있는 문장과 엄밀한 논리적 구성에 의해 헌법을 설
명하고 있기 때문에 아직도 미국연방대법원은 헌법을 해석할
때 이 글을 인용한다.

페더럴리스트 페이퍼스는 미국 역사의 결정적인 순간에 발표
되었으며 독자들에게 민주주의가 풀어가야 할 중요한 문제들
에 대한 유용한 사상적 지침을 제공한다.

# 동아시아에서 자유주의는 무엇인가

동아시아의 자유주의 개념 형성이
오늘날 한국 사회에 던지는 의미는 무엇일까?

**인물을 중심으로 분석한 한·중·일의 자유주의 개념 형성사**

이 책은 1850~1950년 100년간의 한·중·일의 자유주의 사상
에 대해 다뤘다. 저자는 이 연구가 비단 과거 연구에만 그치는
것이 아니라고 말한다. 자유주의라는 개념이 형성되었던 그
시기의 문제들이 아직도 그대로 남아 동아시아 각국의 정치사
회 지형을 형성하고 있기 때문이다.

이 책은 근대 서양의 자유주의가 동아시아에서 어떻게 이해되
고 수용되면서 개념을 형성해 왔는지 고찰한다. 이를 위해 서
구 문명권의 자유의 개념과 정신을 비롯해 전통 시대 동아시
아 문명권에서 자유 또는 자유와 유사한 용어가 어떻게 사용
되었는지, 자유의 정신이 어떻게 표현되었는지를 살펴본다.

저자는 이 책이 이기적 목적의 개인의 자유만 추구하는 것이
아니라 인간의 존엄성을 위해 개인의 자유와 권리를 옹호하
고, 정의롭지 않은 특권에 항의하는 자유주의적 가치를 재성
찰하는 계기가 되기를 바라며, 이와 같은 토대를 결여한 정치
체제, 다수의 압제에 무방비한 민주주의의 위험성에 경고음을
울리고 싶다고 저술 의도를 밝혔다.

지은이
**강명희**

2021년 5월 7일 발행
신국판
424면

★ 2022년 대한민국학술원
우수학술도서 선정

# 자유란 무엇인가
## 벌린, 아렌트, 푸코의 자유 개념을 넘어

자유란 무엇인가
벌린, 아렌트, 푸코의 자유 개념을 넘어
:
*free* …
*d o*
*m* .

Isaiah Berlin, Hannah Arendt
Michel Foucault, John Rawls, Judith N. Shklar
Amartya Sen, Friedrich A. Hayek

한울

**무엇이 우리의 자유를 위협하는가?**
**'격차'와 '빈곤'을 넘어 '평등한 자유'를 누릴 수 있을까?**

**타자와의 '사이'에 존재하는 인간의 조건으로서의 자유,**
**그 개념을 다시 생각한다!**

이 책은 이와나미쇼텐이 기획·출판한 '사고의 프론티어' 시리즈 중 사이토 준이치의 『자유』를 완역한 것이다. 와세다대학 정치경제학술원 교수인 사이토 준이치의 저서로는 『민주적 공공성』(2009)에 이어 두 번째로 한국에 소개되는 책이다. 저자인 사이토는 이 책의 한국어판 서문에서 "이 책은 한마디로, '평등한 자유'를 옹호하기 위해 쓰인 것이다. 나의 관심은 극심한 자유의 불평등한 분배 상황이 그 자체로 '자유'라는 이름하에 정당화되는 사태를 어떻게 비판할 수 있는가 하는 데 있다"라는 말로 이 책의 성격을 규정하고 있다.

"현대 사회의 두드러진 특징 중의 하나는 무엇을 자유의 제약·박탈로 간주하느냐 하는 문제감각과 문제인식 자체가 사람들 사이에 크게 나뉜다는 점에 있는 것 같다. … 보통 타자에 의해 자유를 제약·박탈당하더라도 그것이 현재 자신이 누리고 있는 자유에 직접적이고 심각한 영향을 미치지 않는 한, 자신의 자유에 대한 위협으로 받아들이거나 인식하는 일은 거의 없다. 이러한 문제감각과 문제인식의 '분할' 그 자체에서 현대에 있어서의 자유에 대한 위협을 간취할 수 있다."

지은이
**사이토 준이치**

옮긴이
**이혜진·김수영·송미정**

2011년 5월 2일 발행
46판
232면